百年档案钩沉
——"上大记忆"中的红色血脉

主　编　丁华东
副主编　王向女

上海大学出版社
·上海·

图书在版编目(CIP)数据

百年档案钩沉：" 上大记忆"中的红色血脉/丁华东主编；王向女副主编.—上海：上海大学出版社，2022.9
ISBN 978-7-5671-4526-9

Ⅰ.①百… Ⅱ.①丁… ②王… Ⅲ.①上海大学—历史档案—汇编 Ⅳ.①G649.285.1

中国版本图书馆 CIP 数据核字（2022）第 174732 号

责任编辑　徐雁华
助理编辑　于　欣　陈　荣
封面设计　缪炎栩
技术编辑　金　鑫　钱宇坤

百年档案钩沉
——"上大记忆"中的红色血脉
主编　丁华东　副主编　王向女
上海大学出版社出版发行
（上海市上大路99号　邮政编码200444）
（https://www.shupress.cn　发行热线021-66135112）
出版人　戴骏豪

*

南京展望文化发展有限公司排版
上海华业装潢印刷厂有限公司印刷　各地新华书店经销
开本710 mm×1000 mm　1/16　印张24　字数392千
2022年10月第1版　2022年10月第1次印刷
ISBN 978-7-5671-4526-9/G·3463　定价　78.00元

版权所有　侵权必究
如发现本书有印装质量问题请与印刷厂质量科联系
联系电话：021-56475919

序言 Preface

2021年7月6日，习近平总书记作出重要批示，强调"档案工作存史资政育人，是一项利国利民、惠及千秋万代的崇高事业"，"要把蕴含党的初心使命的红色档案保管好、利用好"。档案是确凿的原始明证、可信的事实存照、有效的决策资鉴和珍贵的文化遗产，是社会记忆的重要承载和固化形态，蕴含着丰富的家国记忆、民族记忆和红色记忆，对维系人类生存与发展、传承人类文明与文化、延续历史脉络与轴线、捍卫历史信度与尊严具有重要作用。上海作为中国共产党的诞生地和初心始发地，以城市命名的上海大学是中国共产党主导创办并实际领导的第一所正规大学，自成立之初就镌刻着鲜明的红色烙印。上海大学在一代代上大人"自强不息"的不懈奋斗下，砥砺深耕，踔事增华，滋兰树蕙，桃李满园。2022年，上海大学建校100周年，十秩春秋，薪火相传，百年上大，笃行不怠。在此具有历史纪念意义的时刻，我们将上海大学文化遗产与信息管理学院（原图书情报档案系）师生共同开展的联合大作业成果汇集出版，以档案钩沉百年校史，以记忆再续百年荣光。本书以树人为核心，以立德为根本，依托翔实的档案史料和丰硕的实践成果，全面梳理、挖掘和呈现上海大学建设发展中蕴藏的红色人物、红色事件、红色精神，在赓续红色基因中献礼百年上大，在传承红色文化中厚植爱国情怀，培养知中国、爱祖国、堪当民族复兴大任的时代英才。

1922年10月23日，上海大学成立。五年间，李大钊、于右任、瞿秋白、邓中夏、蔡和森、张太雷、恽代英、任弼时、萧楚女、邵力子、陈望道、沈雁冰等贤达执鞭任教；杨尚昆、王稼祥、关向应、李硕勋、许继慎、丁玲等英杰负笈来学。在风云激荡的革命岁月，上大师生同舟共济，心系中华，不畏牺牲，开拓前行，为上海大学赢得了

"文有上大,武有黄埔""北有五四时期之北大,南有五卅时期之上大"等美誉。根植于上海大学的红色历史,是宝贵的红色文化遗产,是亟待进一步开发利用的红色记忆宝库。为多方位展现早期上海大学在中国革命中的重要贡献,上海大学文化遗产与信息管理学院于2016年起开展"上大记忆——老上大人物档案文献寻访与事迹推送"系列联合大作业项目,旨在发挥专业优势,寻访挖掘上海大学(1922—1927)的文献资料,讲述上大人物故事,传承上大红色精神。本书正是基于"上大记忆"联合大作业项目的成果,经过多方协调、师生合作、产学联动,通过文献搜集、实地调研、人物访谈、口述记录等方式,汇聚、编纂而成。

  本书由五部分组成。第一章"上海大学(1922—1927)人物传",搜寻梳理了革命历史时期在早期上海大学学习任教的红色人物,记录并展示了他们的上大时光,生动讲述了他们的英雄事迹和不朽故事。第二章"历史上的上海大学(1922—1927)",以事件形式追溯上海大学的红色印记。第三章"上海大学(1922—1927)档案文献留存情况",通过寻访上海档案馆及上海各区县档案馆等单位馆藏的校史档案,汇编制成《上海大学(1922—1927)档案文献留存分布状况调查表》,为师生后续的查找使用提供方便。第四章"上海大学(1922—1927)人物档案文献留存情况",人物档案是上大名人档案建设中不可或缺的重要板块,对前期探寻获悉的42位上大先辈的部分档案文献留存情况进行编排总结,为上大红色人物溯源立谱。第五章新"上海大学'档案人'在成长",主要内容为校友访谈录,记录"档案人"的成长历程,反映档案学子立志为党和国家档案事业奋斗的壮志情怀和人生追求,彰显思政育人的成效和记忆传承人的使命担当。本书通过人物、事件、时间等线索的耦合串联,借助真实可靠的档案史料典籍,描摹勾勒出立体鲜活的上大红色记忆轮廓,在铭记历史、记录当下、开创未来中,再现并传扬上大人的红色风采和时代风貌。

  红色是中国共产党最鲜亮的底色,也是上海大学最炽热的颜色。全书紧紧围绕"立德树人、铸魂育人"的根本任务,深入学习贯彻习近平总书记关于红色资源、红色档案的重要论述,结合档案学专业特有的文化内涵、丰富的国家档案文献资源、本科生全程导师制等优势,紧密衔接"校史工程"建设,广泛收集、开发与利用上大红色档案文献资料,书写红色校史篇章。通过理论实践融合、课内课外联动、政产学研协同,做到专业学习与思想教育有机配合、教育教学改革和创新人才培养有效结合,讲述上海大学故事,传颂上海大学精神,将价值塑造、知识传授与能力培养融为一体,让学生在丰富档案学识、增长档案见识的同时,坚定理想信念、传承人文精神、涵养家国情怀、增强职业认同,培养德智体美劳全面发展的中华文明传承者、家国文化讲述者、档案专业的未来建设者。

记忆,是智慧之源;红色记忆,是新时代国家社会发展的精神力量源泉。红色历史是上海大学的底蕴和根脉,激励着上大学子为民族振兴、国家富强孜孜奋斗。溯源初心恰风华,百年传承再出发。以上海大学建校100周年为契机,上海大学文化遗产与信息管理学院将不忘初心、牢记使命,秉承校训精神,追卓越、创一流,持续推进"上大记忆:上大人物事迹寻访与推送"联合大作业项目,全方位多场景展现上海大学的红色历史事迹,构筑红色记忆空间与红色校史文库,让一件件经久不衰的红色档案穿透泛黄的纸背,绽放出耀眼的红色光芒;让"上大记忆"中的红色血脉、红色火种代代相传!

丁华东
2022.9.25

目录 Contents

第一章　上海大学（1922—1927）人物传 / 1

　一、安若定：侠者一生 / 2

　二、安体诚：冲锋在前的革命先行者 / 5

　三、蔡和森：用生命践行立下的誓言 / 10

　四、陈抱一：执画笔报效祖国 / 12

　五、陈望道：千秋巨笔，一代宗师 / 14

　六、程永言：满怀革命精神的勇敢者 / 17

　七、邓果白：平凡人物和他不平凡的人生 / 20

　八、邓中夏：杰出的工人运动领袖 / 23

　九、丁嘉树：一书一砖的缘分 / 26

　十、丁　玲：能文能武的女作家 / 28

　十一、董亦湘：大丈夫以身许国，好男儿志在四方 / 31

　十二、丰子恺：海派艺术大师 / 35

　十三、顾均正：杰出的科普工作者 / 40

　十四、关中哲：尊师重道的教育工作者 / 44

　十五、何世枚：立身纷乱之中，心系办学育人 / 47

　十六、何世桢：不屈的民主主义爱国者 / 49

　十七、柯柏年：杰出的翻译家与外交家 / 52

　十八、孔另境：霜重色俞浓的早期共产党员 / 56

　十九、李春蕃：革命的先驱 / 60

　二十、李汉俊：马克思主义传播之炬 / 65

　二十一、李硕勋：满腔热血不负青春少年时 / 68

　二十二、刘大白：诗人与革命斗士 / 71

　二十三、刘　华：从艰苦求学到为国捐躯 / 73

　二十四、刘九峰：一生报国终未悔 / 78

二十五、马　宁：从新四军走出的高产作家 / 81
二十六、倪畅予：女中豪杰 / 83
二十七、瞿秋白：文学的灵魂，革命的英雄 / 85
二十八、邵力子：热血爱国报人 / 90
二十九、沈雁冰：中国革命文艺的先驱 / 99
三十、沈泽民：为革命鞠躬尽瘁 / 101
三十一、施存统：最早五党员之一 / 104
三十二、田　汉：中国"戏剧魂" / 108
三十三、王环心：铁骨铮铮，赤胆忠心 / 110
三十四、王绍虞：于乱世之秋探索真理 / 113
三十五、吴梦非：擎着美学之灯的夜行人 / 116
三十五、许心影：风雨飘摇中一朵铿锵玫瑰 / 121
三十七、阳翰笙：醉心革命文艺创作，坚持追求精神信仰 / 124
三十八、于右任：跌宕的人生，不灭的精神 / 129
三十九、俞昌准：投身革命即为家 / 134
四十、张太雷：学贯中西、才华出众 / 136
四十一、郑振铎：爱国主义者 / 141
四十二、周建人：清正廉洁，心系百姓 / 145

第二章　历史上的上海大学（1922—1927）/ 149
一、共青团创建中的"上大力量" / 150
二、上大新青年与进步报刊 / 172
三、历史难忘的上大时刻 / 193
四、上海大学学生会相关情况 / 212

第三章　上海大学（1922—1927）档案文献留存情况 / 233

第四章　上海大学（1922—1927）人物档案文献留存情况 / 247
一、安体诚 / 248
二、蔡和森 / 249
三、曹利生 / 250

四、曹天风 / 251

五、陈抱一 / 252

六、陈望道 / 253

七、程永言 / 259

八、戴介民 / 260

九、邓中夏 / 261

十、丁　玲 / 262

十一、董亦湘 / 264

十二、丰子恺 / 265

十三、葛克信 / 267

十四、顾均正 / 269

十五、关中哲 / 271

十六、何世枚 / 272

十七、何世桢 / 273

十八、柯柏年 / 274

十九、孔另境 / 275

二十、李　达 / 277

二十一、李大钊 / 278

二十二、李汉俊 / 281

二十三、刘大白 / 283

二十四、刘九峰 / 284

二十五、马　宁 / 285

二十六、孟　超 / 286

二十七、倪畅予 / 287

二十八、瞿秋白 / 288

二十九、邵力子 / 290

三十、沈雁冰 / 293

三十一、沈泽民 / 295

三十二、施存统 / 296

三十三、田　汉 / 299

三十四、萧楚女 / 300

三十五、阳翰笙 / 301

三十六、于右任 / 302

三十七、俞昌准 / 305

三十八、张太雷 / 306

三十九、郑超麟 / 307

四十、郑振铎 / 308

四十一、周建人 / 316

第五章 新上海大学"档案人"在成长 / 323

一、蔡安东：在求真务实中不断追求卓越 / 324

二、陈志勇：坚守档案初心，回馈社会、母校 / 326

三、冯厚娟：结缘档案，上大人才大展拳脚 / 327

四、顾丽娅：结缘上大，难忘"椿"意师恩 / 329

五、韩云惠：伴档案七载，尤念良师益友 / 330

六、何玉琼：积七年档案跬步，至兰台事业千里 / 332

七、李 军：景美人美精神美 / 334

八、李灵凤：我即将成年的17岁档案生涯 / 336

九、刘倩倩：三年上大时光，忆青春印记 / 337

十、聂 丹：遇见档案是挑战亦是机遇 / 339

十一、师 萍：十载实践，执着守护历史记忆 / 340

十二、宋小晓：坚持档案初心，探索创新前沿 / 341

十三、孙 逊：追忆与上大两段缘，努力前行逐梦科研 / 343

十四、汤黎华：档案，偶然而又必然的选择 / 344

十五、王霞凤：心心念念十年前的"时间胶囊" / 346

十六、肖纯一：和故纸堆打交道的理科女 / 348

十七、谢 静：与档案应缘分而来，累硕果而行 / 350

十八、谢 敏：难忘上大记忆，逐梦档案未来 / 351

十九、谢文群：感恩、希望、期待 / 352

二十、薛艳婷：与档案结缘，伴上大成长 / 353

二十一、晏 秦：毕业四年，我们仍在学以致用 / 354

二十二、易 舒：我的档案情 / 356

二十三、尹雪梅：缘起档案 / 358

二十四、张丽娜：师教有方,用心感悟教意恩深 / 359

二十五、张丽萍：自强不息是档案人骨子里的魂 / 361

二十六、张世琦：从小埋下档案的种子 / 363

二十七、张天佩：心存感恩忆遗憾,默默付出守档案 / 365

二十八、周　枫：用档案探索与上大的八年之缘 / 367

二十九、朱　莉：深耕档案,是喜欢亦是情怀 / 369

附录：" 上大记忆——上大人物事迹档案文献寻访与推送" 项目参与学生名单 / 370

后记 / 371

第一章　上海大学（1922—1927）
　　　　人物传

　　1922年10月23日，上海大学正式成立，一时间学者云集，一大批中共早期领导人到上海大学任职任教，以瞿秋白、邓中夏、施存统、蔡和森等为代表的"红色教授"在校积极传播马克思列宁主义，使上海大学成为进步青年所向往的"东南革命最高学府"，社会上流传着"文有上大，武有黄埔""北有五四的北大，南有五卅的上大"的美誉。在艰难办学的六年里，上海大学为中国革命和建设事业培养了大批优秀人才，李硕勋、关向应、丁玲等人都曾在这里学习。本章将讲述他们的不朽故事，记录他们的"上大记忆"。

一、安若定：侠者一生

人物简介

安若定（1900—1978），字剑平，号天侠，笔名寄秦、逸庵，江苏无锡人。1923年9月，进入上海大学社会学系学习。

安若定早年曾追随孙中山先生，参加国民革命，其在《大侠魂受劫记》中回忆自己的早年生活时曾写道："余幼而嗜学，长喜革命，可谓与性天以俱来。自中学时代已与革命党人相往还。"1919年受五四运动影响，他萌发了"大侠魂"的思想："余尝以五四运动，奔走呼号，愤曹陆章之卖国，及痛心日本之二十一条，劳伤过度，养病于太湖之雪浪山，病中静寂，百感纷批，遂发生大侠魂一词。"

图1　安若定

与上海大学

1923年底，安若定与糜文浩等无锡籍上海大学学生发起组织"孤星社"，并得到孙中山等许多国民党要员的支持。次年2月5日，他又创办《孤星》旬刊杂志并担任主编，早期共产党领导人陈独秀、瞿秋白在《孤星》旬刊第4期上分别发表《杂感列宁之死》和《历史的工具——列宁》等重要文章。

1924年8月17日，孤星社无锡社委会召开会议，决定"无锡籍孤星社社员全体加入锡社"。此后，孤星社以"锡社"的名义从事活动，安若定积极参与锡社的各项活动，他不仅是《无锡评论》的主要作者，而且也是锡社与孤星社合编的《血泪潮》的主编，该杂志主要为了声援"五卅运动"。

1925年，安若定加入中国共产党，同年2月17日，无锡豪绅彭鼎新指控锡社为"共党机关"，锡社因此遭到查封。安若定和各部主任、执行委员被拘捕。

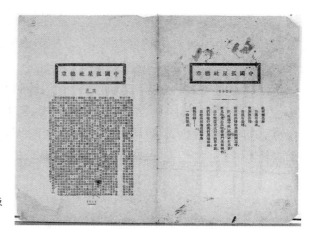

图2 《中国孤星社总章》，来源于无锡博物馆

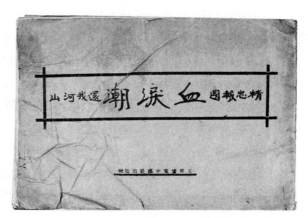

图3 《血泪潮》合订本，来源于无锡博物馆

20日，该社在上海邀集新闻记者开茶话会据理力争，在其他进步社团的声援下，当局被迫收回成命，安若定等人获释，锡社恢复活动。

与"大侠魂"

大革命爆发后，锡社内部出现分化，1927年6月1日宣告解散。1927年以后，安若定则埋头著述，集中思考与阐发他的"大侠魂主义"。1932年2月，安若定在南京发起成立铸魂学社，发行《大侠周刊》，此外，长沙出版《大侠魂日报》，济南出版《侠魂月刊》，抚州出版《国魂周刊》，积极宣传"大侠魂主义"。

铸魂学社在成立初期，希望通过国民思想的转变，来挽救民族危亡。铸魂学社还成立了铸魂书局，出版的书籍主要分为哲学、文学与教育三个系列，包括《大侠魂论》《大侠魂人生态度》《文武合一与知行合一》《大侠魂词典》《三民主义与中华国魂》《大侠魂救国论》《大侠魂与毕业生之出路》《一个大侠魂的教育家》等。

伴随着日本侵略步伐的逼近，铸魂学社则开始进行抗日救国的实际活动：组织"抗敌工作团"，从事抗战宣传和检举汉奸等工作。1939年4月1日，在重庆的铸魂学社正式改名为"中国铸魂学社"，安若定为理事长，瞿明宙为干事长。

侠者余生

1945年8月，安若定组建"中国铸魂学社国民劳动建国同盟"，后易名为"中国少年劳动党"。1945年9月27日，在重庆发表《中国少年劳动党成立宣言》。1947年7月，安若定领导的中国少年劳动党受蒋介石政府的迫害被迫转入地下。1949年9月1日，该党发表《中国少年劳动党解散通告》和《中国少年劳动党解散声明并告全党同志书》宣布解散，服从中国共产党领导，从事"民主主义的建设事业"。

新中国成立以后，安若定积极参与新中国的建设事业。1956年，安若定参与了著名的"十八参事上书"事件。他与胡公冕、张志和等18名国务院参事联名向周恩来总理直言中共统战工作中存在的问题。

这位"侠者"于1978年因病去世。

此篇文章内容主要来源于胡可涛2016年在《中国矿业大学学报（社会科学版）》上发表的《复兴中华，重铸荒魂——安若定的"大侠魂主义"述略》；吴汉全2006年在《西南大学学报（人文社会科学版）》上发表的《孤星社·铸魂学社·中国少年劳动党——关于中国少年劳动党历史的数理》。

整理：梅洪溢、李显辰、石金风

二、安体诚：冲锋在前的革命先行者

人物简介

安体诚（1896—1927），字存斋，河北丰润人。1924年春，任上海大学现代经济学、社会学、科学社会主义等课程教授。

安体诚是中国共产党早期的优秀党员，是工人运动的领导者，陕西地区党组织的创建人之一，知名的教育家。在革命先烈李大钊的介绍下曾到上海大学社会学系讲学，传播马克思主义经济学。历任中国劳动组合书记部北方分部领导成员、中共北京区委委员、杭州党支部书记、西安特支书记、黄埔军校党团干事和政治部宣传科科长兼政治教官等职务。

图1　安体诚

在短暂的一生中，安体诚为传播马列主义，建立和发展党团组织，扩大党的统一战线和革命武装，领导广大人民群众开展反帝反封建的斗争，做出了重要的贡献。

人物生平

安体诚7岁入私塾读书，不久到县城上高等小学，1909年小学毕业后，考入天津北洋法政专门学校附属中学，后来又升入该校法律预科和本科。

1917年，以全班第一名的成绩毕业于直隶省公立法政专门学校，并获得学校的资助赴日本留学。

1918年，考入日本东京帝国大学经济学部学习，即使在日本留学期间，他也热切地关注着处于水深火热之中的祖国和人民。

说来也巧，安体诚进入日本东京帝国大学之时，恰逢日本社会主义经济学者河上肇博士任教于该校经济学部。受这位思想进步的大学者的影响,安体诚开始了他对马克思主义的研究。他深刻地认识到,马克思的理论正确而精辟地揭示了世界历史发展的基本规律,是指导人类认识世界、改造世界的科学真理,它代表着人类的庄严和社会的正义。他坚信以马克思主义为指导,可以实现世世代代的志士仁人所梦寐以求的改造中国的伟大理想。

正是在马克思主义理论的指导下,安体诚很快成长为一名高度自觉的革命斗士。在留日期间,安体诚十分关注国内的新文化运动和劳工运动,并主动与上海共产主义小组成员邵力子取得联系。

图2是安体诚在日本东京帝国大学学习期间与同学的合影,现存于河北省唐山市冀东烈士陵园,为国家一级文物。更可贵的是,安体诚在保存这张照片时,在照片衬纸板的下方依坐或站的位置,标明了每个人的字或号。前排为横写,后排为竖写。

图2　前排左二翔宇(周恩来),左五存斋(安体诚),摄于1919年

1921年夏,安体诚从日本回国,应邀在母校任教,他联络志同道合的朋友,创办了天津工人业余补习学校,任学校主任,向劳苦大众传播文化知识,讲解时事政治,开始从事工人运动。

1922年,安体诚由李大钊介绍加入中国共产党。同年5月,为了推动北方铁路工人运动,他受时任北京区委领导人李大钊派遣,化名到交通部任职,秘密进行组织工人的工作,在京奉铁路建立铁路工人俱乐部和工会。

1922年下半年,他与邓培等先后指导了山海关和唐山两地的铁路工人罢工。当时参加罢工达数千人,斗争取得了部分胜利。这期间,他曾任天津青年团地方组织宣传部负责人和中共北京区委候补委员。

1923年"二七惨案"后,安体诚因在北京、天津无法立足,来到了浙江省杭州法政专门学校政治经济系任教。他利用这一阵地,积极传播马克思主义基本理论,发展党组织。他甘冒风险,接受中共中央机关报——《向导》周报的委托,以"安存真"的笔名担任报纸的发行人和通讯联系人,组织大量稿件,扩大党报发行量,宣传了党的方针、政策,扩大了党的影响。

他在杭州工作期间还兼任上海大学教授,主讲现代经济学。他编写的《现代经济学》,作为上海大学的社会科学讲义,由上海书店出版,并在全国公开发行。《现代经济学》具有鲜明的马克思主义观点,材料丰富,学术水平高,很受当时学术界的重视。

1924年春,他在李大钊的介绍下到上海大学社会学系讲学,传播马克思主义经济学。

1925年5月,他应毛泽东的邀请,兼任第6届农讲所教员,讲授"统计学"。他还兼任劳动学院教授,讲授"共产主义问题",为革命培养农运、工运骨干。同年底,他奉中共北方区委的调令回到北京,在北京大学任教,参与中共北方区委等的领导工作。

1926年,安体诚任黄埔军校政治教官,主讲经济学和经济思想史等课程。

1927年4月12日,蒋介石在上海发动了反革命政变,安体诚遵照党的指示,离开黄埔军校,绕道上海前往武汉工作。在上

图3　安体诚讲演稿

海停留时,不幸被国民党特务逮捕,关押在上海警备司令部监狱。抱定以身殉难决心的安体诚,以威武不能屈的革命英雄主义精神经受了敌人一次又一次的严刑拷打和威胁利诱。敌人知道他们绝无降服这样一位共产党人的希望,遂秘密枪杀了安体诚,时年31岁。

安体诚的英名将永载中国革命史册。

安体诚故居

安体诚故居位于河北丰润区七树庄镇阎家铺村,建造于1917年,解放战争时期被国民党军队拆毁,现翻新为民居。

图4 安体诚雕像,现安放于河北丰润区车轴山中学院内

人物著作

安体诚是中国共产党早期的经济理论工作者之一。1924年春,他到上海大学社会学系讲授"现代经济学"课程,这是上海乃至全国最早的马克思主义经济学教材之一。

《现代经济学》共分绪言和正文共五章,内容分别是"第一章、经济学总说""第二章、经济关系与富""第三章、生产之概念及要素""第四章、劳动""第五章、协力及分业"。各章又分为若干节,安体诚在阐述科学政治经济学原理方面,是具有自己的理论特色的。安体诚的经济学方法论所讲的实际上是包括经济学在内的马克思主义科学社会主义理论。这种思想倾向在当时是先进的,它从一个侧面反映了马克思主义学说在上海乃至在中国的传播水平。在《现代经济学》的以后诸章节中,安体诚的论述始终贯穿着马克思主义经济学这一主线,而其独特的篇章结构和畅达的文字表述又使这部讲稿成为上海经济思想的发展史上不可多得的理论教材。

人物评价

　　体诚同志性情沉静寡言,纯洁无私。近视眼,行路时低头靠墙,不大看人,在学生时代一说话脸就红,同学们称之为"大姑娘"。

　　入党之后性格大变,行动非常活泼,善于团结群众,在杭州教书时,思想上、行动上对学生影响很大。他不善言谈而文笔很好,所为文生动活泼,风趣横生。为文时常至深夜不眠,特别是在黄埔军校时,常常夜以继日,冬季寒冷,鼻涕流出,则以左手抹于所准备的手纸上,而书写不辍。

　　他对人诚恳,毫无虚假,不善酬酢敷衍。对工作则不辞劳瘁,必定按时完成。所担任的任务虽已很多,如人民团体托拟文稿或组织上再给增加任务,绝不推辞,昼夜加班赶作完成任务而后休息。他这种勤奋负责,为革命事业鞠躬尽瘁的精神,非常值得我们学习。

——于树德

　　此篇文章内容主要来源于李忠诚等1991年主编的《中国共产党英烈传》;徐柏年在《杭州党史资料》第十九期发表的《安体诚》;中国人民共和国民政部2000年编写的《中华著名烈士(第二卷)》;中共唐山市委党史研究室2011年编写的《唐山革命遗址通览》;钟祥财2011年著的《对上海地区经济思想发展的历史考察》;河北省民政局1962年编写的《浩气长存——河北革命烈士史料(二)》之《安体诚烈士传略》。

整理:曹欣恺、葛文龄、李薪宇、石金风

三、蔡和森：用生命践行立下的誓言

人物简介

蔡和森（1895—1931），字润寰，号泽膺，湖南双峰人。1913年，蔡和森考入湖南省立第一师范学校，上学期间与毛泽东结为挚友，两人理念相合，志趣相投。两人共同组织进步团体新民学会，并创办《湘江评论》，一同参加"五四运动"。著名教育家杨昌济曾给当时教育总长章士钊写信道："吾郑重语君，毛蔡二子海内人才，前程远大。君不言救国则已，救国必先重二子。"

图1　蔡和森

人物生平

1918年，蔡和森赴京寻求救国真理，曾立下"匡复有吾在，与人撑巨艰"的豪言壮志。1919年，蔡和森远赴法国勤工俭学，并研读马克思主义著作，成为坚定的马克思主义者。在此期间，他多次致信毛泽东，致函陈独秀，在这些信函中，他第一次提出"明目张胆正式成立一个中国共产党"的主张，毛泽东在回信中称赞"见地极当，我没有一个字不赞同"。他在留法期间与周恩来、赵世炎等同志一同筹组中国共产党旅欧早期组织。蔡和森虽然没有参加党的一大，但是他的建党思想和活动，使他当之无

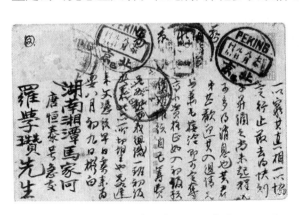

图2　1918年8月9日，蔡和森写给罗学瓒的明信片

愧是中国共产党的创始人之一。

1921年,蔡和森回国加入中国共产党,党的二大决定他来筹办党中央机关报《向导》周报并任首任主编。《向导》周报被誉为黑沉沉中国的"一线曙光",四万万同胞思想上的"向导"。

1925年,五卅运动爆发,蔡和森在此期间展现出卓越的领导才能。他率先提出:"要把工人的经济斗争与目前正在蓬勃发展的反帝斗争汇合起来。"五卅运动成为轰轰烈烈的大革命高潮来临的标志,蔡和森也在斗争中成长为杰出的群众领袖。

1931年6月,因叛徒出卖,蔡和森在香港被捕,同年8月,蔡和森在广州军政监狱英勇就义,年仅36岁。

蔡和森生活在"痛不堪痛、忍不堪忍"的乱世之中,却一刻也未停止过追寻救国救民的真理。他不仅是一名杰出的共产主义战士、革命家与理论家,同样也是一名出色的学者。

与上海大学

蔡和森曾在上海大学社会学系兼任教授,并出版《社会进化史》一书,宣传唯物史观的基本原理,是中国人以马克思主义唯物史观写成的第一部社会发展史。

现如今,蔡和森纪念馆已成为全国爱国主义示范基地,白色的麻石雕像在阳光下熠熠生辉,屹立在其中的蔡和森,深邃的目光仿佛可以穿透黑暗,憧憬着美好光明的未来,为人敬仰。

此篇文章内容主要来源于《人民日报》2018年7月26日刊登的《中国共产党的重要创始人——蔡和森》;董一冰、张宁2015年在《湘潮(下半月)》上发表的《蔡和森对马克思主义中国化的卓越贡献》。

图3 《社会进化史》,蔡和森著

整理:"上大记忆"团队

四、陈抱一：执画笔报效祖国

人物简介

陈抱一（1893—1945），现代油画家，广东新会人。1913年，留学日本专攻西画。1921年，毕业于日本东京上野美术学校，回国后自创"抱一绘画研究所"，指导人体写生。1923年前后，任上海大学美术科西洋画、木炭画等课程教授。1945年7月病逝于上海，享年52岁。

图1　陈抱一

与上海大学

中华艺术大学成立于1925年，由原私立上海大学发生学潮时分裂出来的部分师生组成，分有文学和绘画两大系。陈望道为校长、陈抱一为校务委员会主席，教务长为夏衍兼任文科主任。西洋画系主任由陈抱一兼任。

陈抱一十分注重素描的练习，他认为石膏写生、木炭素描或人体写生都是绘画入门的必修课程，而且是终身都不能废弃的功夫。在任教期间，他经常结合技法实践，为学生讲授技法理论。中华艺术大学是民间办学，条件非常困难，为了维持学校的日常开销，陈抱一付出了大量的时间和精力，甚至花光了私人积蓄，坚持私费支持中华艺术大学（他失去留欧的机会，主要原因还是把私人财产用到教育事业中去了）。他的著作《油画法之基础》和《洋画ABC》就是此时完成的，分别由中华书局和世界书局印刷，这是近代中国出版较早、全面介绍西洋画技法的两本书籍，特别是对于一些有志于学习油画但又找不到学习途径的美术青年，可谓是提供了一个非常便捷的学习途径。

作品欣赏

图2　陈抱一作品《香港码头》

图3　陈抱一作品《月季花》

人物评价

　　对于艺术，抱一做到了抱一而终。他献身于艺术，作画育人，对于名利地位没有半点留恋。

——陈瑞林

　　不仅画幅之大为其静物画之最，且气度非凡，拨人心弦。

——上海大学林欣评价其《菊花》

　　从他人对陈抱一其人和其画的评价中可以看出陈抱一先生对艺术具有很强的天赋，他的一生都热爱艺术并献身艺术，与此同时，他具有强烈的社会责任感，作画育人，为中国早期西方油画艺术的传播做出了巨大贡献，在油画界具有很高的地位。他短暂的一生都献给了艺术和国家。拳拳赤子心，浩浩中华魂。

　　此篇文章内容主要来源于中国画家网；江西师范大学杨淳2014年硕士论文《陈抱一绘画与美术教育研究》；林欣2010年在《数位时尚》上发表的《"像画人一样地画物"——中国早期油画家陈抱一的油画静物研究》。

整理：叶馨文、吉康怡、翁旋悦、史宇涵、庄佳伊

五、陈望道：千秋巨笔，一代宗师

人物简介

陈望道（1891—1977），教育家、修辞学家、语言学家。浙江义乌人，生于农民家庭，早年就读于金华中学，曾赴日本早稻田大学留学学习文学、哲学、法律等并阅读马克思主义书籍。曾任复旦大学校长、上海大学等高校教授。他翻译的《共产党宣言》是首个中文全译本。著有《漫谈"马氏文通"》和《修辞学发凡》等专著。

图1　陈望道

重要经历

1915年，陈望道赴日本留学。先后在早稻田大学、东洋大学、中央大学学习文学、哲学、法律，获中央大学法学士学位。

1919年，五四运动爆发后，陈望道返回祖国。同年6月，他任教于杭州浙江第一师范学校教授语文课，与进步师生一起积极投身于五四运动，反对旧道德、旧文学，提倡新道德、新文学。

陈望道于1923年秋到1927年在上海大学任中文系主任、教务长、代理校务主任等职务。在党的领导下，他率领全校师生投入反帝反封建的斗争。上海大学成为共产党进行革命活动的重要场所。上大师生不仅参加1925年的五卅运动，还在上海工人第三次武装起义中，组织了行动委员会，与工人一起并肩战斗。

1931年，九一八事变后，全国各阶层人民掀起了抗日民主运动的浪潮。陈望道在抗日救亡运动中始终走在前列。1932年1月17日，由陈望道等35人发起组织成立了中国著作者协会。

1934年，针对当时社会上出现的"文言复兴"现象，陈望道与其他人一起发

图2　陈望道与夫人蔡慕晖

动了"大众语运动",主张建立真正的"大众语"和"大众语文学",并创办《太白》半月刊,撰写多篇文章,宣传大众语运动。

1937年抗日战争全面爆发,陈望道在中共地下组织的领导下,同韦悫、郑振铎等人组织上海文化界抗日联谊会,积极投身于抗日救国运动。

1949年后,陈望道积极支持文字改革和推广普通话工作,为我国语言学的现代化、规范化、科学化做出了贡献。他在修辞学研究方面的贡献集中体现在《修辞学发凡》一书中。其中对汉语文中的修辞方式作了系统而详尽的分析、归纳,对修辞格式作了全面的概括(分为38格),率先提出"消极修辞"和"积极修辞"两大分野的说法。该书创立了我国第一个科学的修辞学体系,开创了修辞研究的新境界,是我国第一本系统的修辞学著作。

1960年冬,《辞海》主编舒新城逝世后,由陈望道继任主编。他以高度负责和一丝不苟的精神,团结和组织各方面的专家学者来共同完成重新编写任务。1962年初出版了《辞海·试行本》十六分册,进一步修改后,于1965年出版了新《辞海·未定稿》。

1977年,陈望道在病榻上完成了他一生从事文法研究的结晶——《文法简论》的定稿工作。陈望道先生一生坚持不懈地从事学术研

图3　《修辞学发凡》,陈望道著

图4 老年陈望道

图5 老年陈望道

究,到《文法简论》完稿,算是画上了一个圆满的句号。

1977年10月29日,陈望道因肺部感染逝世,终年87岁。

陈望道的一生是勇往直前、献身革命的一生,也是在学术上不断追求、不断创新的一生。他给世人留下了宝贵的精神财富,永远值得我们珍惜和怀念。陈望道致力于宣传马克思主义。在学术方面,他重视研究,在修辞学方面作出了巨大贡献,是中国现代修辞学研究的开拓者和奠基人,《修辞学发凡》是中国第一部系统的修辞学著作。他对大众语的建立提出许多科学性、建设性的意见,促进了文学语言的大众化和大众语文学的发展,同时也为拉丁化新文字运动打下了良好的基础。陈望道从事文化学术活动和教育工作达60年,几乎涉猎了社会科学的各个领域,撰写和翻译了许多论文和著作。

此篇文章内容主要来源于陶诚华2019年在《百年潮》上发表的《陈望道:马克思主义信仰的传播者、坚守者与实践者》。

整理:李彤、蔡栋梁、庄佳伊

六、程永言：满怀革命精神的勇敢者

人物简介

程永言（1897—1967），又名嘉咏，安徽祁门人。1922年春，进入东南高等专科师范学校美术科学习，参与领导学潮，为上海大学的成立做了准备，后转入上海大学半工半读，任校义务书记。

与上海大学

1922年，为加速培养更多的共产党干部，中共中央决定创办一所干部高等院校，中共首任总书记陈独秀曾与李大钊等人多次酝酿筹划。此时，正值

图1 程永言

东南高师因王理堂、汤石庵、陈绩武等借学敛财、携款私逃而引发学潮。学生成立自治会要求改组校务，欲请陈独秀或国民党元老于右任为校长。以程永言等为代表的学生在改组风潮中，首推陈独秀为校长，并得到大多数同学的支持。

1922年10月23日，上海大学成立，《民国日报》刊登启事："本校原名东南高等师范专科学校，因东南两字与国立东南大学相同，兹从改组会议议决变更学制，定名'上海大学'。公举于右任先生为本大学校长。"

1924年，全国各地如荼如火地展开兴办平民学校运动，许多有识之士认识到其重要性并开始行动起来。"上海青年会自创办平民学校以来，已历两月，成绩甚佳。该校每值授课时，常有各校职员前往参观，颇多赞成平民教育之重要而思路事进行者。沪会现更谋普及，拟将范围推广"。上海大学在此背景之下，更是不落人后，也创办了平民学校。

上海大学被关闭后，国民政府教育部一直不承认上大学生的学籍，致使曾在上大就学的学生在就业、晋级等方面受到不公平待遇。

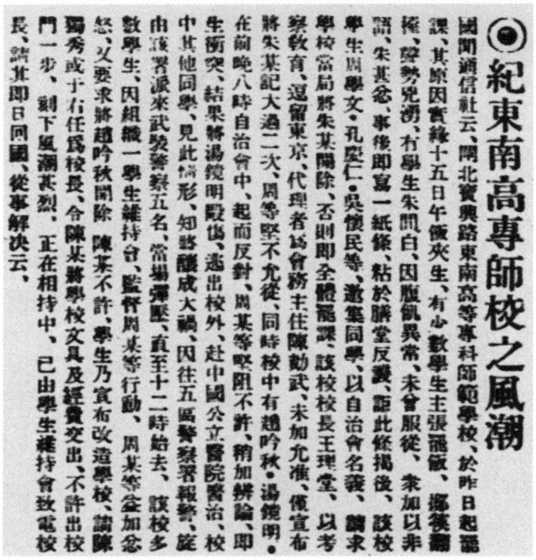

◉紀東南高專師校之風潮

國聞通信社云、閘北寶興路東南高等專科師範學校、於昨日起罷課、其原因實緣十五日午飯夾生、有少數學生主張罷飯、掃蕩餐權、聲勢兇湧、有學生朱凱白、因腹飢異常、未曾服從、柰加以非語、朱甚忿、事後即寫一紙條、粘於膳堂反覆、詎此條揭後、該校學生周學文•孔慶仁•吳懷民等、邀集同學、以自治會名義、請求學校當局將朱某開除、否則即全體罷課、該校校長王理堂、以考察教育、逗留東京、代理者爲會務主任陳勤武、未加允准、僅宣布將朱某記大過二次、周等堅不允從、同時校中有趙吟秋•湯鏡明•在前晚八時自治會中、起而反對、周某等堅阻不許、稍加辯論、即生衝突、結果將湯鏡明毆傷、逃出校外、赴中國公立醫院醫治、校中其他同學、見此情形、知將釀成大禍、因往五區警察署報警、旋由該署派來武裝警察五名、當場彈壓、直至十二時始去、該校多數學生、因組織一學生維持會、監督周某等行動、周某等益加忿怒、又要求將趙吟秋開除 陳某不許、學生乃宣布改造學校、請陳獨秀或于右任爲校長、令陳某將學校文具及經費交出、不許出校門一步、刻下風潮甚烈、 正在相持中、 已由學生維持會致電校長、請其即日回國、從事解決云、

图2 《申报》1922年10月19日:《纪东南高专师校之风潮》

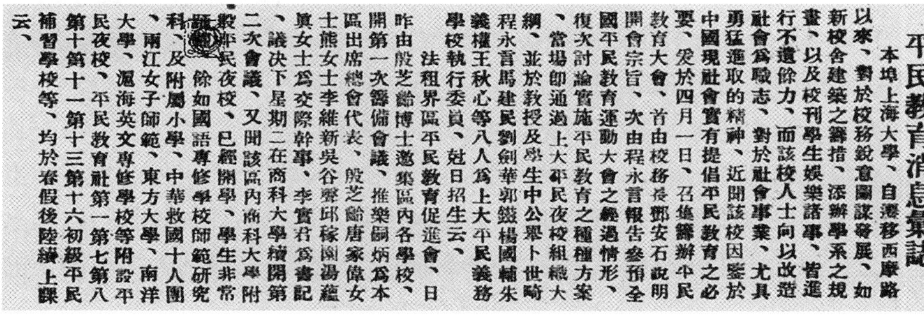

平民教育消息彙誌

本埠上海大學、自遷移西摩路以來、對於校務銳意圖謀發展、如新校舍建築之籌措、添辦學系之規畫、以及校刊學生娛樂諸事、皆進行不遺餘力、而該校人士向以改造社會爲職志、對於社會事業、尤具勇猛進取的精神、近聞該校因鑒於中國現社會實有提倡平民教育之必要、爰於四月一日、召集籌辦平民教育大會、首由校務長鄧安石說明開會宗旨、次由程永言報告參預全國平民教育運動大會之經過情形、復次討論實施平民教育之種種方案、當場即通過上大平民夜校組織大綱、並於教授及學生中公舉卜世畸程永言馬建民劉劍華郭鐵楊國輔朱義權王秋心等八人爲上大平民義務學校執行委員、尅日招生云、

法租界區平民教育促進會、日昨由殷芝齡博士邀集區內各學校、開第一次籌備會議、推樂嗣炳爲本區出席總會代表、殷芝齡唐家偉女士熊女士李維新吳谷聲邱稼園湯蘊眞女士爲交際幹事、李寶君爲書記、議決下星期二在商科大學續開第二次會議、又聞該區內商科大學附設平民夜校、已經開學、學生非常踴躍、餘如國語專修學校師範研究科、及附屬小學、中華救國十人團、兩江女子師範、東方大學、南洋大學、滬海英文專修學校等附設平民夜校、平民教育社第一第七第八第十第十一第十三第十六初級平民補習學校等、均於春假後陸續上課云、

图3 《民国日报》1924年4月5日:《平民教育消息汇志》

1936年3月,在于右任一再交涉、反复斡旋下,国民党中央常务委员会第八次会议通过“追认上海大学学生的学籍,并与国立大学享有同等待遇”的议案。于是,各地上大学生纷纷成立同学会,联络同学办理学籍的登记审查工作。

1936年11月又成立了上海大学同学会总会,推举程永言为理事长,张治中为监事长,除办理学籍登记外,还筹备复校事宜。不久之后抗日战争全面爆发,上大复校事宜因此停顿。

留存红色记忆,永怀革命岁月

程永言先生一生积极为革命而奋斗,参与或组织过多次运动,也担任过诸多职务,这些都属于他的红色记忆,特别是其中与上海大学有关的那段记忆,不仅是求学时光,更是革命岁月,值得留存。程永言先生的回忆录《回忆上海大学》便是他为记载那段珍贵岁月而留存下来的记忆,也对研究上海大学的历史有一定的参考意义。

勇之大者,为国为民;勇之小者,为友为邻。程永言先生正是一位勇敢者,无论是作为学生代表冲破各种阻力积极筹办上海大学改组事宜,还是在屯溪解放前夕参与起义促成屯溪和平解放,都体现了他"在逆风里把握方向,做暴风雨中的海燕,做不改颜色的孤星"的勇气。这份勇敢者的革命精神,将会通过这些红色记忆而永远留存在每一位上大学子心中,伴我们成长与前行。

此篇文章内容主要来源于吴玉才、孔海棠2020年在《淮南师范学院学报》上发表的《20世纪20年代上海大学安徽籍师生群体考》;盛祖绳1988年在《上海大学学报(社会科学版)》上发表的《二十年代初创时期的上海大学》;杨婧宇2014年在《上海大学社会学系研究(1922—1927)》上发表的《革命年代的政治文化》。

整理:李阅微、朱敏、庄佳伊

七、邓果白：平凡人物和他不平凡的人生

人物简介

邓果白(1907—1967)，又名邓戈北、邓义昌，安徽萧县人。1926年加入中国共产党。1925年秋，进入上海大学社会学系学习，1930年，参加党领导的苏州暴动，失败后，失去与党组织的联系。1948年恢复党籍。曾任萧县抗日民主政府优抗主任、豫皖苏三专署民政科长等职。

图1　邓果白

人物经历

1925年秋，根据党组织的安排邓果白与同村的许智远、刘淑昭秘密前往上海，在瞿秋白创办的上海大学学习。其间由沈毅、戴盆天(或邢中山)介绍，加入中国共产党。同年冬，奉命回到家乡，创办农民夜校，组织农民协会，建立和发展党组织，使萧县的革命运动以薛庄为中心，很快发展起来。

1927年初，受中共萧县县委派遣，与姜怀之、刘世吉一起赴武昌中央农民运动讲习所学习。经过三个月紧张的理论学习和军事训练，成为一名合格的农民运动干部。同年7月随北伐战区动员委员会赶赴河南，因遭国民党军队阻挠，战区动员委员会被迫解散，邓果白回到萧县。

1928年春，鉴于大革命失败后的形势，中共萧县县委根据省委指示转入地下活动。邓果白奉命在萧县黄口一带从事农民运动。不久党组织同意他报考南京水陆公安教导团（迁至镇江后改为警官学校），他一边学习，一边开展党的活动。

1929年冬，邓果白毕业后被分配到常熟水上公安队候差。两个月后，到苏州水上公安大队第十一队三分队任巡官。以后他以此为掩护，继续从事党的

秘密工作,经常往返上海、苏州之间,为党组织传递秘密文件。

1930年夏,参加党领导的苏州暴动,失败后,邓果白离开苏州,一度与党组织失去联系。

1931年,邓果白考入海州盐务税警局,其间与中共萧县县委接上组织关系。后因许智远等人的革命活动引起税警局的怀疑,遂被撤职,逃亡上海,再次与党组织失去联系。

1933年夏,形势稍有好转,邓果白便从上海返回家乡,就职于萧县戒烟所。

1936年春,戒烟所撤销,邓果白考入镇江师资训练班学习,结业后,到后林区民校从事教学工作。

1937年,抗日战争全面爆发,萧县成立了抗战动员委员会,邓果白担任该委员会干事,负责主办农民训练班。

1938年,萧县沦陷后,邓果白先在抗日义勇队十八大队担任参谋,后在十七大队负责扩大武装和在抗日义勇队萧县支队任作战参谋,同时被党组织推荐参加县议会,任参议员。

1944年5月,邓果白任萧县县政府优抗主任、专署参议员等职。

1946年,邓果白在冀州军政大学学习。

1947年,随刘邓大军南下,之后在豫皖苏三专署任交通科长。

1948年春,邓果白恢复党籍。

图2　前排右一为邓果白,右三为妻子纵舒民

与上海大学

1925年邓果白被党组织看中,送到上海大学,在瞿秋白等任教的社会学系读书,并在上海大学经戴盆天等人介绍加入了中国共产党。随后又被送到毛泽东任所长的武昌中央农民运动讲习所学习,继而又参加北伐。1930年前被派到苏州,组织苏州暴动。

此篇文章内容主要来源于邓伟志2007年著的《留下长篇遗嘱的母亲》;武昌农讲所纪念馆1997年编的《武昌农民运动讲习所人物传略》;上海市新四军暨华中抗日根据地历史研究会2012年编的《理想在我心中(续编)》之邓伟志文章《父亲的六次遇险》。

整理:曹欣恺、唐万成、陆丁、党子尧、田蕊、李显辰

八、邓中夏：杰出的工人运动领袖

人物简介

邓中夏（1894—1933），字仲澥，湖南宜章人。1923年4月，任上海大学总务长、教授。

人物经历

1918年以后，在俄国十月革命影响和中国共产党创始人李大钊的启发教育下，邓中夏开始接受马克思主义，参加五四时期一系列革命活动，成为革命青年的代表人物。

图1　邓中夏

1920年3月，邓中夏参与组织马克思学说研究会。北大毕业后，他放弃了父亲为他谋求的优越的工作职位和公费出国的机会，在李大钊的倡导下，参与创建北京共产主义小组，为负责人之一。这期间，邓中夏积极协助李大钊的工作，创办工人报纸《劳动者》和长辛店工人夜校、劳动补习学校及工人俱乐部，向工人群众宣传反封建的革命主张，培养了不少工作骨干。他是北京共产主义小组创建人之一，被选为一大代表，参与党的一大有关文件的起草工作，因忙于少年中国学会的工作而没有出席党的一大。

1922年5月，邓中夏参加第一次全国劳动大会，后任中国劳动组合书记部主任。在二大上当选为中央委员。他参加和领导了长辛店、京汉铁路、开滦煤矿、上海纱厂、上海海员大罢工以及震惊中外的省港大罢工，是中国早期工运领袖和党的理论家，为中国革命和工人运动的发展做出了杰出的贡献。

与上海大学

1923年，京汉铁路工人大罢工失败后，根据党组织的安排，邓中夏任上海

图2　香港省港大罢工期间，邓中夏向工人群众演讲

大学校务长，主持学校行政工作，起草《上海大学章程》。在此期间，邓中夏进行理论上的思考，撰写了《革命主力的三个群众》《论工人运动》《我们的力量》等主张无产阶级领导革命的文章，对中国社会各阶级的经济地位、政治态度作了科学的分析，对中国革命的性质、任务、动力和方针作了系统的阐述，为党的四大解决领导权的问题奠定了理论基础，受到党中央的重视。

不幸被捕

1927年4月，蒋介石发动反革命政变后，邓中夏与李立三提出南昌起义的建议，主张开展武装斗争和土地革命。在党的八七会议上他当选为中央政治局候补委员，任江苏省委书记，负责上海党组织的恢复和重建工作。

1930年7月，邓中夏从苏联回国，不久就被撤销了一切职务，停止工作。直到1932年秋，才安排他任中国赤色互济总会主任兼党团书记。他顾全大局，不计较个人得失，深入群众，联系各界支持革命的人士，很快地打开了工作局面。

1933年5月，邓中夏不幸被捕，蒋介石立即下令将他押解到南京。任凭敌

图 3　邓中夏雕塑

人使尽阴谋诡计，软硬兼施，他始终坚贞不屈，大义凛然地说："古今中外，没有不流血的革命，能为革命而牺牲，也就等于不死。""就是把邓中夏骨头烧成灰，邓中夏还是共产党员。"1933年9月21日凌晨，一无所获的敌人将他杀害于南京雨花台，时年39岁。

百年赤心，光耀中华。邓中夏以一个共产党员的责任意识、坚定信念和钢铁意志，把一生无私地奉献给了党的革命事业和中华民族的解放事业，留给后世一笔宝贵的精神财富。邓中夏烈士虽然远去，但党和人民没有忘记他。一身豪气，铁骨铮铮，有信仰有才华，为信仰抛头颅洒热血，正是老上大革命先烈的真实写照，永远值得我们学习和纪念。

此篇文章内容主要来源于胡申生2020年编著的《从上海大学（1922—1927）走出来的英雄烈士》；齐卫平2016年著的《中国共产党创建与上海》；菏泽市水文局2021年发布的《党史百年之1922》。

整理：唐万成、田蕊、曹欣恺、陆丁苑、李显辰

九、丁嘉树：一书一砖的缘分

人物简介

丁嘉树（1907—？），又名丁森、丁雨林，浙江嘉善人。1925年9月，进入上海大学中国文学系学习。

从上海大学毕业后，历任中学校长、大学教授、报馆主笔、总编辑等职。1949年携妻儿赴香港定居，曾一度赴南洋任中华中学校长等职。

人物成就

1926年，泰东图书局出版其《革命文学论》一书，在文坛产生较大影响。这期间，丁嘉树还在上海群众图书公司、现代书局、北平海音社等出版诗集《红叶》、《恋歌》（与曹锡松合编）、《我俩的心》、《未寄的诗》和长篇小说《浪漫的恋爱故事》、中篇小说《狱中的玫瑰》等。其著作还有散文集《天还没有亮》《蹉跎集》等。

图1　丁嘉树

与上海大学

丁嘉树于1922年就读老上海大学，1926年毕业，他在上大短期任教过，这几年对其思想的影响很大，还与于右任等师生结识并成为好友。身为知名作家、画家的丁嘉树夫妇，还与丰子恺等沪上文人有很深的友情，他交往的都是一些进步的左翼文学青年。丁嘉树15岁开始写作，写作的历史长达70年。

家属向上大捐赠遗物

在2015年上海统一战线展览中，有一张毕业证书与一块地基砖，记录了

图2　丁嘉树之子丁勇向上海大学捐赠丁嘉树毕业证书

上海大学(1922—1927)办学的光辉历史。

2014年10月23日,丁嘉树之子丁勇等50余位老上大校友后代,受邀参加了上海大学博物馆室外校史展示区——溯园的落成仪式,并向校方捐赠了丁嘉树的毕业证书。这是目前已知仅存的老上海大学毕业证书。

"农专"是于右任先生1934年为创建国立西北农林专科学校(今西北农林科技大学前身)题写的,该校建校时将"农专"两字烧制于部分砖上,作为奠基和主要建筑物的标志,由于当时制作的砖总量极少,因此"农专"砖已经成为历史研究人员、收藏爱好者和书法爱好者竞相追逐和珍藏的精品。由于于右任先生曾担任过上海大学校长,所以,2014年,西北农林科技大学特赠送了一块珍贵的"农砖"给上海大学,以留下珍贵的历史记忆。

此篇文章内容主要来源于陈思和、王德威2016年著的《史料与阐释》。

整理:李显辰

十、丁玲：能文能武的女作家

人物简介

丁玲（1904—1986），原名蒋伟，字冰之，湖南临澧人。1923年，进入上海大学中国文学系学习。

丁玲是第一位从国统区到陕北苏区的女作家。1936年11月，丁玲到达陕北保安，她的到来，给陕甘宁抗日根据地原本力量薄弱的文艺运动增添了新鲜的血液。

图1 丁玲

代表著作

丁玲代表著作有处女作《梦珂》、长篇小说《太阳照在桑干河上》、短篇小说《莎菲女士的日记》、短篇小说集《在黑暗中》等。

在苏区，丁玲任根据地中国文艺协会主任、中央警卫团政治部副主任、西北战地服务团团长、《解放日报》文艺副刊主编、陕甘宁边区文协副主席等职务。创作出《我在霞村的时候》《在医院中》等许多思想深刻的作品。在毛泽东延安文艺座谈会讲话精神的鼓舞下，她投身于根据地的革命斗争，用文艺形式积极反映我党我军和人民群众火热的斗争生活。

人物生平

1922年，丁玲赶往上海，在陈独秀、李达等创办的平民女子学校学习。

1923年，丁玲经瞿秋白等介绍，入中国共产党创办的上海大学中国文学系学习。

1927年底，处女作《梦珂》发表于《小说月报》。

1928年，丁玲完成代表作《莎菲女士的日记》，引起文坛的反响，出版第一本短篇小说集《在黑暗中》。

1929年，丁玲与胡也频、沈从文在上海合办《红黑》杂志。完成第一部长篇小说《韦护》。

1930年，丁玲参加中国左翼作家联盟。

1932年，丁玲加入中国共产党。

1933年5月，丁玲被国民党特务绑架，拘禁在南京。宋庆龄、蔡元培、鲁迅、罗曼·罗兰等国内外著名人士，曾发起抗议和营救活动。

1936年9月，丁玲逃离南京，奔赴陕北，受到毛泽东、周恩来等领导同志的欢迎。

1941年初，文艺月会的会刊《文艺月报》创刊，丁玲、萧军、舒群轮流主编，共17期，1942年9月终刊。

1948年，丁玲写成著名的长篇小说《太阳照在桑干河上》。

1951年6月，丁玲响应抗美援朝总会的号召，捐款1 200余万元（旧币）。

1984年，中央组织部颁发《关于为丁玲同志恢复名誉的通知》，彻底推倒多年来强加给她的一切不实之词，肯定她是"一个对党对革命忠实的共产党员"。

图2 丁玲晚年照

1986年3月4日，丁玲在北京多福巷家中逝世，享年82岁。

与上海大学

1923年夏天，丁玲跟随挚友王剑虹由上海去往南京，试图寻找理想的未来。8月下旬的一天，经沪上旧友施存统、柯庆施介绍，她俩认识了以中共中央代表身份来南京参加中国社会主义青年团第二次代表大会的瞿秋白，并很快被其英俊潇洒的风度和渊博幽默的谈吐所吸引。在瞿秋白的动员和鼓励下，丁玲和王剑虹于当年9月重返上海，进入当时由瞿秋白担任教务长兼社会科学系主任的上海大学学习。

在接下来的时间里，丁玲和王剑虹坐进了文学系的课堂，开始亲炙那个时

图3　丁玲（左）与王剑虹

代的文化精英与精英文化，一时间，陈望道讲授的古文、邵力子讲授的《易经》、田汉讲授的西洋诗歌等等，纷至沓来。面对这异彩纷呈的文化大餐，王剑虹喜欢俞平伯解读的宋词，丁玲则更倾心于茅盾讲授的希腊神话，这开启了她遥远而美丽的幻想。

上大带给丁玲的，不单单是丰富的文学知识、独特的学习方法，以及别开生面的俄国文学，同时还有一种全新的精神视野与生活乐趣，一种真正有意义的人生境界和价值取向。抱定来上海求知与寻梦的丁玲，在经历了南京漂泊之后能进入上大学习，无疑是一次难得的机遇。在这里她不但邂逅了知识的矿富，同时也发现了梦想的曦光。

人物评价

丁玲是中国现代文学史上一位重要的女作家，也是一位命途多舛的女革命者。延安时期的丁玲，经历的正是从云霄沉入海底的过程。起因之一就在于她以女性的生命体验，洞察到以男性为主体的革命阵营内部，既有着两性间在阶级、民族利益上的一致性，还存在着男性以革命的名义对女性的歧视。她站在女性的立场上，大胆而犀利地揭示出被革命外衣遮蔽的性别歧视问题，从而挑战了革命群体内依然固有的父权—夫权制性别秩序。

——人民网

此篇文章内容主要来源于《中华读书报》2020年在中国作家网上发布的《丁玲为何离开上海大学》；李向东、王增如2015年著的《丁玲传》。

整理：张聪、吴子萱、童雨琦、李显辰

十一、董亦湘：大丈夫以身许国，好男儿志在四方

人物简介

董亦湘（1896—1939），谱名彦标，江苏常州人。生于一个农民家庭，在苏联学习和工作时名奥林斯基·列夫·米哈依洛维奇。1924年7月后，任上海大学社会学系社会发展史等课程教授。

图1　董亦湘

早年经历

董亦湘家中有兄弟三人，他排行老二，由于家境贫寒，董亦湘从小过着半耕半读的生活。1909年，13岁的董亦湘先在本地上私塾，住读于雪堰桥殷家宅的塾师殷彦洵（清末秀才）家四五年，他求知欲强，即使在农忙时，也常常把书带到田头，人家休息时，他就拿着书看。

1915年，董亦湘在本地当塾师。他循循善诱，教学严谨，颇得学生的爱戴，且非常关心国家的命运，常在灯下阅读报刊，读至伤心处，往往潸然泪下。董亦湘还十分热爱家乡，走遍家乡的山山水水，南至太湖、西至滆湖，东到无锡，北到长江方圆几百里范围内的主要河流，进行过多次调查研究，画过几十幅图纸，写出兴修水利的建议书，设想为民造福。

1918年秋，经塾师殷彦洵介绍，董亦湘进上海商务印书馆任编译所字典部编辑。业余自学英语、俄语，阅读马列著作，研究社会主义学说。与陈独秀、邓中夏、俞秀松、徐梅坤、沈雁冰（茅盾）等早期共产党人相来往。从此，董亦湘翻开了新生活的篇章，开始了在他的一生当中有着重要意义的新征程，并将新思想带回家乡。

图2　商务印书馆职工会第一届委员合影

投身革命

1922年，董亦湘加入中国共产党，走上了革命道路。在党组织的领导下，他一面孜孜不倦地研究革命理论，一面坚持参加革命实践。1923年，董亦湘担任上海商务印书馆党小组组长及第一任党支部书记、中共上海地方兼区执委会国民运动委员会委员等职。

1924年7月前后，董亦湘和瞿秋白等人在上海大学和上海学联联合发起组织的夏令讲学会上讲课，先后作了有关"唯物史观""人生哲学"等长篇演讲。董亦湘还编写了一部《社会发展史讲义》。同年，在国共实行第一次合作的形势下，他遵奉中共中央的指示，以个人名义加入国民党。频繁地往来于上海、苏州、无锡、常州、丹阳、镇江等地，在工人和知识分子中做了不少宣传、组织工作，并发动社会各阶层的力量开展国民运动，先后发展恽雨棠、廖陈云（即陈云）、张闻天、杨贤江、薛兆圣、徐新之、孙冶方、黄祥宾等加入共产党。他还受中共中央负责人的委托，多次去柳亚子先生家访问，同柳亚子谈心，为党和

图3 董亦湘(右)与沈泽民合影

柳亚子建立密切联系做出了贡献。

1925年,在五卅惨案发生的次日晚上,董亦湘又发动商务印书馆的党团员和积极分子参加上海总工会在北河南路总商会召开的大会,决定参加全市罢工、罢课、罢市斗争。他组织宣传人员到马路上去演讲;布置商务印书馆美术组的人员画了许多宣传漫画,贴到大街上。同时,他到南京路、浙江路一带,同店员中的积极分子一起,动员和组织店员同工人、学生采取一致行动,参与罢市。

1925年10月,党组织派董亦湘和俞秀松等六七十人前往苏联学习,先后在莫斯科中山大学、列宁学院学习和任教。

男儿殒命

1928年,瞿秋白、周恩来参加由第三国际监委、联共监委和中共代表团组成的三方联合审查,推翻王明等对董亦湘等人的诬陷。

1931年1月,中共六届四中全会上王明夺取中共中央的领导权。王明一伙便以"反对中央领导"的罪名,对董亦湘等人再次诬陷打击。

1937年,联共进行又一次大清党,因王明陷害,联共当局将董亦湘逮捕入狱。

1939年5月19日,董亦湘被迫害致死。

沉冤得雪

1959年1月17日,苏联中央军事检察院远东军区军事法庭发出通知和证明,认为董亦湘没有罪行,"死后亦应完全恢复名誉"。

1984年5月,中共中央组织部发出通知,为董亦湘平反,恢复名誉。

1987年3月,经国家民政部批准,董亦湘被认定为革命烈士,同年4月,中共武进县委和潘家乡党委在董亦湘家乡建立纪念碑,陈云为纪念碑题写碑名。

此篇文章内容主要来源于张磊2020年在《党史纵览》上发表的《董亦湘:鲜为人知的陈云入党介绍人》。

图4　董亦湘雕塑

整理:靳浩然、李显辰、梅洪溢、蔡卓言

十二、丰子恺：海派艺术大师

人物简介

丰子恺(1898—1975)，原名丰润，号子恺。浙江桐乡人。我国现代画家、散文家、美术教育家、音乐教育家、漫画家、和翻译家，是一位多方面卓有成就的文艺大师。1925年3月，任上海大学中学部艺术、乐理等课程教员。

图1　丰子恺

丰子恺在上海

上海是中国近代文明的发源地，也是中国共产党的诞生地，丰子恺的成名作《人散后，一钩新月天如水》在上海发表，之后其作品逐渐进入大众视野。他的第一本漫画集《子恺漫画》、第一本散文集《缘缘堂随笔》先后在上海出版。

1946年后，因战乱在外逃难的丰子恺返回上海，并于1949年定居，至今仍在的"日月楼"故居是丰子恺在上海的居住地，也是其创作之地和一家老小和睦生活之所。

与上海大学

20世纪20年代，上海大学设有美术科，丰子恺曾任上海大学中学部艺术、乐理教师，结识了大量的文艺界人士，为刚成立不久的上海大学注入了一股清新之风。

丰子恺与海派文化

丰子恺是我国新文化运动的启蒙者之一，早在20年代他就出版了《艺

图2　1960年丰子恺在长乐村

图3　丰子恺的成名作《人散后，一钩新月天如水》

概论》《音乐入门》《西洋名画巡礼》等著作。他一生出版的著作达180多部，尤以中西融合画法创作漫画以及散文而著名。新中国成立后，他先后担任上海中国画院首任院长、上海市文联副主席、中国美术家协会上海分会主席、上海市对外文化协会副会长等职。

艺术造诣

在中国，"漫画"这个词早在李时珍的《本草纲目》集解中就有出现，指的是一种鸟类的别名，和今天我们说的漫画没有任何瓜葛。同样的，在宋代洪迈《容斋随笔》中也出现了"漫画"一词，解释为篦鹭，也是鸟名。虽然没有以"漫画"的名称出现，但从其表达的意味来看，我国古代早就有了具有漫画特征的艺术作品了。

一直到1925年，并未冠以"漫画"之名的绘画有了正式的称呼，这一结果得益于丰子恺。5月10日第172期《文学周报》，首次刊登了丰子恺的作品，并在"目次"上为他的作品标注了"漫画"字样，1926年1月，经郑振铎、叶圣陶、沈雁冰等作家的编选，丰子恺的作品集《子恺漫画集》出版，这是我国出版物第一次正式使用"漫画"这个名称。

漫画是丰子恺一生成就的重要组成部分，这位"眼睛向下，作品向上"的艺术家，用中西融合的画法及深厚的中国古典文学底蕴，表达了充满爱心、童心、佛心的艺术境界。作品真切反映了百姓生活的甜酸苦辣和人心的善恶美丑，将传统"文人画"转化为大众能观赏的现代"人文画"。虽经近百年沧桑变迁，其作品却仍具魅力，继续有丰润广泽之效，深得广大民众的喜爱。

丰子恺的漫画，多取材于儿童意趣、生活情趣以及古诗新画，主题新颖独特，手法别致。他将西方的绘画技艺融入传统的国画笔法中，运用西洋的解剖、透视、明暗和色彩学，却使用笔墨在宣纸上作画，人物形态逼真，画面简洁清新，蕴含生活哲理，真切地反映了百姓的酸甜苦辣、人心的善恶美丑，于生活中见情趣，于平淡中见真情。亦如他的为人，温文尔雅，谦谦君子，即使是鞭挞时弊陋习，也是循循善诱，劝人向善，不会使人有突兀之感。

丰子恺以平易近人且意义深刻的画作，给当时抑郁的气息带来一丝阳光。他开创了"抒情漫画"这一画派，是新文化运动的启蒙者，这也正是海派绘画的贡献。

丰子恺的性情平和淡然、宁静致远、温柔悲悯。形成这种性情主要与他的成长环境有关系。他儿时的成长环境快乐顺遂，成年求学恰逢良师益友。他的这种情怀也体现在他的作品中，感动着大众，启迪着社会。

图4　丰子恺作品《爸爸回来了》　　图5　丰子恺作品《山高月小，水落石出》

因家中都是女眷,丰子恺作为大家庭里唯一的儿子自然备受爱护。五六岁与祖母一道养蚕,中秋节随父亲品尝螃蟹,童年时与伙伴郊游钓鱼。这是丰子恺的"黄金时代"。

丰子恺曾在浙江省第一师范学校读书,在那里遇到影响他一生的两位老师,李叔同与夏丏尊。璞玉得遇名匠,获得成功机缘。他称李叔同的教育方式为"爸爸般的教育",而夏丏尊的则为"妈妈般的教育"。尤其是李叔同,对他的一生影响甚大。

图6　丰子恺(右)与李叔同(中)等合影

有子女之后的生活让丰子恺更加反思人生,他羡慕孩童的天真,憧憬他们的生活。他将孩子们无忧无虑的童年时期称作是"黄金时代"。他对他的孩子们同样倾注了爱心与关怀,四女三子皆学有所长,成为社会的栋梁之材。

表　丰子恺子女的成就一览

姓　名	关　系	成　就
丰陈宝	长女	上海译文出版社编辑
丰宛音	次女	长期供职于中学

续表

姓 名	关 系	成 就
丰宁馨	养女	杭州大学数学系副教授
丰三宝	两岁时夭折	—
丰华瞻	长子	《汉英大辞典》主编
丰元草	次子	从事音乐出版,任北京人民音乐出版社编辑
丰一吟	幼女	上海社会科学院副研究员
丰新枚	幼子	通数国语言,任海外专利代表

图7　1943年家庭合影(后排左起:丰一吟、丰华瞻、丰陈宝、丰元草;前排左起:徐力民、丰新枚、丰子恺)

此篇文章内容主要来源于陈星2002年著的《丰子恺》;王欢欢2019年在《重庆交通大学学报(社会科学版)》上发表的《丰子恺漫画对"文人画"的继承和改造》;《大众科学》2017年第7期刊载的《漫话漫画》。

整理:袁铭、杨仁慧、李桐、周红、谢英伟

十三、顾均正：杰出的科普工作者

人物简介

顾均正（1902—1980），又名顾振寰，笔名振之，浙江嘉兴人。现代科普作家、出版家、文学翻译家。1926年，任上海大学中国文学系世界儿童文学等课程教授。

图1 顾均正

人生经历

1920年，顾均正从浙江省立第一中学毕业后，因家庭贫苦，无力深造，便在嘉善县俞汇镇小学担任教员，教授语文、算术以及音乐、体育，并且开始自学英语。

1923年，他成功考入商务印书馆所理化部。在商务印书馆期间，顾均正工作、学习两不误，他利用商务印书馆和东方图书馆资源，大量阅读外国科学读物与世界儿童文学名著，并开始着手翻译丹麦作家安徒生的童话。

1926年，应上海大学文学系主任陈望道之邀，在上海大学担任特别讲师，教授世界童话。

1928年，顾均正进入开明书店和夏丏尊、章锡琛等主持编辑出版业务，主要负责少年儿童读物和自然科学读物的编辑工作，编辑过《新女性》《中学生》和《新少年》等刊物。他还与赵景深、徐调孚等人翻译安徒生的作品，编辑《世界少年文学丛刊》。上海开明书店于1928年9月出版了他的《安徒生传》，这可以说是国内第一部详细介绍安徒生生活与创作的书，受到了广大读者的欢迎。

1934年，陈望道邀请顾均正在《太白》半月刊撰写科学小品。顾均正当时不满于刻板严肃而又极其枯燥的科学文章，尝试以文学的笔调写科普作品，因此开始了科学小品的创作。《昨天在哪里》是顾均正的第一篇科学小品，此后他在《太白》半月刊上陆续发表了11篇作品，而后45年中，他一直致力于科普读物的创作与出版。

他的文章大多从日常生活中取材,题材广泛,涉及物理、天文及气象等各方面的内容。例如作品《一加一不一定等于二》说明一个力分解为两个力的时候,这两个分力间所夹的角越大,它们的数值也就越大。又如《骆驼绒袍子的故事》,通过和妻子在火炉旁用汽油擦洗被污染的袍子时所发生的一场小小争论,讲述了汽油的挥发性、流动性和可燃性。

顾均正为人正直,爱憎分明。抗日战争胜利后,国民党主办的上海《正言报》曾请他主编一个儿童文艺副刊,却被他拒绝;在"文革"中,他不屈从造反派的淫威,对当时正遭到批斗的巴金等作家,他从未提供不符合历史事实的"材料"。顾均正因病逝世后,巴金特地写了感情真挚的散文《怀念均正兄》,收录在《随想录·病中集》中。

顾均正多年来还为党的统一战线做了大量工作。在领导中国民主促进会北京市委工作中,20多年如一日,勤勤恳恳,认真负责。在民进会员中,尤其在文化出版界会员中享有很高的声望。

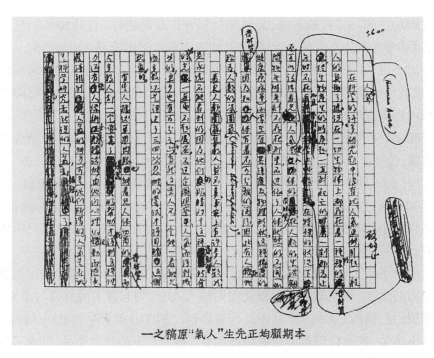

图2 《人气》原稿之一

图3　1947年,上海作家合影,后排右一为顾均正

为科学插上想象之翼

顾均正的一生孜孜不倦,始终坚持科普作品的创作,自1930年担任开明书店《中学生》杂志编辑之后,他便开始转向科普创作领域。面对当时一些外国科幻小说"空想的成分太多,科学的成分太少",而多数科学文章又刻板严肃,极其枯燥的情况,他开始了探索:为什么不能加以变通,使神秘惊险的故事与内容丰富的科学知识相结合呢?而后,就有《伦敦奇疫》《和平的梦》《在北极底下》等作品的相继发表,不仅实现了科学与小品文的联姻,更结合了时代背景,传达了反侵略的、积极向上的社会思想。

"什么叫科学小品?谁也没下过定义。我写这些东西时,总是想到:要把科学知识通过生活来说明,写成科学和文艺结合的小文章。照当时的说法,就是科学小品必须通过生活。"顾均正先生在《不怕逆风》一书的题记中如此写道。

他的小品文就是如此轻松自然,不造作矫饰,更不故作高深;透过充盈着想象力的文字,科学知识潜移默化间即渗入人心,勾起读者的好奇与求知欲。自陈望道主编的《太白》半月刊发行至停刊,"科学小品"专刊中刊载的42篇科学小品文,多达11篇都出自顾均正之手。他所写下的科学小品,带来了科普形式的新形态,在中国最黑暗的时期,他所传播的科学新知识为大众燃起了一盏希望的明灯。

那么，是怎样的经历铺垫，使得顾均正能够捕捉细微角度，从耳熟能详的生活现象中取材，提炼成如此知识丰富而不失趣味的科学小品呢？溯回历史，我们可以发现，顾均正自1923年开始担任工作以来，热心于儿童文学，曾翻译了不少外国的儿童文学名著。他与上海大学的渊源，也恰是在上海大学中国文学系主讲世界儿童文学课。正是对于儿童文学的钻研，使他能够以更为贴近孩子的视角来看待文学创作，让文字间充盈想象力，从来都不缺乏趣味。

如今，斯人已逝，但他的文字依然长盛不衰。我们不会忘记，科学小品为当世文学创作者带来的深远借鉴意义；须取材生活，结合时势，加强创新，把握趣味性；我们更不会忘记，要传承这份心系国事，传播科学、知识与自由理念，肩负知识分子之责任的精神；我们终将铭记，这位将科学插上想象之翼的可敬之人——顾均正。

此篇文章内容主要来源于陈文2014年在《科普研究》上发表的《顾均正科学小品创作及特点研究》；张建琴、单智伟2017年在《学理论》上发表的《顾均正与近代科学在中国的传播》。

整理："上大记忆"团队

十四、关中哲：尊师重道的教育工作者

人物简介

关中哲（1903—1995），陕西华县（今渭南华州）人。1926年毕业于上海大学社会学系，后在陕西省绥德第四师范学校、陕西省华县咸林中学任教。

关中哲先生从事教学、编辑、行政管理工作近50年，经验丰富，培养了大批学生，早年著有《东三省问题与侵略》一书，曾发表传播民主思想与宣传抗日的文章百余篇。

人生经历

图　关中哲

1924年春，关中哲入上海大学社会学系学习，由邓中夏介绍加入社会主义青年团。

1925年，关中哲参加了震惊中外的五卅运动，同年暑假期间，回西安协助共产党人魏野畴创办了陕西第一个共产主义刊物《西安评论》，并由魏野畴介绍加入共产党。

当时《西安评论》编辑部设在西安东举院巷58号旧式庭院的一间街房里，设备非常简陋，办公用具只有一张桌子、一条长凳和一盏油灯，早期的编辑人员就是魏野畴和他两人。关中哲在《西安评论》上先后发表20多篇文章，宣传马克思主义，唤起陕西，特别是西安民众参加反帝反封建斗争，为党的发展壮大、揭露军阀统治、团结工农大众发挥了积极作用。他在1925年8月《西安评论》第三期发表的《西安的报纸》一文中就提出报纸的责任和使命。

1927年，关中哲回母校咸林中学任国文教员，从事党组织的地下活动。

1928年4月，关中哲离开华县赴南京，后失去党的组织关系。

1929年春，关中哲前往杨虎城部队任秘书，后由杨虎城资助赴日本明治大学法律系学习。在日期间,他积极参加留日学生反对日本侵略中国的运动。

抗战爆发后,关中哲返回陕西,先后出任蒲城尧山中学、凤翔师范学校、临潼建国中学等学校校长,培养了一大批有志青年,保护了一批革命师生。

1945年,关中哲加入中国民主同盟(简称民盟)。

1947年,关中哲出任省立西安商业专科学校教务长。

1948年,关中哲任国立西北大学经济系教授、校长办公室秘书,协助校长杨钟健领导西北大学渡过难关。

1951年3月,关中哲调入西北民族学院,参与了学院创办工作。先后任语文系教授兼任主任、图书馆馆长、学院民盟支委主任等职务,为国家培养了一大批翻译人才。

与于右任的师生情谊

1926年,于右任和李大钊共同推动冯玉祥响应国共合作的北伐战争,在五原誓师,组成国民军联军并集体加入国民党。国民军联军入陕后,于右任被委以国民军联军驻陕总部司令之职。此时,在西安从事革命活动的关中哲,到于右任处拜访看望自己的老师,畅叙国内形势,切磋陕西革命运动的发展。

1929年,关中哲前往杨虎城部任秘书,后受其资助于同年赴日本留学,入明治大学法律系学习。在日本留学期间,发生了日本侵略中国东北的"九一八"事变,关中哲和许多留日中国学生群情激愤,联合开展了反对日本侵略中国的爱国活动,引起日本政府的高度警觉,警方拘捕了关中哲、胡风、聂绀弩、周颖等20多名中国留学生。关中哲的妻兄杨钟健在国内获悉妹夫在日本遭拘捕的消息后,立即致函当时在南京任国民党中央监察院院长的于右任,请求于先生设法通过外交途径进行交涉营救。

关中哲与胡风、聂绀弩、周颖等20多名中国留学生,在东京遭关押3个月后,于1933年7月被日本警方释放后即驱逐出境回国,这和于右任的斡旋疏通有关。

关中哲从日本回到祖国,得知他的老师于右任对自己的倾心关爱后,对其的感激和敬重之情进一步加深。1933年12月,他赴南京拜谢,并在于右任主持的国民党监察院审计部任佐理员。在此期间,关中哲创办了进步刊物《西北评论》,亲自撰写发表了许多政论性文章,一方面揭露国民党"攘外必先安内"的反动政策和专制独裁的黑暗统治,另一方面唤醒民众对日本侵略中国野心的警惕,在社会上产生了广泛而深刻的影响。1936年,他还撰著了《东三省问题与侵略》一书,由上海星光出版社出版。

新中国成立后,关中哲先在西北人民革命大学工作,后调往兰州,参与西北民族学院的创建,曾担任西北民族学院教授、语文系主任、图书馆馆长、民盟支委主任、甘肃省政协委员等职,为中国民族教育人才的培养和民族教育事业的发展做出了重要贡献。

此篇文章内容主要来源于陈文1994年在《新闻知识》上发表的《关中哲与报刊业》;西北民族大学档案馆网站。

整理:"上大记忆"团队

十五、何世枚：立身纷乱之中，心系办学育人

人物简介

何世枚（1896—1975），字朴枕，号澹园，安徽望江人。何世枚生于官宦世家，从小受到良好教育，毕业于上海东吴大学法学院，并且被保送美国密西根大学留学，获法学博士学位。回国后积极投身到近代中国的法律事业和教育事业，做出了卓越的贡献。1924年春，任上海大学英国文学系议会法、论理、小说、散文等课程教授。

图1　何世枚

人生经历

何家在上海金融市场大乱之后，损失惨重，想要运用法律武器，但面对互相包庇的洋人法庭，也毫无办法。何世枚及其胞兄何世桢见识到了洋人司法的黑暗腐朽，意识到了中国对于公正司法的渴求，于是立志学法。

1918年，何世枚从北京大学毕业，同年与其胞兄何世桢一起考入上海东吴大学法学院。

1921年，与何世桢共同被保送到美国密西根大学留学。

1922年，何世枚获法学博士学位并回国。

何世枚与其胞兄何世桢在美国获得法学博士学位之后，听从孙中山先生的建议，毅然放弃赴英留学的机会回国。何世枚开始投身教育，同时兼任上海大学、东吴大学教授。

1924年，何世枚、何世桢共同创办持志大学（后易名为持志学院），何世桢任校长，何世枚任教务长兼教授，致力于培养青年学子。

1928年，何世桢把主要精力用于中国民主主义革命事业，持志大学的领导

任务由何世枚一人承担。

不畏纷乱，办学育人

中国近代是一个纷乱的时代，中西方之间的冲突如暗流涌动，在这国家与民族处于危难之际，许多忧国忧民、心怀大志之士开始投身于救国救民的事业之中。

何世枚与何世桢回国后，即投入到救国救民的教育事业当中。1924年，两人在上海创立了持志大学（后易名为持志学院），这是何

图2　何世枚（左）与胞兄何世桢

氏家族历代儒风所拂煦的硕果，命运多舛，却意义深远。日军的侵袭使得这所学院经历了太多炮火和战争的蹂躏，可何世枚一直在抗争着，从未放弃过教育事业。

在学院几番受到战争践踏，房屋、校舍被毁的时候，何世枚选择大任，他与何世桢四处奔走，筹集资金，一方面积极进行校舍重建，一方面在租界内租赁校舍上课。对于何世枚来说，他见识过洋人司法的腐朽不公，因此立志学法；他意识到也了解到近代中国教育的落后，因此无论多么坎坷，也全身心投入到教育事业当中。

他深知，办学不仅仅因为家族夙愿，还因为国家和民族需要学府，青年学子渴望教育。

他生于纷乱的时代，但却努力地扛起办学育人之事业，立身于这纷乱之中。

此篇文章内容主要来源于宋露霞2004年在《江淮文史》上发表的《何园沧桑——何汝持家族五代传奇》。

整理：孙靖成、张镕、梅洪溢

十六、何世桢：不屈的民主主义爱国者

人物简介

何世桢（1895—1972），字思毅，号干臣，安徽望江人。1918年，何世桢毕业于北京大学英文系，曾在上海大学任教务长兼英国文学系主任。

人生经历

细看其一生，何世桢于民族大义、于国家安危、于时代进步，都留下了不可磨灭的印记。从"师夷长技以制夷"起，中国人就发现，要抵抗外国侵略，甚至打击制约外国，就要学习其进步的思想和技术。在这一点上，何世桢深有体会。受"橡皮风潮"

图1　何世桢

的影响，上海金融市场骤乱使得何家人损失惨重，但当他们拿起法律武器将洋人告上法庭后，却眼睁睁看着外国法官明目张胆包庇洋人，这使得何世桢、何世枚兄弟醒悟，中华民族要崛起，必须要有司法。从此，何氏兄弟志在司法，发奋苦读。先是在几近报录比1∶100的竞争中考上北京大学英国文学系，为留洋学法打下基础，毕业回沪后，就读于东吴大学法学科，最后一起留学美国密西根大学。求学之路道阻且长，何世桢及弟不畏辛苦，秉持心中大愿，"不问多歧路，今安在，直挂云帆济沧海"。

回国后，何世桢在东吴大学执教法律，在上海大学任教务长兼英文系主任。离开了上海大学的何世桢，结合其教学经验，继承祖父何芷舠的遗志，启用何芷舠留存的资金，与其弟何世枚兴办持志大学。

经历了国民政府的打压和蓄意破坏、日军攻占，重建后于淞沪会战中再次沦为战争牺牲品，持志大学的办学之路坎坷非常。在如此恶劣的条件下，何世桢率全校师生共同努力，或重新建设，或赁屋上课，使学校保持弦歌不断。

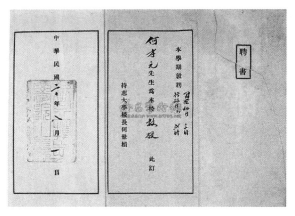

图2 何世桢开具的持志大学聘书

奈何事与愿违,为了坚持民族气节,维护师生安全,持志学院于1939年停止办学。

持志大学凝聚了何世桢多年的心血,在当时的中国,由于何世桢和何世枚的法律专业背景,持志大学的法科格外有名,也因此培养了一大批优秀的法律工作者。"持志系律师",联合"东吴系律师""法政系律师"以及"法学院系律师",为中国的法制化道路奠定了坚实的基础。

图3 持志大学校门

何世桢先生是民主主义的坚定拥护者。抗战全面爆发后，为了国家利益着想，他放下了对蒋介石的抵抗情绪，在上海与汪伪政府、日方进行活动，传递情报，利用双方矛盾，完成大业。

新中国成立后，何世桢一直居住在上海。周恩来总理到沪在一次民主人士座谈会上，曾经征求何世桢愿否出来工作的意见，何世桢婉拒了邀请。

1979年，上海市公安局作出《关于何世桢问题的复查决定》，认定何世桢"历史上与我党组织有过关系，曾做过有益人民的事，是有贡献的"，肯定了对何世桢的隔离审查是错误的，因而予以彻底平反，恢复名誉，并按照党的政策规定做了善后工作。

"千淘万漉虽辛苦，吹尽狂沙始到金。"大浪淘沙，历史终将还原其真实的面目，何世桢先生应该得到应有的尊重和评价。

此篇文章内容主要来源于宋露霞2004年在《江淮文史》上发表的《何园沧桑——何汝持家族五代传奇》；俞可2013年在《上海教育》上发表的《何世桢：持我此志而努力教育》；何祚榕1996年在《炎黄春秋》上发表的《被"选"入汪伪中央的何世桢是爱国者》。

整理：李桐、周红、杨仁慧、袁铭、张泰宇、梅洪溢

十七、柯柏年：杰出的翻译家与外交家

人物简介

柯柏年（1904—1985），原名李春蕃，广东潮州人，是中共早期党员、我国较早接触马克思主义的学者之一。早期致力于马列著作的翻译和传播，抗战后期，转而主持外事工作，参与多次重要会见与会谈，成为党内美国问题专家。1923年，就读于沪江大学社会学系，因翻译列宁《帝国主义论》被学校开除，在瞿秋白、张太雷的建议下转入上海大学社会学系。主要译著有《哥达纲领批判》《帝国主义论》《农业税的意义》《社会革命论》《社会问题大纲》《辩证法的邂辑》等。

图1　柯柏年

人生经历

1919年，五四运动爆发。在汕头读中学的柯柏年一下子卷入了声势浩大的学生运动。他参加各种集会，倾听演讲、辩论。他回忆说："五四前后，各种思想、主义，百家争鸣。经过一段时间学习、对比和研究，我终于选择了马克思主义。"

1923年，柯柏年升入沪江大学学习，后因一次学潮和翻译出版了列宁的《帝国主义论》被学校开除。瞿秋白和张太雷建议他转入上海大学社会学系学习。

1924年1月，柯柏年在上海大学经瞿秋白的夫人介绍，加入中国共产党。后来当选为上海大学学生会执行委员，同时兼做非基督教同盟的工作。

1938年5月，中央马列学院成立，柯柏年任西方革命史室主任。

1944年，中央军委成立外事组，柯柏年任外事组高级联络官，在从事翻译

图2　1954年,在布拉格召开的中国使节会议上的成员合影,左一为柯柏年

马列著作的同时,还参加接待中外记者团和美军延安观察组。

1945年,抗战胜利后,中央军委外事组升为中共中央外事组,叶剑英任组长,柯柏年随叶剑英参加北平军调处执行部,任中共方面翻译处处长、中共方面新闻处处长中央外事组研究处处长。

笔名之密

柯柏年的原名是李春蕃,而他在1929年改名柯柏年之前,还曾使用过多个笔名。比如未转入上海大学时,柯柏年翻译了恩格斯的《空想的和科学的社会主义》,署名"丽英女士"。他还曾用过马丽英、丽英、列英、福英等笔名,而这些笔名正显示出社会主义思想对柯柏年的深刻影响——"马"代表马克思,"丽"和"列"代表列宁,"英"代表恩格斯,"福"代表恩格斯的名字弗雷德里希。

而"柯柏年"三个字同样如此,这三个字的汉语拼音字首中:"K"代表Karl Heinrich Marx(卡尔·海因里希·马克思);"B"代表恩格斯早期的一个笔名Bender;"N"则代表Lenin(列宁)。

与上海大学

1923年,柯伯年在沪江大学就读期间,在张秋人、俞秀松的影响下,接触了马克思列宁主义。柯伯年由于宣传马克思列宁主义,而被沪江大学这所教会学校开除。在瞿秋白、张太雷等人建议下,柯伯年正式转入上海大学社会学系学习。

在上海大学,柯伯年与张太雷同睡一张两层架子床,瞿秋白和张太雷是同乡,又是留俄同学,英文和俄文都很好,柯伯年经常向他们请教,接触到了很多俄文版马克思读物。1923年秋,柯伯年在杨之华介绍下加入中国共产党。

1921年6月,世界基督教学生同盟图谋利用教会学校扩大在中国的影响,成为青年学生非基督教运动的导火索。1922年2月7日,为了反对帝国主义的侵略,上海青年学生率先组织"非基督教学生同盟",可惜因缺乏领导,不久解散。

两年后,由上大青年团发起、上大学生在校内成立了反基督教同盟。1924年8月14日,上海学生重建"非基督教学生同盟"。随后,非基督教学生同盟成立,由唐公宪、柯柏年、高尔柏、张秋人、徐恒耀组成组织委员会。柯柏年与高尔柏同为上海大学社会学系学生,他们共同负责编辑出版《非基督教特刊》及相关小册子,投入到收回教会控制教育权的斗争中。《非基督教特刊》每周出版一期,在《民国日报》副刊《觉悟》上刊登发表,自1924年8月19日起持续出版了23期。

1924年夏天,上海大学组织了八周的夏令讲习所。陈望道、邵力子、瞿秋白、施存统、何世桢等上大的教职员担任了讲师,柯柏年在讲习所的第二周安排了讲述帝国主义相关内容,而这也是柯柏年为反对帝国主义所做出的努力之一。除此以外,上海大学还成立了上海夏令会讲习会社会问题研究会,柯柏年、唐公宪、黄仁、刘一清、徐恒耀等五人为委员。

1925年2月,柯柏年翻译列宁的《帝国主义论》前六章以《帝国主义浅说》的书名出版,上海大学教授沈泽民为这本书做了校定工作。

代表作品

《社会问题大纲》

深受社会主义思想感召的柯柏年,不仅扛起了反对帝国主义的大旗,还时刻关注着社会问题。还不到30岁的他，便已将社会问题予以总结，并给出了自己对于解决这些社会问题的见解，完成了《社会问题大纲》的编写。在序言中柯柏年写道："我编这本书时，就抱定了这样的一个目的：务使这本书可以给中学生做自己研究社会问题之入门书。"可见，柯柏年自己关注这些问题的同时，还心系社会，通过出版书籍的方式影响着他人，其对于社会主义的传播起到了积极的影响。

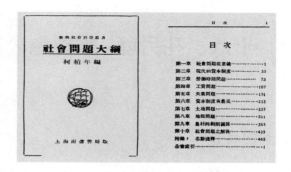

图3 《社会问题大纲》，柯柏年著

《美国手册》

抗战胜利前夕，柯柏年牢记毛主席教诲，意识到帝国主义对于社会主义国家的侵犯在未来仍然不会停止。而自己能做的，就是帮助群众了解帝国主义国家的真相。柯柏年基于其对于帝国主义多年以来的认识，又费十余人之力共同搜集资料，历时一年半，改写数次，终于编著了这本《美国手册》。

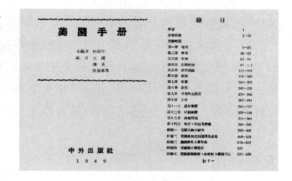

图4 《美国手册》，柯柏年著

此篇文章内容主要来源于刘庆和、李振军2011年在《红广角》上发表的《著名马列原著翻译家柯柏年》；华中师范大学杨婧宇2014年硕士论文《革命年代的政治文化：上海大学社会学系研究（1922—1927）》；华东师范大学的王小莉2012年硕士论文《革命时代中的上海大学（1922—1927）》；黄美真、石源华、张云1984年编的《上海大学史料》。

整理：夏昀、蒙兆仪、李阅微、孙源希、俞佳敏、梅洪溢

十八、孔另境：霜重色俞浓的早期共产党员

人物简介

孔另境（1904—1972），原名孔令俊，字若君，笔名东方曦，浙江桐乡人，在家乡读完小学后去嘉兴读中学，后赴沪进入上海大学中国文学系学习。

孔另境为茅盾夫人孔德沚之弟，也是作家、出版家、文史学家。其作品有散文集《齐声集》《秋窗集》《孔另境散文选》等。其散文"朴实率真，写人物并不夸张，无溢美之词，亦不为亲者讳"。

图 1　孔另境

人生经历

1925年"五卅"运动前不久，孔另境加入中国共产党。五卅运动期间，在南京路上，孔另境和姐姐孔德沚、姐夫沈雁冰、叶圣陶的夫人胡默林、杨之华等都涌入到上街抗议的队伍。正当孔另境在南京路上发传单、喊口号时，巡捕房将其抓捕，这是他平生第一次坐牢。后来他这样回忆道："一九二五年是一个飓风骇浪的年代！上海大学是革命者的摇篮。中国的工人和学生以无比的英勇来反抗帝国主义的侵略！"

经潘漠华介绍，孔另境赴天津南开中学教书，半年后转入河北省立女子师范学院，任出版部主任。在天津三年中，孔另境被安排任党办的小型报《好报》编辑，以他的公开地址作为共产党与国外联络通讯处，苏联寄来的许多宣传品都寄到学校，邮件屡被没收。1931年初夏，他因共产党嫌疑被天津警备司令部抓捕。

1939年，孔另境将华光业余中学戏剧科改办成华光戏剧专科学校，培养影剧人才。请柳亚子、陈望道等担任校董，教师中巴克（戴介民）、列车（陆象贤）皆为中共党员。1940年开始招生，谢晋、上官云珠等曾就读于该校。又与郑

振铎、王任叔（巴人）主编《大时代文艺丛书》1套10册，宣传抗战，其中《横眉集》《松涛集》中皆收有其随笔作品。

　　1942年，孔另境携家眷至苏北抗日根据地，筹办垦区中学，不久因日军扫荡，奉命遣散。翌年回沪，在世界书局主编《剧本丛刊》5辑凡50册。著有《李太白》《蛊惑》《春秋怨》《凤还巢》《沉箱记》5种。后又改编出版《红楼二尤》。

　　1945年初，孔另境任新中国艺术学院教务长。由于孔另境参与的大规模的出版活动引起日本人注意，他被捕入狱，受尽坐老虎凳以及往鼻子里灌水等酷刑，共被关押44天，临近抗战胜利才被释放，后出任《改造日报》编辑。

　　抗战胜利后，孔另境继续从事文艺工作。1946年，出版《庸园集》《青年写作讲话》，并为大地出版社主编《新文学丛刊》，为春明书店主编《今文学丛刊》等。为进步文化事业，他踏实工作，不遗余力。

　　新中国成立后，孔另境参加中国民主促进会。历任上海大公职业学校校长、山东齐鲁大学中文系教授、春明书店（公私合营后并入上海文化出版社）总编辑。在春明书店时主编《新名词辞典》，深受读者欢迎。后调任上海文化出版社编辑。

与上海大学

　　沈雁冰是孔另境三姐的丈夫，在上海商务印书馆工作，同时在上海大学义务兼课。他教授的是"小说研究"和"神话研究"。因为他对上海大学的情况相当熟悉，当时他还担任共产党上海地委书记的职务，他推荐孔另境报考这所学校。于是孔另境落脚在他们顺泰里的家，每天一早他们俩一同步行赴校，当时上大在青云路上，上完课沈雁冰到商务印书馆去上班。

　　一个普通的晚上，本该宁静的小平房，却因为一场讲演而十分热闹，因为有数百个志同道合的爱国青年汇聚在这里，期望受到一次鼓动心灵的启发。孔另境这样回忆那次瞿秋白的演讲："从全国各地汇集拢来的数百个腾跃的生命，在简陋的几幢民屋内做着拯救中国命运的工作……以四间民屋的客堂连贯辟成的狭长的教室内，拥挤得无从插足，数百颗活跃的心灵期待听受一次庄严的启发。"对于这次讲演，他直言："瞿先生的声调始终没有怎样高昂，他的全篇演词非常冗长，可说完全是学术讲演的方式，中间并没有什么激昂慷慨和

图2　孔另境毕业证书，摄于上海大学溯园

声色俱厉的表现，这和我们平日习见习闻的那些革命领导者的鼓动式讲演完全异趣。"从孔另境的回忆不难发现，当时像瞿秋白这样的学者、革命者在经过五四运动洗礼的进步青年心目中的地位和影响是非比寻常的。

1925年初，孔另境21岁，被吸收加入中国共产党，住在工厂区的他课余从事工人教育。这年，他积极参加五卅运动等政治活动。他曾在《旧事新谈——怀念革命的摇篮上海大学》一文中感叹五卅运动中的"上大学生无疑是那次民族斗争中的先锋队"。

在1936年9月27日出版《上海大学留沪同学会特刊》中，孔另境著文《梦般的回忆》，由衷地赞扬上海大学："这是一个奇特的

图3　《大公报》刊登的孔另境文章《旧事新谈——怀念革命的摇篮上海大学》

处所，仿佛是一座洪炉，只要你稍稍碰着过它，……使你永远地烙着一个严肃和深刻的印子，永生不能磨灭它！""这不是一个'书本的学校'，而是一个社会的学校。""我们不能忘记中国教育史上的这部伟大的创作的。"

人物评价

"父亲孔另境是个非常有个性又热爱生活的人，只是给他张扬的时间比他受到压抑的时间少得多，所以要真正了解他不太容易。在他68年的岁月里，作为一代追求进步理想、紧随中国共产党闹革命的知识分子，其一生充分见证了历史变迁的过程。他是中国共产党的早期党员，1925年入党，一生四次坐牢，每一次都是对现实不满和反抗，每一次又'查无实据'死里逃生，甚至惊动了鲁迅先生。……他社会交际广阔，个性豪爽热情，许多历史人物与之有过交往；他社会活动频繁，开办学校、创办杂志、介绍他人书稿等，他都热心操办，认真负责，不计得失……他协助姐夫茅盾从事进步的文化工作，包括对外的国际联络，在党的领导下开展统战工作等，都起到很好的作用。坎坎坷坷，一路走来，他的经历丰富而传奇。然而他的直率个性，心直口快，发表意见无畏无惧，又给他带来不少麻烦，以致他的姐姐、姐夫总告诫他：少说话。他曾在自己的书房墙上贴上'慎言'两个毛笔大字，大约看着又觉得不舒服，没过几天又撕了。"

——孔海珠（孔另境之女）

此篇文章内容主要来源于孔海珠2018年在《档案春秋》上发表的《凝望父亲孔另境的革命足迹》、2019年在《档案春秋》上发表的《洪炉永不磨灭——一张上大毕业证书的故往》；孔海珠著的《霜重色愈浓孔另境》《孔另镜传》；"嘉兴故事"网站2015年发布的《不屈的脊梁（上）——抗日烽火中的嘉兴文艺大家》。

整理：谭雅文、朱晋宏、闫星煜、梅洪溢

十九、李春鎠：革命的先驱

人物简介

李春鎠（1905—2004），广东潮州人，大革命时代的烈士李春涛之胞弟。1926年前后，在上海大学社会学系学习。曾参加上海第三次工人武装暴动和南昌起义，后在上海从事文学创作和译著工作。左联，从事翻译并发表诸多文学作品。

图1　李春鎠

从出生到弱冠

李春鎠是李春涛的第四胞弟，从小受李春涛和柯柏年两位哥哥的影响，长大后参加革命。1921—1923年在潮州金山中学读书。1923年8月李春鎠随哥哥李春涛去北京，与杜国庠同住地安门内慈慧殿南月牙胡同13号的"赭庐"，在北京高等补习学校读书。1926年前后，进入上海大学社会学系学习，任第一届社会学系同学会总务委员，丁卯级同学会执行委员会委员。

几次重要经历

1926年初，正当国民党第二次全国代表大会召开的时候，上海大学派李春鎠、雷兴政和另外六个同学去广州，为学校募捐修建新校舍。轮船经过汕头港时停留一天，李春鎠到《岭东民国日报》社去看大哥李春涛。李春涛托弟弟春鎠把一封信带到广州交给毛泽东。李春鎠按照大哥告诉他的路线，在广州东山的一座独院房子找到毛泽东，把信交给他。毛泽东问李春鎠是什么人。他说："我是李春涛的弟弟，到广州来向全国代表大会的代表募捐修建上海大学的新校舍。路经汕头，我大哥叫我带这封信当面交给你。"

1926年10月至1927年3月，上海工人举行第三次武装起义，李春鐰当时从事学生运动，他率领上海大学同学参加了工人的起义。

1927年4月12日蒋介石叛变革命。李春鐰的大哥李春涛在汕头被反动派诱捕，4月27日被残酷杀害。此时李春鐰为躲避国民党的抓捕，正躲藏在堂兄李春庭家里，忽听大哥被害的消息，悲痛不已。他下定决心要为大哥报仇，毅然离开上海，携妻子许心影到武汉革命政府，去找他大哥李春涛在日本早稻田大学的同窗战友彭湃和他在上海大学的老师张太雷，投入革命洪流。李春庭，李春鐰的堂兄，多次救助、接待共产党人，为他们安顿食宿，乔装打扮，然后用车护送他们到要去的地方。有一次他保护了六人，其中有他的堂弟柯柏年（李春蕃）、周恩来、杜国庠。

1927年12月李春鐰到了上海之后，首先去拜见的人是他的老师陈望道，而后找到他的入党介绍人蒋光慈，接上组织关系。

陈望道老师让他在自己办的上海中华艺术大学任总务主任和英文讲师。为了安全，李春鐰改用笔名李一它。

1928年，李春蕃（改名柯柏年）、李春霖（改名为李少庭）、李春秋（改名为李伍）、杜国庠、洪伦修（笔名洪灵菲）、戴均、李典煌、陈礼逊、杜镇奎，先后都到上海来了。

李春鐰是最先回到上海的人。一天他在法大马路遇到了戴均。几天之后，洪伦修和戴均过来找他，大家见面，欣喜若狂。

当时大家在上海生活困难，为了维持生活，李春鐰陪杜先生到创造社去找成仿吾老师，并打听到了郁达夫的地址。郁达夫把洪灵菲写的长篇小说《流亡》交给上海现代书局出版，预支版税80元。同时，李春鐰用笔名李一它写的中篇小说《海鸥》也由郁达夫先生交给红叶书店，预支稿费60元。成仿吾则请杜国庠把文章或译稿交给创造社出版。于是，初步困难、问题都解决了。

由于住地分散，杜国庠倡议成立一个出版社，租一间临街的小商店，开设一个门市部，作为书店。一经提出，大家叫好，一致赞成。经过讨论，决定社名为"我们社"，书店为"我们书店"，后来

图2　29岁的李春鐰，摄于上海

改为"晓山书店"。其中李春鏵（李一它）负责出版印刷工作。

1937年8月3日，日军轰炸上海，上海的形势很紧张。李春鏵按哥哥柯柏年的指示，立即把衣物装在一个大铁箱里，即去火车站买车票。

到了南京下关，他立即去取托运的行李（铁箱中有所有行李和一张虎皮褥子。）车务员说："在松江铁桥边积压了很多行李，最少要等待三五天。"他只好舍弃行李，急忙去买了一张赴汉口的船票。轮船到了汉口，就得到消息，南京下关被敌机狂轰滥炸，死伤损失惨重。

1937年9月，李春鏵辗转到了重庆。1938年初，柯柏年帮助弟弟李伍（李春秋）去延安，不让李春鏵去。李春鏵对弟弟李伍说："我很想到延安去，代我问柏年哥哥，是否允许我去；如果看到杜先生，代我问候他。"李伍到了延安之后，来信说，他已平安到达陕北，说柯柏年不赞成他到延安去，说他的身体不适应西北高原的气候，在四川教书最合适。又说在武汉会见了杜先生。杜先生也认为他适宜教书，住在四川很好。李春鏵知道哥哥和杜国庠都是为了他好，"怕他革命还未成功就先成仁"。他最后遵从杜国庠和柯柏年的指示，留在大后方四川，从事教育工作，开始了他的教师生涯。

在教学中，他向学生宣传、教育、发动他们积极支持，参加抗日的活动，并尽可能把《新华日报》的重要消息、社论、摘要译成英文，教学生听读，启发学生，提高学生的思想认识。有时候他把杜国庠讲的唯物辩证法哲学理论，用英文结合在教学中，批判唯心主义的不抵抗主义。

1945年，经上海大学同学会的介绍，李春鏵到了重庆大公职业学校，任教导主任，兼英文教师。

1946年8—10月，李春鏵到省立重庆中学任教导主任、英文教员。1946年11月—1950年11月在西南工业专科学校任讲师。

1950年10月，西南军政委员会文教部调李春鏵到位于重庆的西南师范学院任教（现在的西南大学）。由于当时英文系改为俄文系，已近45岁的李春鏵只好到政教系、历史系任教，讲授近代史、马列主义和党史。他曾一度与吴宓教授共事，一起讨论如何备课。在西南师范学院，他与刘尊一、杜钢百等进步的老教师成立了西师民革支部，1953—1955年，他任西师民革支部主委。

除了教书育人外，李春鏵还在为国家的安全部门做隐蔽的地下工作，直到"文革"前夕才被告之"终止联系"。

"文革"一开始,李春鏏便成为西师重点审查对象。1977年4月,已72岁的李春鏏被告知,由于身边无子女,学校让他退休并异地安置到山东泰安女儿处居住。和他一同被异地安置的老教师有吴宓等共5人。李春鏏到山东泰安后没有属于自己的住房,一直住在子女家。"四人帮"的垮台,国家形势的好转,极大地鼓励着他。为了提高泰安科技人员的英语水平,他又重操旧业,在科协开办了英语补习班,每课时5元。由于没有适合的教材,他就自己编写了一本几十万字的英文讲义。他还与学生写诗自勉:

七十五周岁与同学共勉

人生七十不稀奇,
要与中青相扶济;
虚心学习新科技,
愿为四化献毅力。

1980年冬月

他多次对子女说:"我见过的死人太多了,每次遇到危险时,都有人救我。能活到解放后,看到新中国成立,已经很满意了。新中国的成立,为我大哥和弟弟报了仇,我是幸运的。"

的确,比起他的大哥李春涛烈士、堂弟李春霖烈士,他是幸运的;比起他的老师张太雷、蒋光慈、彭湃和那些牺牲了战友冯铿、洪灵菲等,他是有福的。

从1950年调入西师到1977年退休,他在教育战线辛勤耕耘了27年。他离开学校时把住房和家具归还学校,把自己的讲义送给了青年教师。实际上,1978年3月30日,组织就对他作出了"政治历史清楚"的结论。但奇怪的是这一结论只是寄到了部分子女的单位,被放进子女的档案,并没有书面或电话或口头通知到本人,也没有通知到任何一个子女。

1984年2月15日,89岁高龄的李春鏏总结自己的一生写下了这样的诗句:

得福常廉祸自轻,
坦然无愧亦无惊,

> 千淘万漉虽辛苦,
> 吹尽狂沙始到金。

2004年1月,是一个寒冷的冬天,李春鏵于23日(大年初二)走完了他虽有遗憾,但仍满怀希望的一生,享年99周岁。

此篇文章内容主要来源于汕头大学潮汕特藏馆。

整理:"上大记忆"团队

二十、李汉俊：马克思主义传播之炬

人物简介

图1 李汉俊

李汉俊（1890—1927），原名李书诗，字人杰，号汉俊，中国共产党和中国社会主义青年团的主要创始人之一，中国早期马克思主义启蒙者之一，为党的发展做出了重要贡献。早年留学日本，接受马克思主义。回国后积极宣传马克思主义，大力推进建党工作，为召开中共一大做出了卓越贡献。1922年回武汉组织学生、工人开展革命活动。1926年春，任上海大学社会学系唯物史观课程教授。1927年在武汉被桂系军阀胡宗铎部杀害，牺牲时年仅37岁。

人物生平

李汉俊6岁进私塾念书，有过目成诵的聪慧。李汉俊年幼时曾听他父亲讲了中国历史上一次次农民起义的故事，从中学到了许许多多的爱国历史知识。20世纪之初，中国处于风雨飘摇之中，四方列强大肆侵略，李汉俊如饥似渴地汲取新知识，了解世界发展的大趋势，萌生了拯救国家民族的念头。

1902年，李汉俊赴日本留学，毕业于东京帝国大学。

1918年回国后，在上海从事写作、翻译工作，传播新文化及马克思主义，影响了包括毛泽东、刘少奇、周恩来、董必武等人在内的整整一代革命青年。

1920年8月，李汉俊与陈独秀、李达等共同发起组织了马克思主义研究会和上海共产主义小组，创办《劳动界》周刊，并赴武汉帮助筹建武汉共产主义小组。

1921年7月，李汉俊出席中国共产党第一次全国代表大会，用智慧和胆识保卫了中共一大会议的安全，为会议的召开做出了突出贡献。

1922年，李汉俊回武汉从事革命工作，曾任湖北全省工团联合会教育主任。

1923年，李汉俊参与京汉铁路总工会成立大会领导工作。

1926年，李汉俊春赴上海任教。

1927年，李汉俊被军阀胡宗铎逮捕，12月17日在汉口被杀害，年仅37岁。

与上海大学

1923年6月14日，《民国日报》刊载的一篇名为《上海大学革新之猛进》的文章中提到上海大学已预定之教职员如下：总务长为邓安石，教务长为瞿秋白，社会学系主任为李汉俊，中国文学系主任为陈望道，俄国文学系为瞿秋白兼任，绘画系主任为洪禹仇，附设中学部主任为陈德徵。1925年秋，为加强上海大学马克思主义教育宣传工作，陈独秀致函李汉俊，请他到上海大学执教。1926年春，李汉俊到上海大学社会系主讲“唯物史观”。

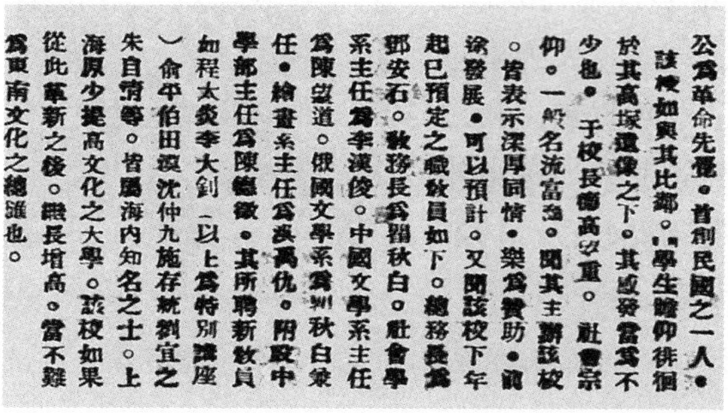
公爲革命先覺。首創民國之一人。該校如與其比鄰。"學生瞻仰徘徊於其高塚遺像之下。其感發當爲不少也。于校長德高望重。社會宗仰。一般名流富商。聞其主辦該校。皆表示深厚同情。樂爲贊助。前途發展。可以預計。又聞該校下年起已預定之職教員如下。總務長爲鄧安石。教務長爲瞿秋白。社會學系主任爲李漢俊。中國文學系主任爲陳望道。俄國文學系爲瞿秋白兼任。繪畫系主任爲洪禹仇。附設中學部主任爲陳德徵。其所聘新教員如程太炎李大釗（以上爲特別講座）俞平伯田漢沈仲九施存統劉宜之朱自清等。皆屬海內知名之士。上海原少提高文化之大學。該校如果從此革新之後。繼長增高。當不難爲東南文化之總滙也。

图2 《民国日报》1923年6月14日之《上海大学革新之猛进》

李汉俊本是被邀请来当社会学系主任的，但上海区部委当时开过几次会议讨论关于上大各系主任的问题，最后综合各方面原因社会学系主任决定由季子（李季：早期上海共产主义小组成员，曾任上海大学经济系教授、社会学系系主任）担任，李汉俊任教授及学务主任。1926年7月，北伐战争开始后，党中央把两湖地区作为工作重点，李汉俊又回到了武汉。

历史贡献

在中国共产党的历史上，有一位与李大钊齐名，却不愿在党中央担任领导职务，同样被国民党暗中杀害的无产阶级革命家，他就是李汉俊。“二李”以高超的马列主义理论水平，大力宣传马克思主义，为建立中国共产党立下了汗马功劳,值得人民永远怀念。

在《星期评论》上,李汉俊发表的宣传马列主义思想的文章最多,共计38篇,积极宣传了俄国十月革命的胜利,声称"只有发动广大民众起来,进行阶级斗争,实行彻底的改造",才能推翻封建社会。这是我党历史上第一次提出阶级论,并且是以阶级斗争的学说提出的,完全与改良主义相悖。

李汉俊通晓日、德、英、法四国语言,勤奋学习马克思、恩格斯的原著。陈望道翻译的《共产党宣言》也是在李汉俊的辅助修正下才顺利出的,同时又热情帮助李达顺利翻译了《唯物史观》一书。

李汉俊宣传马克思主义的另一重大贡献,是组建和承担了外国语学社的工作,他自任教师,为中国共产党培养了一大批优秀青年干部。1920年共输送了30多名共青团员去苏联学习,并且是《星期评论》出资让他们去的,这批人中有的后来成为中共的高级领导干部,如刘少奇、任弼时、罗亦农等。

人物评价

1952年8月,毛泽东主席亲自签发《革命牺牲工作人员家属光荣纪念证》,证书上写着:"李汉俊同志在革命斗争中光荣牺牲,丰功伟绩永垂不朽!"

图3 毛泽东为李汉俊签署的烈士证

此篇文章内容主要来源于张磊2021年在《世纪》上发表的《李达李汉俊在"一大"展陈中从缺位到首位》;虞志坚、钟声2016年在《吉首大学学报(社会科学版)》上发表的《李汉俊对早期马克思主义大众化的贡献及启示》;马先睿2021年在《百年潮》上发表的《中国共产党创建时期的李汉俊》;《民国日报》1923年6月14日刊登的《上海大学革新之猛进》;中央档案馆、上海市档案馆1989年11月印发的《上海革命历史文件汇编》。

整理:石金凤、李相姝

二十一、李硕勋：满腔热血不负青春少年时

人物简介

李硕勋（1903—1931），四川高县人，是中共早期参与领导军事斗争的先驱之一。1923年考入上海大学社会学系。1924年成为中国共产党党员。1931年7月，由于叛徒出卖而被捕。同年9月16日于海口英勇就义。

一片丹心——爱国少年决心从戎

李硕勋少年时，国家正值日益衰败、频频"挨打"。爱国的火苗从少年心里渐渐蹿起，故而决心从戎。在成都省立一中读书期间，李硕勋接触到了

图1　李硕勋

《共产党宣言》《阶级斗争》等书籍，从此心中的火苗染成了共产主义的红色。在革命思想引导下，读中学的李硕勋就和阳翰笙等人在成都创立了四川社会主义青年团，组织学生运动，并在成都《国民日报》上发表宣言，提出"作阶级式的斗争"，"推倒万恶抓钱抓权的军阀"。后遭军阀通缉，李硕勋离开成都。几经辗转，李硕勋入读上海大学社会学系，1924年加入中国共产党。

不畏斗争——铮铮铁骨身经百战

1927年，蒋介石发动反革命政变后，中国共产党决定举行南昌起义。李硕勋率领第三十五师主力部队冲破敌人层层阻挠，到江西省南昌市参加起义。部队南下南昌时，恰逢八月酷暑，李硕勋不但和士兵们一样行军，还在队伍中来回宣传教育，鼓舞士气。为了保存革命力量，共产党决定大部队撤离南昌，由周士第、李硕勋率领第二十五师负责掩护。在这过程中，第二十五师与敌军

在会昌激战。按照规定,时任师党代表兼政治部主任的李硕勋无须冲在前头,但他却巍然屹立在枪林弹雨中,指挥军队冲锋,最终取得胜利。

英年早逝——满腔热血壮烈牺牲

1931年春,李硕勋奉命到粤赣边区担任红七军政委,因身患疾病,被迫留在香港治疗。其间李硕勋改任广东省委军委书记。8月,他赴海南岛指导军事工作,由于叛徒出卖,不幸被捕入狱。在狱中,他忠贞不屈,壮烈牺牲。

1923年,李硕勋来到上海大学,考入社会学系。在1924年4月编印的《上海大学一览》之《学生一览表》的"社会学系"一栏里,称:"李勋硕,年龄十九,籍贯四川,通讯处四川庆孚东街李宅。"在上海大学,李硕勋聆听了瞿秋白、蔡和森恽代英、张太雷等人的讲课,接受了系统的马克思主义和共产主义的思想教育,在理论上、思想上受益匪浅,于1924年加入中国共产党。1925年3月,李硕勋的好友阳翰笙患病,组织上安排阳翰笙、李勋硕、刘昭黎等几名学生一同到杭州养病并补习功课。在杭州葛岭山庄,李硕勋苦心钻研理论,补习落下的功课,也是在那里,李硕勋与赵君陶偶然相识,并结成革命伴侣。

1925年5月30日,英帝国主义在上海制造了"五卅惨案",闻讯,正在杭州养病和补习功课的李勋硕、阳翰笙等人即从杭州赶回上海,投身到"五卅"反帝爱国的洪流中去,经受了血与火的考验。在斗争中,李硕勋显示出他的成熟与才能,迅速成为学生领袖。他被选为上海学生联合会代表和全国学生联合总会会长,还受命担任全国学生联合总会党团书记。这时,他以全国学总代表的身份,参加中国济难会筹备会,与恽代英、杨贤江、沈雁冰等一起当选为委员。

李硕勋不仅是学生,是学生运动的杰出组织者、领导者,而且还是一位

图2 李硕勋与夫人赵君陶

优秀的青年理论家。在紧张的学习、工作之余,他写了大量文章宣传党的理论方针。课余,他与同学发起组织"平民世界学社",出版《平民世界》半月刊,宣传平民要当家做主人的思想。在他主持学联期间,学联总会重新出版了《中国学生》,通过它来指导各地学运。1925年9月1日,李硕勋以"硕埙"的笔名在《中国学生》上发表《九七纪念与五卅运动》一文,为纪念"九七"作舆论先导。

作为全国学生联合总会会长、全国学生联合总会党团书记,李硕勋在《中国学生》周刊上发表了大量文章号召青年坚定马克思主义信念,重振五四精神。此外,李硕勋还在《中国学生》上发表了大量的时事述评,来引导学生关心时事和正确认识和分析时事。

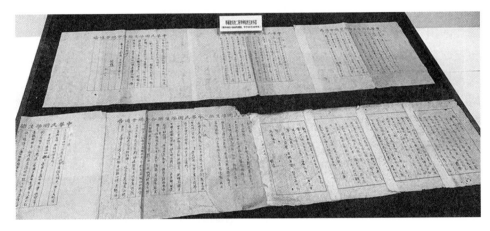

图3　李硕勋给二哥的信,表示为革命"作终身之奋斗"

李硕勋以赤子之心铸就钢铁城墙,以泰山之力撑起民族脊梁,他短暂而光荣的一生所表现的思想品德和精神风范,犹如一座灯塔,指引当代学子前行的道路。

此篇文章的内容主要来源于张松林2002年主编的《浩气长存——纪念李硕勋烈士诞辰一百周年摄影集》;宋国栋、何锦洲1994年在《党政论坛》上发表的《李硕勋在上海的革命足迹》;王勇1995年在《党史文汇》上发表的《彪炳千秋——记李硕勋烈士》;中国共产党新闻网2020年3月24日刊登的《李硕勋烈士纪念亭:英烈忠骨永流芳》等。

整理:谭雅文、朱晋宏、闫星煜、李相姝

二十二、刘大白：诗人与革命斗士

人物简介

刘大白（1880—1932），原名金庆棪，字伯贞，号大白，浙江绍兴人。曾任复旦大学、上海大学中文系教授。为新诗的倡导者之一。

主要作品有新诗集《旧梦》《邮吻》等。另有旧诗集《中国文学史》《中诗外形律评说》《文字学概论》等。著述还有《旧诗新话》《白屋说诗》《白屋文话》《中诗外形律详说》等。

图1　刘大白

与上海大学

1924年，上海大学正值初创阶段，广泛吸收进步教师，刘大白受聘上海大学，教中国文学史。

1927年4月，蒋介石发动反革命政变后，上海处于一片白色恐怖之中，国民党反动派认为上海大学是共产党办的学校，是共产党培养干部的大本营，所以就强行封闭上海大学，刘大白就此脱离该校，在复旦大学任文学科主任兼教授。

刘大白应当"拥有姓名"

作为"五四"新文化运动的先驱之一，刘大白是早期白话诗的代表诗人，也是继鲁迅之后越地最有影响的现代作家。在其短暂的一生中，他共创作了800多首白话诗和近400首旧体诗，此外还著有《旧诗新话》《白屋说诗》《白屋文话》和《中国文学史》等六部文学论著。还值得一提的是，由他为复旦大学作词的校歌一直沿用至今。

刘大白在文学上取得了突出的成就,为中国新文学的诞生和发展做出不可磨灭的贡献。然而,长期以来,学界既没有对他给予应有的重视,也没有对其进行全面、客观的评价,以至于刘大白研究成为中国现代作家研究中被忽视的一个盲点。

刘大白初期的诗歌侧重关注现实人生,以思想启蒙和批判黑暗现实为主题;爆发期的诗歌创作,不仅关注现实人生,关注现实政治,而且关注主体自我。这种艺术转向在白马湖的创作中表现得尤为充分。刘大白在白马湖的诗歌创作,体现其新诗创作的转型和成熟,呈现出鲜明的艺术特色,显示了独特的艺术成就,展现了"五四"新诗的创作实绩。

同时,刘大白还博学,论及某一时代的文学时,既能以多个作家的作品为例来表达那一时代的风格,还能引用古今学者对这些作品的评价来说明得失,或从时代与社会的原因来剖析为什么会有这样的作品。特别是他对中国文学史的研究,成就最大。只可惜1932年仅52岁时他就病故了。

此篇文章内容主要来源于路慧艳2014年在《绍兴文理学院学报》上发表的《刘大白在白马湖的新诗创作》。

整理:"上大记忆"团队

二十三、刘华：从艰苦求学到为国捐躯

人物简介

刘华（1899—1925），原名刘炽荣，字剑华，四川宜宾人。自幼好学勤奋、胸怀大志，以中国历史名人的行为节操自勉自励。五四运动爆发以后，他的人生观受到进步思想的洗礼。1920年秋，他远赴上海进入中华书局印刷厂工作，成为一名工人。他虽然生活在社会底层，但并不满足于通过劳动来糊口谋生。在辛苦劳作之余，阅读大量书籍、补习外语，并接触到了《共产党宣言》《向导》周报等革命书报，同时加深了对"劳工神圣"这一思想和观点的认识。1923年8月13日，在上海大学总务长、中国

图1　刘华

共产党早期领导人邓中夏的介绍和经济担保下，刘华正式考进上海大学中学部。当时，上海大学中学部直接由上海大学领导，因此，刘华从那时起正式成为上海大学的学生。入学后，他积极参加革命活动，加入中国共产党。1925年2月，与邓中夏一起领导了沪西工人大罢工，并取得胜利。后被选为日商内外棉工会委员长、上海总工会副委员长、全国总工会执行委员。同年，参加并领导了五卅运动。11月被捕，12月17日被秘密杀害，年仅26岁。

与上海大学

生于农民家庭的刘华，跑过堂、干过劳务员等杂活，深知生活的艰辛，所以他希望冲破黑暗，全天下都能获得光明。

他对求学的欲望，最终获得了有识之士的同情与帮助，1923年，得到了当时任《民国日报》主编的邵力子先生和于右任先生的帮助，得以进入上海大学中学部半工半读，此时的他已经24岁。

抛却他人的闲辞,他一如既往地求学,除了所选课程,还经常去旁听大学的课,如蔡和森、恽代英、邓中夏的课,并在工作和学习中得到了上海大学很多教员,如瞿秋白等人的指导和帮助。入校不久,刘华就参加了中国社会主义青年团,并任团支部书记,同年11月,加入中国共产党。

从此,便开始了他在中国共产党的队伍里为革命奋战的路程。

在上海大学参加的活动和工作

编印于1924年4月的《上海大学一览》之《学生一览表》中刊登"高级中学一年公"学生名单时,刘华名列第一,称:"姓名:刘剑华(即刘华);年龄:廿五;籍贯:四川;通讯处:上海大学。"

刘华非常珍惜到上海大学读书的这次机会,他除了如饥似渴地学习知识以外,还坚持半工半读,帮助学校刻写蜡纸、印刷讲义来解决生活和学习的费用。

在上海大学,当时革命和进步的氛围很浓,中国共产党早期杰出的领导人邓中夏、瞿秋白等都在上海大学担任行政和教学的主要职务。在他们的直接教育和影响下,刘华思想品德和政治觉悟进步很快,不久就加入了社会主义青年团组织。他先后担任过上海大学学生会的执行委员、上海大学四川同学会的主席。

作为曾经的一名工人,他响应上海大学党组织"到工人群众中去"的号召,积极投身工人夜校和平民教育工作。1924年4月,在上海大学校务长邓中夏的领导下,上海大学平民学校建立,刘华等8人当选为执行委员。4月16日,在上海大学平民学校开学典礼上,刘华代表执委会发表了演讲。

1924年2月7日,上海各团体和京汉铁路及河北工会等外地工会代表20余人,在沪举行京汉铁路"二七"大罢工一周年纪念会,刘华等人在会上愤慨陈词,痛斥军阀屠杀工人的罪行,并提出进一步开展工会工作的要求。秋天,刘华根据党组织安排,到小沙渡沪西工友俱乐部工作。刘华工作主动深入,积极负责,和工人打成一片,教他们识字学文化,给他们讲革命道理,帮助他们解决问题,深受工人们的爱戴。在上海大学从事工人运动的学生中,刘华可以说是最受工人欢迎的一位革命者。

1925年1月,党的第四次代表大会讨论并通过了关于职工运动的决议案,为了加强工大运动的组织领导,决定成立中共中央职工委员会,由张国焘、李立三、刘少奇、项英、刘华等组成。

1925年2月9日爆发的震惊中外的上海"二月罢工",是上海工人在中国共产党的领导下第一次举起反帝国主义的大旗而发动的工人运动,刘华是这次罢工的前沿总指挥之一。他与工人奋斗在一起,担任谈判代表,与日本资本家进行针锋相对的斗争,最终赢得了斗争的全面胜利。刘华的表现受到邓中夏、瞿秋白的充分肯定。

五卅惨案发生后,刘华在潭子湾工会办事处紧急召集各厂工会干部开会,宣布工会将发动工人扩大罢工。5月30日当天晚上,中共中央作出决定,号召工人罢工、学生罢课、商人罢市,全市人民联合起来,掀起反帝爱国的新浪潮。中央指定由李立三、刘华等组成五卅运动罢工委员会来直接领导工人方面的斗争。

艰苦的革命道路——生命的归宿

五卅惨案发生后,刘华和工人、学生一道,包围上海总商会,迫使总商会同意参加罢市,奔走各厂,宣传演讲,领导罢工,刘华往往一天只睡三四小时,与工人同甘共苦。6月,刘华在宜宾的老家横遭土匪抢劫,家遭不幸,却不曾回去,坚守在上海战斗。刘华复信道:"国家衰弱,强邻欺侮,神圣劳工,辄为鱼肉,我亦民族分子,我亦劳工分子,身负重任,何以家为?须知有国方有家也。"8月,刘华肺病复发,经常呛咳吐血不止,住进上海宝隆医院治疗。9月,淞沪戒严司令部下令查封上海总工会及沪西工友俱乐部,取缔一切工会组织。11月,刘华外出时,被英租界工部局巡捕房逮捕,后即被引渡到淞沪戒严司令部。1925年12月17日夜,刘华被秘密杀害于上海南市。26岁,人生正昂扬的时光,而刘华,为革命奉献了自己。

他对革命、对工人和中产阶级的底层劳动人民,付出了真心实意。他关注平民教育,平时也利用时间给工人上夜课,常在报纸上发表自己对平民生活的看法和观点。他不是空口而谈,而是深入了解后才有理有据地列出,他本就和工人打成一片,对平民的生活最了解不过了。

刘华永远留在个个工人的心坎上,无数个这样的刘华成就了国民革命的成功,成就了中国的今天,成就了今天的中国。

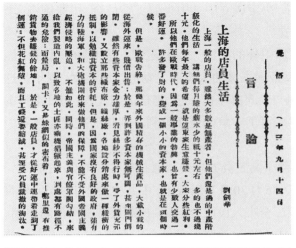

图2 刘华:《上海店员的生活》

图3 刘华:《国音字母和平民教育》

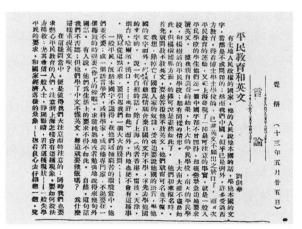

图4 刘华:《平民教育和英文》

刘华知道，要想革命成功，就必须有人走在前面，带领人民，做到万众一心，才有可能对抗强大的敌人。他的耀眼、他的精神不止影响了广大的工人、农民，与此同时，他却被内外反动势力盯上，才导致他被秘密杀害。知道他的牺牲对于实现中华民族的复兴来说根本不算什么，在牺牲的无数先烈面前，他也只是一员而已，但是这仅仅的一个人的力量也是不容小觑的，正是他们的坚持、他们的无悔，才成就了我们的如今，向他们致敬！

此篇文章内容主要来源于《人民日报》2018年4月23日刊登的《五卅运动领袖刘华：舍生取义为劳工》；胡申生2020年编著的《从上海大学（1922—1927）走出来的英雄烈士》。

整理：石郦冰、倪珏、梁陈美锦

二十四、刘九峰：一生报国终未悔

人物简介

刘九峰（1899—1985），江西吉安人。原名刘峻山、刘竣山。

刘九峰在上海大学期间，曾任共青团上海地委学生运动部部长、全国学生总会宣传部部长，参与组织发动上海反帝爱国的五卅运动。新中国成立后，刘九峰历任民盟江西支部委员兼宣传主任，江西省中苏友好协会副部长，江西省体育运动委员会副主任等。

主要作品有《谁说共产党不要农民》《陈赞贤为什么死了》《北伐军入江西前江西党团组织情况》，回忆录《北伐军入江西前江西党团组织情况》等。

图1　刘九峰

与上海大学

1923年冬，刘九峰进入上海大学，就读于中国语言文学系，当时的中文系系主任是陈望道。第二年上学期转到施存统任系主任的社会学系。同系念书的还有罗石冰、杨之华（瞿秋白夫人）等人。受进步学生的影响，不久后，刘九峰被吸收入党，介绍人是罗石冰和施存统。

1925年五卅运动时期，他被推选为上大学生代表出席上海学生联合会，并以上大学生代表名义参加上海学联的工作，兼任上海学联宣传部副部长，驻会工作。

五卅运动爆发后，党组织将刘九峰调到上海学联工作，高尔柏是学联宣传部长，刘任副部长。后接替高尔柏工作，任上海学联宣传部部长，参加编辑《上海学生》等杂志。

上海学联被封闭后,刘九峰转到全国学生总会工作。全国学总的主要工作重点也是上海。党通过全国学总和上海学联领导学生运动、青年运动,从这个角度上说,全国学总和上海学联是两块牌子一起工作。刘九峰在全国学总工作时任宣传部长,刘昌群任主席和党团书记,李硕勋任组织部长,何成湘担任总务处主任。这些人中除刘昌群外,均为上海大学的学生。

从共产党员到民盟委员

革命的道路从来不是一帆风顺的,刘九峰的经历,令人唏嘘不已,感慨万千。

1931年中共六届四中全会,共产国际代表米夫确立了王明的中共中央领导地位。罗章龙与其政见不合,擅自成立"中央非常委员会"(即"第二中央")、江苏"第二省委"、上海闸北和沪中"第二区委"等组织。当时党中央曾派陈铁铮来找刘九峰谈过话,但他对频繁的政治活动感到疲惫,从此遗憾地离开了为之奋斗多年的党。

脱党后的刘九峰没有一蹶不振,依然心系国家危难。1934年冬,他参加了上海文化界救国会活动。1937年冬,得知日军将要占领上海,救国会动员大家从上海撤退。之后多年,刘九峰辗转上海、香港、广州、江西等多地,开展抗日宣传活动。

1939年5月,刘九峰应邀到吉安王造时主办的《前方日报》任主笔,主编社论和专栏。后来,《前方日报》逐渐成为替国民党宣传的反动报纸后,刘九峰很快离开了《前方日报》。

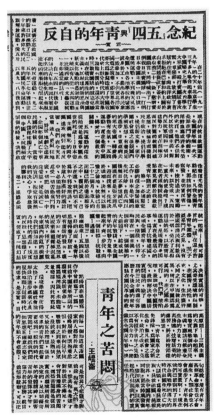

图2 刘九峰以笔名"君实"发表在《前方日报》1939年5月4日上的文章《纪念"五四"与青年的自反》

1947年夏，经何世琨动员，刘九峰开始参加民盟组织活动。1948年2月，经彭文应介绍，参加上海民盟的活动。解放前夕，刘九峰的住所就是上海民盟地下党活动的秘密联络点之一。那时，刘九峰的女婿会在房门上贴上自己的旧名片，上面印有几个在国民党政府机构工作时的空头衔，特务就不会来光顾了。上海解放以后，当刘九峰与友人谈起这一段"居陋巷"的经历，还不禁抚掌大笑。

　　新中国成立后，刘九峰历任江西省中苏友好协会出版部副部长，抗美援朝江西分会副秘书长，省各界人民代表会议协商委员会委员、常委兼副秘书长，民盟江西省支部第一、第二届委员等职。

　　昔风华正茂少年时，刘九峰即加入共产党，担任学生领袖，为革命肩负起自己的责任。他的一生积极投身革命，倡导民主。虽经历坎坷，仍不忘初心，心系国难，坚贞不屈。他见证了中国从风雨飘摇走向和平发展，用赤子之心谱写了不朽的一生。这一生，无愧于亲人，无愧于国家，也时时刻刻激励着每一个新上大学子。

　　此篇文章内容主要来源于毛祖蓉2020年在《档案春秋》上发表的《我的外公刘九峰》；上海市委党史征集委员会主编，王家贵、蔡锡瑶1986年编著的《上海大学一九二二——一九二七年》。

整理：王雯婷、孙源希、曹欣恺、庄子泓

二十五、马宁：从新四军走出的高产作家

人物简介

马宁（1909—2001），原名黄振椿，福建龙岩人，当代作家。先后在上海大学中文系、上海新华艺术大学、南国艺术学院肄业或毕业。1930年3月参加中国左翼作家联盟，同年7月加入中国共产党。1938年编辑新四军军报《抗敌》，1946年去新加坡。1950年后，历任《福建农民报》主编、福建省文化处处长、中国作协福建分会副主席等。有长篇小说《扬子江摇篮曲》《将军向后转》等。

图1 马宁

人生经历

1931年，马宁因参加左联被国民党追捕，流亡马来西亚。回国后写了一部关于马来西亚共产党斗争的回忆录《南洋风雨》，被认为是第一部正视马来西亚的作品。同时继续参加革命活动，"七七事变"后加入新四军。

1938年3月，马宁随军到太平县休整时，受命办报，一份是新四军创办的《抗敌报》，1941年终刊；另一份是晋察冀军区政治部创办的报纸，后并入《晋察冀日报》。

马宁在担任《抗敌报》主编时，还负责编辑内部参考读物《电讯新闻》和《救亡日报》。抗战初期，《抗敌报》及时如实地报道了新四军在大江南北战场打击敌人的情况。特别是对血战繁昌、泾县保卫战、夜袭上海机场等的报道，大大鼓舞了抗日前线的军民士气。

1942年，马宁出版了长篇小说《动乱》和《无名英雄传》。1944年，日军大举进犯湘桂，马宁得知叶挺家属亲友尚有22人留在桂林，便以华侨记者身份智取杜聿明后方留守处上校军衔，以疏散杜聿明家属名义，把叶挺家属亲友

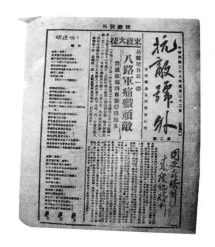

图2 《抗敌报》（号外）

22人以及各方患难朋友近百人，沿漓江安全疏散到梧州。后来，在《叶挺家属桂林疏散记》一文中，马宁对这一段"行骗"生活作了精彩的描述。在紧急疏散中，在敌机的狂轰滥炸下，马宁还抢救了身体瘫痪的高士其。解放战争时期，他出版长篇小说《将军向后转》。

1946年7月，马宁三下南洋，先到马尼拉，后到新加坡，在华侨中学任教，并发起组织新加坡华文文艺协会，做各种宣传工作。

1948年7月14日，马宁被"友人"告密出卖，遭逮捕，后又被驱逐出境，引渡厦门。船经香港时，马宁乘机偷渡登岸，因港督下令通缉，便化名隐居澳门。

中华人民共和国成立后，马宁历任福建省文教厅文化处处长，《福建农民报》主编，福建省文联副主任、副主席，第四届全国文联委员、主席团成员等，1953年1月受聘为福建省文史研究馆副馆长。

马宁晚年曾担任中国作家协会会员，中国人才之家顾问，福建省文联名誉委员，福建省国际文化经济交流中心理事，福建省文史研究馆名誉副馆长等职。1995年荣获中国作协授予的"抗日战争胜利五十周年纪念牌"。2001年12月10日因病在福州逝世，享年92岁。

主要成就

主要著作有《老规矩》《红白世家》《马宁选集》《铁恋》《香岛烟云》《椰风胶雨》《无名英雄传》《将军向后转》《落户的喜剧》《香港小姐奇婚记》等。其中小说《落户的喜剧》曾改编为电影《青山恋》，由赵丹主演。

此篇文章内容主要来源于黄小意2018年在《大江南北》上发表的《从新四军走出的高产作家——马宁》；符维健2002年在《福建党史月刊》上发表的《马宁：一生坎坷写传奇》。

整理："上大记忆"团队

二十六、倪畅予：女中豪杰

人物简介

倪畅予（1904—1949），原名倪润芳，安徽祁门人。出生于仕宦之家，自幼受到良好的教育。1925年，考入上海大学中国文学系。倪畅予在学习期间，接受了马列主义思想，倾向革命。

生平事迹

倪畅予凭父母之命在上海与祁门人谢仁寿结婚，但谢仁寿是富家公子，不思上进。1926年5月，倪畅予逃离封建腐败的家庭，来到当时的革命中心广州，在国共合作的国民党中央妇女部做事，并结识在此工作的邓颖超。邓颖超得知倪畅予刚到广州暂无固定住处时，就邀请她暂时住在自己家里。

1931年，倪畅予回到徽州，在女子师范学校当教师，从此把精力全部投入教育事业。抗日战争中，她辗转流离，先后在四川省夹江中学和成都县女中，担任过语文、历史教员和教务主任。1943年，倪畅予着手筹办安徽省立歙县女子师范学校，到处奔波求援。有一次，她往返数百里，穿越敌占区，前往设在皖西金寨的省教育厅筹措办学经费。1944年，皖南第一所女子师范学校在歙县成立，倪畅予自任校长。与此同时，她还积极参加社会妇女工作，先后任皖南和安徽省妇女联合会主任、省临时参议员，筹办屯溪战时妇女工厂，为前线抗日将士缝制军衣、军鞋，募集慰问品。1947年，调任省立宁国师范学校校长。1949年解放前夕因患胃癌病逝于南京。

主要贡献

倪畅予创办的安徽省立歙县女子师范学校是按照人民教育家陶行知的"艺友制"方针办学。歙县的汪绮文在简易师范部修业一年，准予毕业，就具

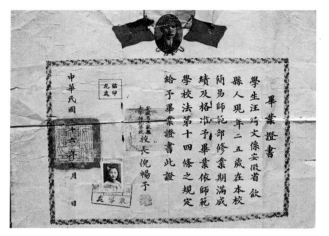

图　倪畅予学生汪绮文的毕业证书

有了简易小学和初级小学的教员资格。通过这种快速简易的培训，为一个百废待兴的国家培养最基层的教师，进而影响更多的民众，实现教育兴国。这是倪畅予生命中最为华彩的乐章。

虽然过去家谱因女性不入谱而没有记载倪畅予的事迹，但今天的《祁门县志》上有专门的倪畅予人物介绍："倪畅予中文很好，不仅能写流畅的白话文、新诗，而且熟谙古体诗词，可谓才女。"

一个对国家民族做出贡献的人，历史终究是不会遗忘的，倪畅予终将青史留名。

此篇文章内容主要来源于方兆祉2019年在《丰镐文苑》上发表的《女中豪杰倪畅予》。

整理："上大记忆"团队

二十七、瞿秋白：文学的灵魂，革命的英雄

人物简介

瞿秋白（1899—1935），原名瞿懋森，字熊伯，江苏常州人。作家、诗人、翻译家、文学评论家，中国共产党早期主要领导人之一，伟大的马克思主义者，卓越的无产阶级革命家、理论家和宣传家，中国革命文学事业的重要奠基者之一。1923年7月，任上海大学教务长兼社会学系主任、教授。1935年在福建长汀被南京国民政府逮捕并枪决。江苏常州现有瞿秋白纪念馆。

图1　瞿秋白

早年经历

1899年1月29日瞿秋白生于江苏省，父亲瞿世玮擅长绘画、剑术、医道，生性淡泊，不治家业。1904年，瞿秋白入私塾启蒙读书，1905年转入冠英小学，后考入常州府中学堂。1916年底，寄居京汉铁路局当翻译的堂兄瞿纯白家中，并进入武昌外国语学校学习英文。1917年春，随堂兄到北京，考入外交部的俄文专修馆，学习俄文。1920年8月，瞿秋白被北京《晨报》和上海《时事新报》聘为特约通讯员到莫斯科采访。1921年秋，进入东方大学中国班任翻译和助教，讲授俄文、唯物辩证法、政治经济学等。1922年春，正式加入中国共产党。

与上海大学

1922年12月21日，受陈独秀邀请，瞿秋白离开莫斯科回国工作。1923年，瞿秋白到上海大学担任教务长兼社会学系主任。同年8月撰写发表了《现代中国所当有的"上海大学"》。1925年当选为中央委员、中央局委员和中央

政治局委员。1927年8月7日，瞿秋白担任临时中央政治局常委，并主持中央工作。

上海大学是中国共产党的一个重要文化阵地，瞿秋白为建设这个文化阵地做出了重大的贡献。瞿秋白在上海大学期间的经历是他人生中的重要一页，是从文弱书生向中共领袖转变的一个阶段。

瞿秋白在上海大学历任学务长、社会学系主任、行政委员会委员。他为上海大学制定了一套较为完整的办学方案。除了讲课之外，瞿秋白还多次在上海大学进行报告与演讲，宣传马克思主义。他还多次在学生刊物上发表文章，尽心尽责进行课后辅导，以弥补课堂教育、讲座报告的不足。在上海大学期间，瞿秋白的性格、才能、学识以及俄语翻译能力得到了充分的发挥。在上海大学的教学实践是瞿秋白尝试用马克思主义来研究中国历史与社会的一部分，而且是比较成功的。

社会哲学和社会科学概论是他讲的两门课程，很受学生欢迎。据载，他在青云路上海大学上课时，"人都挤满了，房子陈旧，人多了，楼房振动，似乎要倒塌下来，但是人们还是静静地听，一直到下课为止"。

在他的讲课中，没有华丽的辞藻和空谈。学生的水平参差不齐，他为了使大家都明白，引证了丰富的中外古今的故事，深入浅出地分析问题，把理论与当前的实际斗争相结合。学生都很郑重地记笔记，万一有人因为参加社会活动而缺了课，非要借别人的笔记抄下来，才能安心睡觉。

瞿秋白任上海大学教务长期间，于1923年7月23日撰写了《现代中国所当有的"上海大学"》一文，并于8月2日、3日连续在《民国日报·觉悟》上发表，文章为上大的发展制定了宏伟的规划。

瞿秋白与俄语之缘

1917年，瞿秋白随同堂兄北上到北京。原本瞿秋白要报考北京大学，但付不起学膳费，参加普通文官考试未被考取，于是考入外交部办的"不要学费又有'出身'"的俄文专修馆，学习俄文。1920年8月，瞿秋白被北京《晨报》和上海《时事新报》聘为特约通讯员到莫斯科采访。1921年7月6日，瞿秋白见到了革命导师列宁，并在会间进行了简短的交谈。1921年11月7日，俄国十月革命节四周年，瞿秋白在莫斯科第三电力劳工工厂参加工人的纪念集会，又一

图2　1922年,共产国际第四次代表大会上的成员合影,后排左二为瞿秋白

次见到了列宁,并聆听了他的演讲。1921年秋,东方大学开办中国班,瞿秋白作为当时莫斯科仅有的翻译,进入该校任翻译和助教,讲授俄文、唯物辩证法、政治经济学,并担任政治理论课翻译。1921年5月由张太雷介绍加入共产党,当时属俄共党组织。1922年春,正式加入中国共产党。

男儿殒命

红军主力长征时,瞿秋白因患肺病,留在江西瑞金坚持游击战争,任中共中央局宣传部长。1935年2月,他的肺病日益严重,中央决定派人送他转道香港去上海就医。2月24日,当瞿秋白走到福建省长汀县濯田区水口镇小径村时,被当地反动武装保安团发现,突围不成被捕。

1935年5月9日瞿秋白被押解到长汀,在被押期间写下了《多余的话》,表达其文人从政曲折的心路历程。1935年6月18日晨,写完绝笔诗,在罗汉岭从容就义,年仅36岁。

《多余的话》

瞿秋白被捕后,拒绝投降,被国民党处刑牺牲前在监狱中写下了《多余的话》,他在全文里叙述了自己作为一名共产党早期领导人的心路历程,知识分子的自黑和对革命前景的坚定信念。

　　瞿秋白写《多余的话》时头脑十分清醒冷静,态度格外严肃忠诚。这是他在身陷囹圄,明知不久于人世的特殊情况下,抱病执笔,对自己从出身、教养、经历到思想、世界观、气质及与革命的关系进行严格的自我解剖,尤其是对自己思想感情的负面阴影作了坦诚的曝光和无情的轰击。

　　在《多余的话》中,瞿秋白把曾经拥有过的浪漫、热情、执着、苦闷、困惑、坚定等,都以本来的面目留在自白中。这自白,后人读来所感受到的不是作者昂扬向上的斗志,而是内心的痛苦、忧郁、厌倦。因而,刑场上的瞿秋白与《多余的话》的作者瞿秋白,就难以重叠在一起了。

　　1935年6月18日晨,瞿秋白在罗汉岭从容就义,壮烈牺牲。但是实际上《多余的话》并不是瞿秋白的最后文字,在就义前,瞿秋白用唐宋诗人的句子,连成了一首绝命诗:

夕阳明灭乱山中,(韦应物)
落叶寒泉听不穷;(郎士元)
已忍伶俜十年事,(杜甫)
心持半偈万缘空。(郎士元)

　　心底无私天地宽。一个襟怀坦荡的人,才能够有自我批评精神,勇于做自我解剖。这种光明磊落的行为,对于他的生平并无损害,相反只会净化自己的灵魂,提升自己的人格境界,显示出他的高风亮节,获得社会的尊重、人们的敬仰。瞿秋白注重于心灵世界的自我解剖,这与马克思主义所倡导的批评与自我批评的原则是完全一致的。这种自我批评精神是来自革命者的现代社会文明心态,是一种大智若愚的表现。瞿秋白在生命的最后时刻写下的《多余的话》,是他留给党和人民的一份遗言,是一个革命家对自己一生的经验教训的总结。就是在这样一篇"政治遗嘱"中,像他过去的言论和行动一样,一以贯之,仍然充满了自我批评精神。这是一个革命者对自己灵魂的最后的审视。瞿秋白这种勇于自我批评的精神,将成为一份珍贵的思想文化遗产,作为中华民族宝贵的精神财富,永远载入中国革命的历史画册,将润泽后代,进入永恒。

　　瞿秋白是为责任而生的,他毫无保留地为中国人民解放事业、为共产主义理想而献身的精神，勇于进取、坚持用马克思主义探索和解决中国革命根本问题的毅力，在对敌斗争和党内斗争中是非分明、立场坚定的原则态度，服从大局、不谋私利、团结同志、模范地遵守纪律的品德，言行一致、谦虚谨慎、严于律己、勇于自我批评的作风，是革命先驱为后人留下的极为宝贵的精神遗产，值得我们去学习和传扬。

此篇文章内容主要来源于邵雍2015年在《江苏师范大学学报（哲学社会科学版）》上发表的《瞿秋白与上海大学》；杨正辉、张玲2007年在《湘潮》上发表的《瞿秋白与〈多余的话〉》。

整理：娜迪娅·阿达力别克、倪珏、殷敏婕、卜佳莹

二十八、邵力子：热血爱国报人

人物简介

邵力子（1887—1967），原名闻泰，字仲辉，浙江绍兴人。早年留学日本，加入中国同盟会。为中国共产党发起组织成员。1922年10月后，任上海大学副校长、代理校长，教授中国古代散文等课程。

邵力子历来重视教育事业，曾说过："教育是很高尚的，却是学校为贵族所专有，眼看多数贫寒子弟屏足门外。我们理想中的社会是要人人都能读书，人人读书的权利都一样平等。"他大声疾呼普及教育，身体力行大办教育，对家乡的办学教育尤为热心。他个人生活刻苦俭朴，然而对于办学总是慷

图1　邵力子

慨解囊，先后出资兴办了明强小学、运川小学、棠荫小学和稽山中学。

投身革命

邵力子一生致力和平、反对内战，一再卷入内战旋涡而始终追求和平，因此被誉为"和平老人"，这是邵力子作为政治家的一面，而其作为文化人的一面，却常常被人忽视。事实上，在1907年到1916年的10年间邵力子跟鲁迅一样，致力于用笔去唤醒麻木昏睡的国民，唤醒沉睡的祖国，设法救治同胞的灵魂，他选择的是办报纸，屡办屡败，屡败屡办，先后主持、参与创办了5份报纸，每份报纸都如巨石投水，在国人心中激起层层涟漪。

《神州日报》是邵力子参与创办的第一份报纸，于1907年4月2日问世，"神州"意在唤起广大读者的民族主义和爱国主义感情，其办报宗旨与同盟会的纲领三民主义相一致，因此在当时阴霾笼罩的上海被市民视为革命派的喉舌，在办报的过程中，邵力子以"有闻必录"为由及时报道了萍浏醴武装暴动、

黄冈起义、惠州七女湖起义。同时，邵力子还亲自撰文对徐锡麟、秋瑾被害一事发表评论文章，痛斥凶手的卑鄙无耻，表达对爱国志士的深切同情。此外，邵力子还利用报纸巧妙地给革命党人通风报信，让革命党人提高警惕，然而天有不测风云。1908年8月的一个夜晚，创办1年零4个月的《神州日报》因邻铺祥兴琴行起火被殃及而毁于一旦。

《民呼日报》于1909年5月15日创刊，取名"民呼"，旨在"大声疾呼，为民请命"。这份报纸邵力子一改《神州日报》"徐察之""婉述之"的言论方针，直面现实，揭发剖析清政府官僚的贪污腐败、鱼肉百姓，对反动当局发起猛烈攻击，公开宣扬革命思想、敦促民众觉悟，可谓咄咄逼人、锋芒毕露，辛辣尖锐的文章时见报端引起当权者的恐慌。8月14日，创刊不到100天的《民呼日报》被迫停刊。

《民吁日报》在《民呼日报》被查封后20天出刊。"民吁"，取"民不敢声，唯有吁也"之意，其办报宗旨为"宣达民意，鼓舞民气"。《日人殴打中国学生之风潮》《贼之头目均是日本人》等报道和评论似一颗颗重磅炸弹，直堕侵略者头顶，激起了中国人民前所未有的爱国热情。正当邵力子苦心经营《民吁日报》之时，日本驻沪领事以"任意臆测，煽惑破坏，有害中日两国邦交"为由给当局施加压力，因此《民吁日报》随即被查封。

《民立报》于1910年10月11日面世"民立"暗示了与"民呼""民吁"一脉相承的血缘关系。"呼之不成则吁，吁之不成则立"。它直斥清政府"冥顽不仁、倒行逆施"。鲜明支持爱国学生运动，开辟"民贼小传"专栏，层层剥去清政府卖国求荣者的外衣，还原其人面兽心的真面目。同时，还报道国际上发生的革命运动，详细介绍法国工人罢工斗争，增强民众的反清意识，然而，在孙中山、黄兴的"二次革命"失败后，为武装讨袁呐喊助威的《民立报》也于1913年9月4日被禁停刊。

教育思想

邵力子在长期从事教育的实践中，逐渐形成了内容较为丰富，颇具革命性、进步性特色的教育思想，主要体现在力争教育普及、主张教育独立、提倡能动教育等方面。

力争教育普及。邵力子认为，教育普及是"民治主义之第一步"。他还认为，人人都有受教育的权利，也有推广、普及教育的义务。"义务教育是'人'所应做的事，并不限于哪一国民。对于义务教育而不肯尽责者，不但算不得好国民，并且算不得'人'"。

主张教育独立。邵力子认为，教育不独立是推行新文化新思想的重要障碍，而且"要维持新文化，也不能不谋合地方的教育独立"。因此，他主张"教育应绝对公开，绝对自由，人们欲研究何种学问，社会都应有一种相当的学校，使他自由入内研究"。具体体现为学术自由、思想自由，收回教育权，教育经费独立和防止教育商品化四个方面。

提倡能动教育。邵力子极为反感"两耳不闻窗外事，一心只读圣贤书"的传统教育思想，认为其是一种"死的教育"。邵力子"提倡活的、动的教育"，并提出在教育实践中坚持两原则：坚持教育与社会实践结合，学以致用的原则；坚持教育与爱国相结合，革命救国的原则。

与上海大学

上海大学的创办，邵力子功不可没。1922年夏，在上海东南高师引发学潮而强烈要求改组校务时，学生代表到民国日报社拜见邵力子，诉说怨气，并恳请邵先生出任校长。邵力子谦逊地表示自己不够资格，但可力邀德高望重的于右任先生掌校。于右任与邵力子清末在上海合办报刊时就结下深厚友谊。在主办"三民报"的过程中，亦师亦友，携手共进，缔结了共同的政治理想。因此，当东南高师要求改组校务找到邵力子后，邵力子等人极力使于右任同意出任校长，并根据于右任建议将校名改为上海大学。

1922年10月23日，在上海大学成立的喜庆日子，邵力子冒雨陪同于右任来到新成立的上海大学。在全校师生举行的欢迎大会上，教工代表致辞欢

图2 《档案里的上海大学1922—1994》摘录的于右任校长题写的校名

于右任校长。邵力子以来宾身份发言:"诸君以革命精神,改造学校,实可佩服。上海学校林立,优少劣多,所谓劣者,即营业式之学校。营业学校何日而发达,实由于高级学校之佳者学额有定,考取不易,彼等遂得乘机而起,以供学子之需求,今诸君群众一心,推倒营业式之学校,此类学校,当可逐渐消灭。"话语中对"营业式"学校予以鄙视,对上大的改组流露褒扬。邵力子坦言:"于先生为余旧友,余不欲作标榜语",强调:"于先生谦言愿为小学生以研究教育,余望诸君亦本此精神,切切实实地多求几年学问。"于右任正式担任了上海大学校长,40岁的邵力子接受于右任聘请担任副校长,协助进行学校的管理工作。

1923年8月邵力子开授科目:历代著名文选(包含群经诸子及史传)、散文。上海大学开办之初,他与于右任积极编定组织机构,募集资金,筹建校舍,聘请教师,忙得不亦乐乎。他们通过李大钊邀邓中夏出任总务长,瞿秋白任社会学系主任,着手改革教育。

邵力子、于右任、邓中夏、瞿秋白和陈望道等人在平时交换意见的基础上,开了一个圆桌会议研究办学和教改问题。陈望道说:"'上大'办学的宗旨是否可规定为培养革命人才?"瞿秋白说:"还是规定为适应社会之需要更策略一些。"邓中夏附和着说:"这个提法,不会使军阀政府找到迫害的口实,又与所酝酿的国共合作所进行的国民革命的政治目标符合,能为国共两党成员所接受。"邵力子也呼应着说:"这个提法也容易为一般社会人士所接受。"于右任下结论似地说:"我也同意这个提法,大家意见较一致,就这样定下了。"瞿秋白提出:"在原有中国文学系、英国文学系和美术科的基础上再增设一个社会学系。""增设这个系很重要,这是当前国内独一无二的一个专业。"邓中夏立即表示赞成。"这个系师资力量要强,除请瞿秋白任系主任外,聘请恽代英、张太雷、蔡和森、萧楚女、蒋光赤、任弼时担任教授。"邵力子也补充着。"这个系应开设社会哲学(即辩证唯物主义)、现代社会学(即历史唯物主义),社会主义释疑、社会进化史、社会思想史、社会运动史、经济科学、社会意识学、社会主义史以及资本论等讲授马列主义基本原理的课程,研究实际问题。"邓中夏胸有成竹地说。"创办这个系是个创举,一定要想法办好。"邵力子说。

接着,邵力子还对大家说,任何一代人的成长,都需要教师的启发、诱导和指点,一代人的成长,在很大程度上是教育的结晶。因此,必须把改革校务的重点放在聘请、组织教师队伍上。上海大学先后聘请了瞿秋白、蔡和森、安体成、恽代英、张太雷、萧楚女等著名共产党人,他们为上海大学注入了新鲜血液。此外还聘请了陈望道、刘大白、沈雁冰、俞平伯、傅东华、田汉、施存统、周建人、蒋光赤、何世桢、周越然、洪野、丰子恺以及中学部的杨明轩、沈志远、杨贤江等学有专长、思想进步的人士。邵力子还曾邀请李大钊讲解"研究历史的任务"。

  1924年7月,上海学生联合会发起组织夏令讲习会,邵力子为学生讲授"中国宪法史"。此外,邵力子还经常向学生发表讲演,亲自为学生讲授"新闻学"和"国文名著选"等课程。邵力子在讲授新闻学时,不采用课本讲义,多以当时他主持的《民国日报》的评论、报道为资料,生动活泼,使听者津津有味;在讲授古代散文时,为结合新闻的写作运用,曾挑选古代史传论文30余篇,嘱咐学生熟读,谓日后写作通讯或撰述社论,不论文言、语体,必能流利畅

系别	姓名	讲授课目	聘请日期
社会学系	瞿秋白	社会学、社会哲学	1923.7
	邓中夏	历史学	1923.5
	蔡和森	社会进化史、私有财产及家族起源	1923.8
	张太雷	政治学、政治学史	1924.8
	安体诚	社会学、科学社会主义、现代经济学	1924年春
	施存统	社会思想史、社会问题、社会运动史	1923.6
	郑越麟	社会学	1925.
	萧楚女	现代政治	1925.
	恽代英	现代政治	1923秋
	李季	通俗资本论、马克思主义(马克思生平及其著作和学说)	1926年秋
	熊德山		
	蒋光慈	世界史、俄文	1924.8
	侯绍裘		1924年夏
	任弼时	俄文	1924年
	杨贤江	教育学	1923年
	周建人	生物哲学	1924.3
	萧朴生	辩证法、唯物论	1926年秋
	郭任远	人类的行为	
	李汉俊	社会学	1925年
	彭述之	社会进化史、经济学	1924.8
	任卓宣	哲学	
	李倜	社会进化史	1926年秋
	何世桢	政治学	1923秋
	周颂西	英文	1923年

图3 《上海大学一九二二—一九二七年》摘录的上海大学各系教授及讲授课目表

达。丁玲曾回忆邵力子先生讲读《书经》的情景:"《书经》的确是一本难懂的书,邵先生讲课文又是江浙口音,我们一时听不十分清楚。但同学们为了追求知识,而邵先生细致耐心,又很博学,讲解分析,力求浅显,我们听来,虽说吃力,也还是感到有趣味。"

1923年8月7日,上海大学全体教职员聚宴,由校长于右任先生主席。席间讨论各项进行方法,并照章推定评议员十人。评议会为该校最高会议,不设议长,开会时由校长主席,由评议员中互选书记一人,均以一年为期。除校长为主席评议员外,当即推定邵力子等九人为评议员。因而,邵力子每周都到学校参加行政会议,对扩充校舍、学校建设和学科发展建言献策。上大建造校舍所需的经费较多,为尽快筹得足够的款项,1924年1月,由于右任、邓中夏、邵力子、何世桢等组成"建筑募捐委员会",校舍建筑委员会和募捐委员会决议尽快募款六万元,具体筹划由于右任校长向国民军募款二万元,全校师生募捐二万元,另二万元则由原代理校长邵力子向广州国民政府要求拨助。

在教授主讲课程和处理学校事务之余,邵力子积极参加各种社会集会,推进国民革命,扩大上大影响。

1924年夏季前,共产党上大支部派进步师生在小沙渡、杨树浦、浦东、吴淞等工人集中的地方办起工人补习学校、工人夜校等,邵力子同师生一起去宣传革命,组织工人,发展党团员,以扩大党的力量和政治影响,培养工运的领导骨干。邵力子的公务虽然很忙,但他还是千方百计腾出时间带领复旦中学部学生刘华和沪西工人夜校学生顾正红等深入到工人生活区与工人谈心交朋友。

邵力子在担任上大行政工作的同时,还主编着《民国日报》副刊《觉悟》。当时的上大,学术研究和文艺创作十分活跃,邵力子利用《民国日报》作为载体,发表上大师生的作品和研究成果。1924年11月,邵力子主编的《觉悟》副刊,先后出版两期《文学》专号,由上大教师沈泽民、蒋光慈等组织的文学团体"春雷社"主办,发刊宣言公开宣布"我们是些无产者""我们的笔尤要为穷人们吐气"。《觉悟》还先后发表了蒋光慈的《莫斯科吟》《哀中国》等诗歌,歌颂十月革命,反抗列强压迫和军阀统治。上述作品折射出中国无产阶级文艺思想和文学创作的萌芽。邵力子还把中文系师生编辑的《文学》纳入《民国日报》的文艺副刊随报发行,从1925年4月27日创刊到五卅惨案爆发,《文学》共出了6期,刊载文学作品,研究文学问题,介绍外国文学,提高了上海大学的学术品位,扩大了上大的社会影响。

1925年2月，上海日商纱厂四万工人举行大罢工，揭开了五卅反帝运动的序幕。上大师生在邵力子、邓中夏等人的带领下，积极支持工人们的斗争。他们组织宣传队，深入各工厂，发传单，写标语，作演讲，揭露资本家残酷压迫工人们的罪行。同时组织募捐队向各界人士募捐，以维持罢工工人的生活。当时驻沪日本商业会议所主席田边曾于2月21日，致函工部局总董英人费信淳说："这次罢工是经过周密部署的运动的第一步""那些煽动分子和狂热分子煽动罢工的经费，则由本市一所大学供给，这所大学被认为是俄国布尔什维克党的宣传机关"。这"一所大学"即上海大学，所谓供给"罢工经费"则是指上大师生为支援工人罢工而募捐一事。

5月15日，工人领袖顾正红惨遭日本资本家的枪杀。5月24日，上大部分学生高举红旗，带着传单，经戈登路（今江宁路）、普陀路一路示威游行，直往潭子湾参加追悼顾正红的群众大会。在普陀路被英捕阻拦，当即有4名同学被捕，这是"五卅"运动中最早被关入巡捕房的中国人。邵力子"挺身而出，日夜奔走进行营救"。

面对帝国主义的暴行，在邵力子、邓中夏、瞿秋白支持下，上大学生郑重声明，坚决表示齐心协力，努力与抗，决不退让，并通电全国，披露"五卅惨案"真相，促成全国人民一致奋斗。

图4 《档案里的上海大学1922—1994》中的照片：上大师生参与五卅运动

1925年春，上海工人掀起罢工热潮，邵力子主持的《民国日报》时常刊载《宜一致拥护学术自由》，1925年2月7日报道罢工的稿件，更引起外国列强和国民党右派的嫉恨。五卅运动中，上海大学师生站在反帝斗争前沿，为外国列强与上海地方当局所不容。租界当局认为这次反帝斗争的主干力量是学生，上海学生运动的核心是上海大学，上海大学的领导人是代理校长邵力子。由于邵力子的家住在上海法租界三益里，于是法租界的公董局下令把邵力子驱逐出租界，使他在上海难有立足之地。上海大学在公共租界的校舍也于同年6月4日被封闭。

当时革命高潮已经兴起，广东革命根据地日益发展，邵力子离开上海，去广州黄埔军校任职。邵力子奔赴广州，担任黄埔军校秘书长兼政治部副主任后，使得上海大学与黄埔军校的关系更加密切。如上海大学教员恽代英、萧楚女、安体诚先后赴广州任黄埔军校政治教官；上海大学教员戴季陶曾赴任黄埔军校政治部主任；上海大学总务长邓中夏曾应邀到黄埔军校作《省港罢工之经过》的讲演；上海大学社会学系主任施存统曾应邀到黄埔军校作《革命运动发生之原质》的讲演。1924年2月起，上海大学秘密代办黄埔军校招生，输送了很多学生投考军校。"武有黄埔，文有上大"，更为世人认同。

书法作品

邵力子的传统书法根基牢固，他和于右任相善，时有书法切磋，如于右任楷书《曾孟鸣碑》就是邵力子撰文的。和老友于右任的草书纵横酣畅相比，邵力子写的更多是行书和楷书，更多了文人的雅致与严谨。平时前来求邵力子字的人不少，他从不拒绝，据说他任职西安的时候，当时西安东大街新开一经营淮扬菜的大华饭店请他题写店名，他欣然题写了"大华饭店"四个正楷，并一笔一画地署上自己的名字，至今大华饭店还用着邵力子题写的招牌。北京王府井利生体育商厦搞企业历史展览时也曾展出了邵力子的题词。

邵力子先生以"和平老人"的身份为我们所熟知，他的人生经历波澜壮阔，思想变化曲折复杂，但始终不变的是强烈的爱国情怀。同时，他的教育思想内容丰富，颇具革命性与进步性的特色，为人又如他的书法般严谨雅致，实属事事有成。邵力子先生的不朽一生及他的热血报国之心将会永远留存在我们的记忆里，其精神将会为我们所传承。

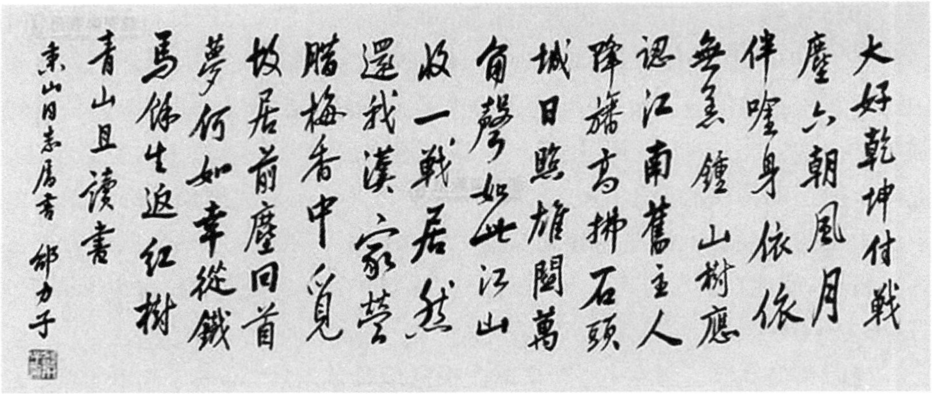

图 5　邵力子的书法作品

　　此篇文章内容主要来源于《民国日报》1922年10月24日刊登的《上海大学欢迎校长》；张元隆2011年著的《上海大学与现代名人（1922—1927）》；黄美真、石源华、张云1984年编的《上海大学史料》；朱顺佐1988年著的《邵力子传》；中国人民政治协商会议全国委员会文史资料研究委员会办公室1985年著的《和平老人邵力子》；朱顺佐1997年著的《邵力子》；王玉波2002年在《康定民族师范高等专科学校学报》上发表的《试析邵力子的教育思想》。

　　整理：娜迪娅·阿达力别克、胡冰儿、王雯婷、葛文龄、谭雅文

二十九、沈雁冰：中国革命文艺的先驱

人物简介

沈雁冰（1896—1981），浙江桐乡人，作家、报刊活动家。原名沈德鸿，字雁冰。1923年5月，任上海大学中国文学系欧洲文学史、小说等课程教授。著有《子夜》《蚀》《虹》《春蚕》《林家铺子》《霜叶红似二月花》《清明前后》等。现已出版有40卷本《茅盾全集》、10卷本《茅盾文集》。

图　沈雁冰

生平事迹

1916年，沈雁冰开始从事文学创作，在上海商务印书馆工作。同鲁迅、郭沫若一起，为中国革命文艺和文化运动奠定了基础。

1921年，沈雁冰在上海先后参加共产主义小组和中国共产党，是中国共产党早期党员之一。参与发起组织文学研究会，提倡"为人生"的现实主义文学，并接办和改革《小说月报》，坚持理论与作品并重，成为第一个大型的新文学刊物。

1928年，沈雁冰第一次用笔名"茅盾"在叶圣陶主编的《小说月报》上发表《幻灭》《动摇》《追求》三篇小说（次年合印题名为《蚀》），一举成名。同年7月初离开上海去日本，从事文学创作和著述工作，同共产党失去了组织上的关系。

1937年，抗日战争全面爆发后，沈雁冰积极从事救亡工作，创办《文艺阵地》杂志，推动抗战文艺的发展，在上海创办《呐喊》（后改名《烽火》）周刊，同年在新疆学院任教。

新中国成立后，任第一任文化部部长、全国文联副主席名誉主席、中国作协主席等职。

1981年3月27日，沈雁冰在北京逝世。病危时，他将积存的25万元稿费捐献给中国作家协会，作为设立长篇小说文学奖金的基金（后定名为茅盾文学奖）。

主要作品欣赏

《白杨礼赞》是1941年创作的散文,歌颂北方农民在民族解放斗争中的朴实、坚强和力求上进的精神。

《子夜》以1930年五六月间半封建、半殖民地的旧上海为背景,以民族资本家吴荪甫为中心,描写了当时中国社会的各种矛盾和斗争。

《林家铺子》以1932年前后的江浙农村为背景,透过林家铺子的倒闭,反映了民族商业破产的厄运。

与上海大学

1923年春,沈雁冰到上海大学执教,他在中国文学系讲授"欧洲文学史"和"小说作法",在英国文学系讲授"希腊神话"等课程。他有着商务印书馆编译所的翻译经历,博览群书,知识宽广,颇能融汇古今中西。在教学中认真负责、内容丰富,从来不讲废话、闲话,给学生留下了深刻的印象。中文系学生丁玲非常喜欢雁冰先生讲的《奥德赛》《伊利亚特》等神奇故事,称他是一个会讲故事的人,她从先生的故事中产生过许多幻想。在讲授希腊神话期间,他还在《小说月报》上著文介绍过捷克、波兰、爱尔兰等民族的神话。

在上海大学期间,沈雁冰以教职员代表的身份当选为校行政委员会委员。在一次教务会议上,沈雁冰与瞿秋白相见,两人在革命道路上,特别是在文学上成为挚友。后又介绍瞿秋白与鲁迅认识,促成了两位文学巨匠的密切交往。他还多次参加学校组织的演讲会。

沈雁冰兼职于上海大学,但对这所学校印象深刻。他后来追忆说:上海大学活泼民主的校风,以及社会学系的学生经常由老师带领去参观工厂和农村,这都是当时上海别的大学所没有的。这个弄堂大学培养了许多优秀革命人才,在中国的革命中有过卓越贡献。

此篇文章内容主要来源于何立波2012年在《中华魂》上发表的《中国现代文坛上的第一个共产党员沈雁冰》;程杏培2002年在《上海党史与党建》上发表的《茅盾与上海大学》。

整理:范家玮、同风桦、张美玲

三十、沈泽民：为革命鞠躬尽瘁

人物简介

沈泽民（1900—1933），沈雁冰（茅盾）之弟，学名德济，字泽民，浙江桐乡人。1920年7月赴日本东京帝国大学留学，1921年回国，为中国共产党发起组织成员。1923年底，任上海大学社会学系教授。

图1 沈泽民

人物生平

1919年，沈泽民参加五四运动，与张闻天创办《南京学生联合会日刊》。同年8月，与沈雁冰回乌镇，发起成立桐乡青年社，出刊《新乡人》杂志。11月1日，参与组建少年中国协会南京分会，负责《少年世界》月刊之部分工作。

1920年7月，沈泽民同张闻天共赴日本入东京帝国大学半工半读。

1921年4月，沈泽民加入上海共产主义小组。同年5月赴广州出席中国社会主义青年团第一次全国代表大会，并当选为团中央委员。参加文学研究会，后前往安徽芜湖中学任化学教师，年底任上海平民女校英语教员。

1923年，沈泽民任南京建邺大学教授，被选为青年团上海地委委员。建立中共南京党小组。同年11月，调任上海大学社会科学系教授，并编《国民日报》副刊《觉悟》。

1925年，沈泽民参加五卅运动，任党中央机关报《热血日报》编辑。《热血日报》遭军阀政府封闭后，沈泽民被调到党中央创办的通讯社，继续从事翻译。

1926年，沈泽民担任刘少奇率领的中国职工代表团翻译，随同代表团去莫斯科出席国际职工代表大会。会后，他留在莫斯科，入莫斯科中山大学学习。

图2 沈泽民（前）和胞兄沈雁冰在乌镇

1928年4月，沈泽民出席中国共产党第六次全国代表大会，担任大会翻译工作。

1931年1月7日，沈泽民在中共六届四中全会上被补选为中央委员，任中央宣传部部长。4月调到鄂豫皖革命根据地工作，被中共中央指定为鄂豫皖分局书记。

1932年1月10日，在鄂豫皖省党的第一次代表大会上，沈泽民被选举为省委书记。同年10月14日，中央分局在黄柴畈会议上决定红军主力转移到京汉路以西外线作战，沈泽民等人留下带领部分红军和游击队，坚持苏区斗争。这时，沈泽民肺病复发，仍然坚持前线。

1933年10月，红四方面军主力西征后，沈泽民负责全面领导鄂豫皖革命根据地工作。同年11月，因病逝世。

与上海大学

1921年4月，沈泽民由沈雁冰介绍参加上海共产主义小组，成为中国共产党开创时期的党员之一。同年底，参与筹建上海平民女校。1923年，沈泽民在上海大学任社会学系教授。1926年经党组织推选，前往莫斯科中山大学学习。

上海大学的社会学系，除了独特的课程外，该系的教师更是出类拔萃。他们不仅是社会学的理论研究者，也大都是社会活动家、职业革命家，不乏中国共产党早期领导人、杰出的马克思理论家、宣传家，其中就包括沈泽民、瞿秋白、邓中夏等等，身为社会学研究者，他们几乎都使用自己编的讲义。他们不仅在校内开设课程，还把讲义修改整理后通过外面的出版社、报社发表，在社会上产生很大的影响。上大也因此成为中国传播马克思主义学说和理论的重要发源地，中国共产党早期的一些重要理论著作，有不少就是在上大的教学过程中产生的。

  沈泽民的一生是短暂的,但他对中国新文学事业的贡献和为中国革命立下的功勋,却是不朽的,永远为人民所怀念。当时,为了纪念这位为中国人民的革命和文学事业贡献自己毕生精力的革命战士,江西中央革命根据地以毛泽东同志为主席的中华苏维埃共和国中央人民委员会第四十八次会议决定,将"苏维埃大学"改名为"国立沈泽民苏维埃大学",并由沈泽民生前挚友瞿秋白同志任校长。全国解放后,红安县烈士陵园修建了沈泽民同志陵墓,董必武副书记亲笔题写了"沈泽民同志之墓"的墓碑,让革命先烈的不朽功勋永远铭记于人民心中。

  此篇文章内容主要来源于浙江省桐乡市乌镇志编纂委员会2017年出版的《乌镇志》;曾文彪2019年著的《上海大学史话》;钟桂松2001年著的《茅盾散论》。

整理:郁展泓、李婉婷、谢英伟、张美玲

三十一、施存统：最早五党员之一

人物简介

施存统（1899—1970），浙江金华人。著有《现代唯物论》《中国现代经济史》，译有《资本制度浅说》《世界史纲》《社会进化论》等。1923年秋，任上海大学社会学系社会思想史、社会问题、社会运动史等课程教授。

施存统是上海中国共产党早期组织成员之一，是中国青年团早期组织——上海社会主义青年团的发起人之一，是中国社会主义青年团第一任书记。大革命失败后他由于感觉前途无望而脱党，后来成为民主革命时期的英勇战士，新中国成立后任劳动部副部长。

图1 施存统

马克思主义：因探寻真理而结缘

1899年，施存统出生于浙江金华，幼年和少年时代的施存统接受的是较为系统的儒家传统思想教育。

1917年，施存统进入浙江第一师范学校学习，受到了新潮思想的影响。

1919年11月，施存统在《浙江新潮》第2期上发表了《非孝》一文，引起社会强烈的震动，人们对此评价褒贬不一。这件事情不仅使《浙江新潮》被查封，参与杂志出版的"一师"的4名教师也被解职，以致引发了"一师"的学潮，施存统由此被开除。

在日本留学期间，施存统广泛涉猎马克思主义理论书籍。日本共产主义研究者河上肇对他产生巨大的影响，特别是河上肇的一句话对他影响很大："要想飞到天上去，只有发明了飞机才有可能，否则是空想。"这让施存统明白

图2　浙江省立第一师范学校

图3　《浙江新潮》被北洋政府查禁的报道

了要想达到理想社会,必须先有物质基础,否则就是空想。施存统的马克思主义理论水平有了很大的提高。

施存统在《共产党》《新青年》等刊物上发表了《我们要怎么样干社会主义》《马克思的共产主义》等文章,并在文章中宣布:"我是绝对相信马克思主义的人。"

中国共产党最早的五党员之一

"一师"风波后,1920年1月,施存统离开杭州,到北京参加"工读互助团"的实验。"工读互助团"解散之后,施存统来到上海。经过介绍,施存统先后认识了戴季陶、陈独秀等人,他们都非常欣赏这个在风波中以《非孝》闻名全国的勇敢的青年人。

1920年5月,施存统接连发表了《"工读互助团"的实验和教训》与《为什么要从事根本改造》两篇重要文章,详尽阐述了从根本上改造社会的必要性,这是施存统开始怀疑无政府主义的重要标志。同年6月,陈独秀在渔阳里召集了李汉俊、施存统、俞秀松与陈公培,成立了中国共产党在上海的早期组织,施存统也因此成为中共最早的五名党员之一。但是,尽管这时施存统已经在组织上加入了中国共产党,但就其思想信仰来说,他这时还没有完全摆脱无政府主义的影响,并不是一个真正的马克思主义者。他自己后来也非常明确地指出:"我那时还并不相信马克思的共产主义,只是相信克鲁泡特金的无政府共产主义。"

与上海大学

1923年秋,施存统来到上海大学社会学系任教,担任社会学系三门课程的教学工作。为了教学的需要,他亲自编写了"社会运动史""社会思想史""社会问题"三门课程的讲义,用马克思主义的唯物史观来阐述社会历史问题。

在上海大学,施存统的课讲得十分成功,博得了大多数学生的青睐。后来成为著名作家的丁玲,当时是上海大学的学生,她对施存统就非常崇拜。施存统以他渊博的学识、崇高的修养赢得了学生的尊敬,也赢得了女

图4 施存统、钟复光夫妇与儿子施光南

学生钟复光的芳心。两人由相识到相恋，感情日益加深，施存统还专门雕刻了一枚"复光复亮"的图章，为了表达对钟复光的浓浓的情意，施存统毅然决定将自己的名字由施存统改为施复亮，为此，还作了一首打油诗："复光复亮，宗旨一样。携手并肩，还怕哪桩？"两人高尚纯洁的爱情，一时被传为佳话。

民主革命的战士

九一八事变使已回到书斋、讲坛的施存统燃起了革命的激情，积极投身抗日救亡运动，不知疲倦地作报告、写文章宣传抗日。在北平举行的纪念九一八周年的群众大会上，他痛斥蒋介石的不抵抗主义。

抗日战争全面爆发后，各界纷纷成立救国会，施存统成为文化界救国会领导人之一。他在《文化战线》《救亡日报》《民族呼声》《新华日报》等报刊上发表文章，呼吁民主抗战。

抗战胜利后，施存统积极投入爱国民主运动。上海解放后，施存统任华东军事管制委员会顾问。9月，他出席北平召开的中国人民政治协商会议，当选为第一届全国政协常委兼副秘书长。

此篇文章内容主要来源于刘超群2020年在《学理论》上发表的《施存统与早期马克思主义传播》；苗体君2010年在《党史博采（纪实）》上发表的《中共最早党员施存统的起伏人生》；白凌2014年在《兰台世界》上发表的《施存统对中国社会主义青年团的创建及贡献》；李静2012年在《百年潮》上发表的《团中央第一任书记施存统的人生起落》。

整理：童雨琦、朱晋宏、张美玲

三十二、田汉：中国"戏剧魂"

人物简介

田汉（1898—1968），戏剧活动家、剧作家。原名寿昌，湖南长沙人。1916年赴日本东京高等师范留学。1923年8月，任上海大学中国文学系文学概论、近代戏剧等课程教授。

艺术作品

田汉早期的剧作主要在于宣扬个性，彰显五四运动中思想解放、个性解放的精神。

图　田汉

他早期的作品一方面无情地揭露了当时社会以及传统势力剥夺人的自由与幸福的罪行，并随着创作历程的推进，对社会问题的关注与表现也在不断加强；另一方面，又着力表现人们面对黑暗现实所产生的苦闷、思索以及对光明的热烈追寻，这一主题也贯穿在田汉所有剧作中，其中尤以《咖啡店之一夜》和《名优之死》为最。

到了30年代，田汉已经完全接纳了马列主义思想，他的立场又开始逐渐转向贫苦的工农一边，于是他的剧作也开始着力宣扬民众反抗压迫、寻求解放的斗争精神，如独幕话剧《梅雨》。

这类作品主要描写工人的生活与斗争，描绘他们生活苦难，同时借此歌颂和赞扬他们的反抗压迫剥削的精神。

随着抗日战争的爆发，田汉开始响应时代的号召，创作出了一批旨在宣扬抗战的戏剧，这类作品宣扬和表现抗日爱国的精神，鼓励人们前往最前线为国家流血斗争，这类剧作中的杰出代表有《回春之曲》。

《回春之曲》，以诗意盎然、优美动人的语言书写了爱国华侨高维汉与梅娘抗日救国的爱情故事，以满含深情的笔调赞美着抗日青年人的爱国热情。

人物评价

夏衍认为:"田汉同志走过来的道路是曲折而坎坷的,但是他对国家民族,对文学艺术所作出的贡献却是灿如金玉,不可磨灭的。"

曹禺评价说:"田汉的一生就是一部中国话剧发展史。他对中国话剧的主要贡献表现在:第一,他是中国话剧运动的卓越的组织者和领导者;第二,他在中国话剧史上,是一位具有开拓性的剧作家和中国话剧诗化现实主义艺术传统的缔造者。"

田汉先生一生以音乐为使命,在追求音乐的道路上融入了当时的时局,他看到了中国的衰败,明白音乐对人类心灵的救赎,所以毅然决然用音乐去拯救那些正处于水深火热之中的劳苦百姓。他忠实于自己"内心的要求",注意自我表现,积极冲破"文以载道"的旧传统,他的音乐里充满了真情实感,而并非那些风花雪月矫揉造作之情,他将毕生所学与国家兴衰相贯通,将伟大的革命思想融入传作之中。他明白只有革命才能救中国,作为一代文人,他将自己所见所思所想注入音乐之中,他清楚地意识到思想是超越肉体的存在,而洗涤心灵与灵魂的神水,便是音乐。因此他不断投入到音乐的传作中,创作出了大量优秀的作品,其中最令人熟悉与激动的,便是选作中华人民共和国国歌的《义勇军进行曲》。

田汉作为我国戏剧领域的改革者,不仅仅在歌曲创作上留下了浓墨重彩的一笔,而且还对我国戏剧事业的发展带来深远影响,如独幕话剧《梅雨》,这类作品主要描写工人的生活与斗争,描绘他们生活苦难,同时借此歌颂和赞扬他们的反抗压迫剥削的精神。

田汉作为我国戏剧领域的改革者,对我国戏剧事业的发展带来深远影响。他创办了南国社,为我国现代戏剧事业培养了大批优秀的戏剧人才,同时田汉领导的南国社也创作了大批优秀的戏剧作品。

新中国成立后,他提出了戏曲的"三改理论",在此理论下田汉亲身整理改编了我国的传统戏曲剧目。

此篇文章内容主要来源于杨溢、刘骄2018年在《新湘评论》上发表的《中国的"戏剧魂"——学习田汉的爱国主义精神》。

整理:唐筠杰、徐娇娇、邓佳星

三十三、王环心：铁骨铮铮，赤胆忠心

人物简介

王环心（1901—1927），江西永修人。他父亲望子成龙，一心指望他获得一张法政学校的文凭，在仕途上飞黄腾达，光宗耀祖。但王环心走的却是一条截然相反的道路。轰轰烈烈的五四运动爆发时，正寄学南昌二中的王环心，和同窗好友张朝燮等人一起，如饥似渴地阅读着进步书刊上李大钊等人宣传马克思主义的文章，满腔热情地投身省城的学生运动。1919年暑期，他回到故乡度假，又和旅居南昌读书的同学一起，发起组织了"反帝爱国讲演团"，奔走城乡，宣传爱国思想，号召群众抵制日货。在风起云涌的群众斗争中，王环心很快成为深受学生、民众拥戴的领导人。1922年初，王环心进入东南高等专科师范学校学习，后转入上海大学中国文学系。

图1　王环心

人物生平

1921年7月，王环心与张朝燮等人在南昌江南会馆成立了"永修教育改造团"，公开提出了反对封建迷信、旧礼教、旧文化，提倡科学、新道德、新文化的革命口号。不久，他又创办了含英小学、承德小学和云有女校，亲自担任校长并任教，还动员自己的未婚妻淦克群带头剪发放足，参加女校活动。

1922年初，王环心和堂兄王秋心考入上海东南高等专科师范学校（不久改为上海大学），同年转入上海大学中国文学系。翌年，在上海大学加入中国社会主义青年团。与同学丁玲、施蛰存、沈雁冰交厚。1924年4月，经瞿秋白、恽代英介绍加入中国共产党。王环心利用寒假的机会，在永修创建了团的组织。

王环心是一个很有文学才华的青年。这一时期，他写下了《海上棠棣》《静女》《浪漫的结婚》等不少具有进步思想的诗歌和戏剧，发表在当时上海的一些文学刊物上。

　　1927年，王环心被国民党反动分子逮捕后，在法庭上大义凛然，痛骂国民党反动派的腐败统治，说："无奈时间太短，否则一定要把你们消灭得一干二净！"他在敌人要他写"反省书"的纸上作诗云："我生自有用，且将头颅击长天。"充分表现了共产党人身陷囹圄、壮志不已的革命精神。

　　1927年12月27日，王环心于南昌下沙窝英勇就义。

与上海大学

　　1922年初，王环心和王秋心来到上海，考入私立东南高等专科师范学校。到了10月23日，学校改为上海大学，王环心和王秋心转入了上海大学中国文学系。1923年春以后，邓中夏、瞿秋白、恽代英、蔡和森、沈泽民、张太雷等中国共产党早期领导人先后来到上海大学任教。王环心在学习专业知识的同时，更是在这些杰出的中国共产党早期革命家、宣传家的教导下，系统地学习了马克思主义理论，确立了共产主义的信仰。他先是加入了中国社会主义青年团，第二年，也就是在1924年4月，经瞿秋白、恽代英介绍，加入了中国共产党，成为一名共产主义战士。

　　1924年10月10日，上海各界各团体在北河南路（今河南北路）天后宫举行国民大会纪念辛亥革命13周年，王环心、郭伯和、林钧、王秋心、黄仁、何秉彝等上海大学学生参加了这次大会。由于国民党右派童理章、喻育之等把持大会，纠集流氓阻止与会者发表进步和革命的言论，引起会场冲突。王环心等上海大学学生当即与其理论，表示抗议，结果遭到国民党右派围攻打击和流氓的殴打。

　　通过实际斗争的锻炼，王环心等在同学中建立了威信。"双十"惨案以后的第三天，即10月13日，上海大学召开大会，正式成立学生会，王环心以及王秋心、郭伯和、刘华、杨之华等被推选为执行委员，林钧被推选为候补委员。

　　王环心除了根据党组织的决定参加校外的革命斗争活动，也积极参加校内的学生社团活动。如同年11月，学校成立上海大学演说学习会，主要进行演讲语言练习活动。王环心参加了这一组织，并被推举为书记员。作为文学

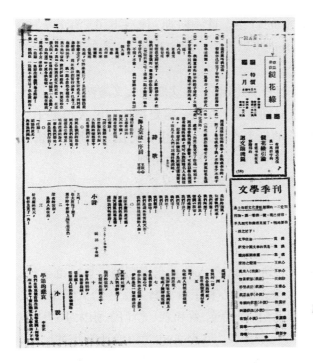

图2 《民国日报》1923年6月17日：《海上棠棣·序诗》（王环心）

爱好者，王环心和王秋心都参加了由上海大学教授蒋光慈、沈泽民发起组织的文学社团"春雷文学社"，成为创社成员。在"文学专号"第二期上，王环心还发表了话剧剧本《浪漫的结婚》。他和堂兄王秋心印制了合著的诗歌集《海上棠棣》，收录诗歌80余首及戏剧多篇。王环心还和中文系的同学丁冰之（即丁玲）、施蛰存等交厚。比王环心低一年级的中文系同学、后来成为中国文学界名教授的施蛰存，曾在1988年7月写下的《丁玲的"傲气"》一文中，记下了他对王秋心、王环心昆仲的印象，认为他们是上海大学有名的诗人，1924年的寒假，王环心还奉党的指示，回到家乡，在永修创建了社会主义青年团组织。

此篇文章内容主要来源于上海市委党史征集委员会主编，王家贵、蔡锡瑶1986年编著的《上海大学一九二二—一九二七年》；叶良骏2021年在《上观新闻》上发表的《这两位烈士曾身为上海大学生——他们爱过、奋斗过，在奔赴光明之路上献身》。

整理："上大记忆"团队

三十四、王绍虞：于乱世之秋探索真理

人物简介

王绍虞（1897—1928），安徽六安人。小学毕业后考入设在安庆的皖江体育专科学校。1923年，进入上海大学学习。

人物经历

1917年，21岁的王绍虞进入六安县立第五高等小学读书，开始接触新文化知识。高小毕业后，王绍虞毅然奔赴省城安庆，考入皖江体育专科学校读书。当时，安庆是安徽省学生运动的中心，宣传马克思主义新思潮的报刊如雨后春笋。于是，他得以广泛阅读《新青年》《每周评论》等革命书刊，从而提高了思想认识，扩大了视野，看到振兴国家、民族的曙光。

图　王绍虞

1923年，王绍虞考入上海大学社会学系，在这所学校里，他受到邓中夏、瞿秋白等革命导师的影响，坚定了革命的信念，树立了为共产主义奋斗的崇高理想。

1924年冬，他回乡度假，在六安与周范文、胡苏民等人发起组织"六安青年协进会"，学习马克思主义，探求革命真理；回校不久，即被中共上海大学支部接受为中共正式党员。

1925年冬，王绍虞受中共上海大学支部派遣回六安，组建六安秘密党组织，以迎接中国革命高潮形势的到来。回到六安后，王绍虞先后同芜湖、杭州、上海等地回来的共产党员和共青团员取得联系，成立中共六安特别支部，并担任书记。这是六安最早建立的党组织，直属党中央领导，为后来党领导的六安农民起义打下了基础。

在中共六安特支领导下，王绍虞等在城区棚场开办工人夜校，启发劳工阶级觉悟，团结了大量工人和知识青年，六安特支还在涂家公馆开办民众师资讲习所，培训农民运动骨干，秘密建立农协会组织或劳农会。

革命工作

1926年7月，国民革命军北伐，王绍虞受党派遣赴广州参加农运。后在汉口被任命为安徽省总工会筹备处任常委。

1927年3月，北伐军进驻安庆，他转任安徽省农民协会筹备委员，协助薛卓汉加强领导安徽农民运动。5月，全国第四次劳动代表大会在武汉召开，王绍虞被选为安徽代表前往参加。8月，中共安徽省临时委员会由武汉迁至芜湖，王绍虞受命任中共安徽省临委委员兼省济难会主任，化名李静卿，偕同夫人陈文清（济难会秘书）来到芜湖，住在芜湖蒲草圩五号楼，以高级知识分子身份作掩护进行革命工作。

1928年1月26日晚，安徽省济难会机关被国民党军警破获，王绍虞等多数共产党员被捕。在狱中经受近两个月的酷刑折磨，王绍虞虽已体无完肤，但他仍铮铮铁骨、宁死不屈，严守党的秘密，并在法庭上痛斥国民党反动派背叛革命、屠杀人民的种种罪行劣迹，表现出一个共产党人的顽强品格和钢铁般的意志。由于敌人认定王绍虞是"安徽省的共党首领"，危害极大，党组织虽多方营救而未能成功。4月初，王绍虞慷慨就义在安庆东门外惨遭敌人秘密杀害。

对王绍虞的评价

王绍虞生于富户之家，衣食无忧，却放弃优越的生活，在黑暗之中寻找光明，于乱世之秋探索真理，为党和人民鞠躬尽瘁，死而后已。没有千千万万王绍虞这样勇于探索、前仆后继的先烈，就没有今天国家的"富强、民主、文明、和谐"，就没有人民的幸福生活。

王绍虞在六安党史上写下了闪烁古今的光辉一页。当时的白色恐怖之严重，斗争环境之恶劣，是今天的人们难以想象的。王绍虞在中国共产党成立初期党的力量还非常弱小的情况下，在随时都有生命危险的险恶形势下，克服重重困难，与强大的国民党反动派巧妙周旋、顽强斗争，其事迹可歌可泣，其精神可昭日月！没有他们,就没有今天社会的"自由、平等、公正、法治"。

王绍虞牺牲时年仅31岁。他的一生是短暂的,但是他留下的精神财富是极为丰富的。通过对王绍虞后人的访谈,我们发现,他的生平事迹还有很多等待我们去挖掘、去发现、去研究。他从小居住生活过的地方顺河镇王滩村故居被1991年大水冲毁,但遗址尚在。如果能够恢复重建,不仅为六安的"红色"文化增加厚重的底色,成为一处最具本土特色的爱国主义教育基地。

王绍虞的家乡顺河镇王滩村已经获批为2017年度省级美丽乡村建设示范点。因此,借助美丽乡村建设的强劲东风,王滩村欲恢复和重建六安党组织第一人王绍虞故居,这对于缅怀先烈,发扬传统,振奋精神,共赴小康,将具有深远的历史意义和重大的现实意义。

此篇文章内容主要来源于《皖西日报》于2017年6月12日、6月19日、7月3日分三期刊载的《"绍虞广场"的红色记忆》；中华人民共和国民政部2000年发表的《中华著名烈士(第四卷)》；安徽省地方志编纂委员会1999年出版的《安徽省志》之《人物志》。

整理：葛文龄、李薪宇、曹欣恺、邓佳星

三十五、吴梦非：擎着美学之灯的夜行人

人物简介

吴梦非（1893—1979），浙江东阳人。音乐教育家、作曲家、音乐理论家、音乐评论家、中国美学界奠基人之一。

1919年，吴梦非与刘质平、丰子恺创办上海艺术专科师范学校，并出任校长。1924年4月前，任上海大学美术科艺术教育等课程教授。

编著《初中乐理》《西画概要》等。晚年撰写《五四运动前后的美术教育》，参与编写《中国音乐史》。

图1　吴梦非

人物生平

1908年，吴梦非考入浙江两级师范学堂初级师范科，后因辛亥革命爆发而辍学。

1912年，吴梦非再次参加考试，以第一名的成绩考入浙江省官立两级师范学堂，跟随李叔同学习绘画、音乐。

1915年，经李叔同推荐，吴梦非到上海城东女子学校从事乐理、声乐、钢琴和绘画教学。

1916年，吴梦非担任浙江省师范学校的音乐教学工作，随后任江苏省第二师范学校、上海爱国女学、南洋女子师范、上海大学以及上海东亚体育专科学校的教师。

1919年，吴梦非与刘质平、丰子恺创办上海艺术专科师范学校，并担任上海专科师范学校校长职务。同年，他还创办了中国第一个美育学术团体——中华美育会和中国第一本美育学术刊物——《美育》杂志。

1926年，在上海进行了十年的艺术教育工作后，吴梦非离开上海，先后任教于浙江省立第四中学、育德女学、宁波工业学校、白马湖春晖中学、杭州浙江省立高级中学等学校。

1937年，吴梦非出席中央文化事业计划委员会音乐组会议，并当选为中央文化事业计划委员会研究会成员。同年，担任浙江省音乐馆副主席。抗战全面爆发期间，吴梦非创作了大量的歌曲作品，编写多部音乐教材，对当时的音乐教育界产生了重要影响。

新中国成立后，吴梦非接连当选为浙江文学艺术联合会筹备委员、浙江省文联组织部部长、浙江省文化局秘书等。

1959年，吴梦非发表《"五四"运动前后的美术教育回忆片段》。晚年的他不顾身体虚弱，继续编写《中国音乐史》和个人回忆录。

1979年，病逝于上海，享年86岁。

良师益友

恩师李叔同

纵观吴梦非的一生，他之所以能够在艺术领域取得重要成就，与其同师友间相互学习、取长补短有着密切的关系，这其中对他影响最深的，非恩师李叔同莫属。

李叔同一生在书法、诗词、绘画、篆刻、演艺等方面均有建树。夏丏尊曾评价："在中国近百年文化发展史中，他是学术界公认的通才和奇才，在多个领域开中华灿烂文化艺术之先河。"

1912年，吴梦非以第一名的成绩考入浙江省官立两级师范学堂高师班。李叔同的多才多艺令吴梦非感到惊叹，特别是他在音乐教育过程中所彰显的"先器识而后文艺、爱国、以人为本"等音乐教育思想，更是影响了吴梦非的一生。

由于担任班长职务，吴梦非有了更多接触李叔同的机会。吴梦非被李叔同"修长的身材，轩昂的气宇，非凡的仪表，炯炯的神态所吸引"，更被他"平时沉默寡言、平静和淡，教学时严肃认真、一丝不苟"的态度所打动。在教艺术课的同时，李叔同"更教学生做人的道理，对学生循循善诱，处处以身作则，让学生心悦诚服"，吴梦非都将这些铭记在心。

1919年，吴梦非、刘质平、丰子恺创办上海专科师范学校，并担任校长职务。据吴梦非回忆，"当时我们办的上海专科师范，经常发生经费困难，李叔同知道这个情况，就写了很多字画给我们，叫我们把卖掉字画所得的钱，补贴学校经费不足之用"，最终使学校渡过难关。

上海专科师范学校的创办仅仅是个开端，同年他们又创办了中华美育会，并刊行《美育》杂志，开风气之先，在社会上引起了一股普及音乐知识、宣传美育的风潮。为了扩大艺术教育的影响范围，他们又面向民众创办了我国第一所函授形式的上海专科师范附设通信音乐讲习所，后又与上海美专、东方艺术专修学校联合举办了四期暑期学校。这些业余学校的创办，吸引了各地的艺术教育工作者及艺术爱好者，既提高了他们的艺术水平，也在一定程度上提高了民众的音乐素质。

图2　吴梦非作歌作曲《识字运动歌》

伉俪情深

在吴梦非的音乐教育生涯中,不得不提的,还有他的妻子王元振。夫妻两人志同道合,共同为中国近现代文艺事业奉献了一生。

1919—1925年的七年时间,吴梦非把心思都扑在了上海专科师范学校的建设中。为了缓解学校的经费问题,吴梦非在上海专科师范学校授课不拿薪水,仅以各校兼课收入糊口。夫妻两人曾因付不出校舍租金而躲债,频频迁徙住址,最多一年中要搬十多处地方。学校经济发生极度困难时,校长总是样样冲在前头,甚至不惜将结婚时仅有的一只爱尔兰金挂表和皮袍送进典当铺。

图3　1951年,吴梦非、王元振与女儿吴嘉平在杭州太平里寓所合影

1926年吴梦非曾在浙江上虞白马湖春晖中学兼课,他俩定居在丰子恺先生住过的"小杨柳屋"中。白马湖畔蓼花盛开,高大如人,枝叶繁茂,花蕊鲜红,王元振朝夕与蓼花相对,产生了浓厚的感情,诗兴大发。作诗如下:

丙寅中秋作于白马湖蓼花居

中秋月,何圆洁,清辉万里浑无缺,
今宵月,何朗彻,白马湖中清欲绝。
湖水盈盈往复迴,疏星点点明还灭,
风吹杨柳当窗舞,撩乱清光时飘忽。
四壁虫唧唧,隔湖山屹屹,
我欲与之神恍惚,此间月,不可说,
湖上徘徊总愉悦,
嫦娥如肯忽飞来,便合相携登月阙。
闺中少妇关山客,对此应教忆离别,

青草碧色水绿波,相思都化啼鹃血。
愿月永光明,愿花莫摧折,
月明花好春复秋,天心庶几舒民疾。
无边戾气尽销释,蓬莱不远,
人人可以换仙骨。

新中国成立后,王元振被聘为上海文史馆馆员,即使在年迈体弱多病之际,仍然笔耕不辍,继续进行文史研究与诗词创作,1972年不幸离开人世。王元振离世后,吴梦非创作多首诗词,以表达对亡妻的怀念之情。

吴梦非是中国近现代音乐史上的著名音乐教育家、作曲家、音乐理论家、音乐评论家。作为音乐教育家,他办学校,编教材,为中国培养了大批艺术师资作为作曲家,他编创歌曲百余首,为新音乐文化界注入了清新的活力;作为音乐理论家,他为教立言,为学著说,为中国艺术事业的发展而呐喊;作为音乐评论家,他敢于直言,畅谈对艺术的新见地。同时,他还在美术、诗词、编辑、美学等方面成就突出。

他那艰苦办学的坎坷经历,他那衣带渐宽终不悔的态度,他那笔耕不辍为人先的意志,他那创作评论诗词画的学养……令生活在今天的我们倍感敬仰。他给起步的美育研究打造了学术交流的阵地,为中国美育理论的构建做出贡献,他身体力行创编歌曲、著书立说,为中国新音乐的发展付出了毕生的心血,为中国音乐事业的建设与发展做出了开拓性的贡献。

此篇文章内容主要来源于吴嘉平2009年在《王元振作品汇编》上发表的《圆梦集·吴梦非》;杨和平2010年著的《先觉者的足迹——李叔同及其支系弟子的音乐教育思想与实践研究》;王志芳2011年硕士论文《音乐家吴梦非研究》;杨和平2018年在《上海音乐学院学报》上发表的《"上音"三位音乐家吴梦非、邱望湘、陈啸空研究(上)》;刘立新1990年在《中央音乐学院学报》上发表的《我国现代著名音乐教育家——吴梦非》;缪天瑞2005年在《天津音乐学院学报》上发表的《致力办学的音乐理论家吴梦非老师———纪念吴梦非老师逝世二十五周年》。

整理:孙源希、邓佳星

三十五、许心影：风雨飘摇中一朵铿锵玫瑰

人物简介

许心影（1908—1958），原名许兰荪，号白鸥女士，广东澄海人。澄海三才子之一许伟余的女儿，秉承了父亲的才情与先进思想，是潮汕近代的著名女诗人，被誉为"现代潮籍女诗人"，在1920年代是与冯铿齐名的潮汕女作家。既秉承了父亲许伟余的国学修养，擅长古典诗词文赋，也继承了父亲在潮汕首开白话文创作的先锋思想。1926年，进入上海大学中国文学系学习。在沪时期的文学创作以新诗、小说、散文、翻译为主，潮汕时期则以古典诗词、潮剧剧本为主。一生创作丰富，其作品文笔优美，意境深远，浪漫感伤，作品反映了现代新女性追求自我解放的心路历程。可惜诗作大多不幸散失，仅存自书定稿《蜡梅余芬别裁集》词一册，另有白话小说《脱了牢狱的新囚》传世。

图1　许心影

人物生平

1926年，许心影与其弟许子由到沪进上海大学学习，姐姐读中文系，弟弟读社会学系。时陈望道任教务长兼中文系主任，瞿秋白、杨之华是许心影的老师，就学期间许心影加入共青团。

1927年，蒋介石发动反革命政变，许心影离沪溯江西上武汉，在武汉革命政府妇女部任文书。同年汪精卫发动"七一五"政变，许心影遂又东行回沪。然其时上海已腥风血雨，短暂留居后于1928年随父南下福建龙溪教书。1930年返沪，从事小说、诗歌的创作，活跃于左翼文化圈，出版白话小说《脱了牢狱的新囚》。

图2 《脱了牢狱的新囚》,许心影著

至1950年,许心影先后在汕头海滨师范、普宁南径中学、潮阳峡山六都中学、惠来中学、达濠中学以及汕头聿怀中学等学校任国文教员。

1958年于汕头病逝,享年50岁。

与上海大学

许心影进入上海大学,是瞿秋白和杨之华的学生,著有小说集《脱了牢狱的新囚》。她更善词章,词学辛稼轩。

许心影进入上海大学读书后,受到文化熏陶,变得更加嫉恶如仇、好打抱不平。上海大学不仅改变了她中学时代那种感伤、落寞、凄清的创作风格,而且还促使她走上革命的道路。

许心影深受陈望道的影响,在创作主题上以反映女性生活、塑造新女性形象、倡导女性独立为主,而且在行文风格上也受其影响,当时,陈望道是上海大学老师。

在上海大学期间,许心影学习了日文,对日本文学产生了一定的兴趣,创作风格也受日本文学的一些影响。

诗人的一生

许心影自幼聪慧颖脱,少女时期已显现特立独行、不为礼教所羁之个性。及至进上海大学,并以后的武汉三镇、黄浦滩头时期,经受大时代的熏陶和历练,更是疾恶如仇、蔑视权贵,且好打抱不平、慷慨仗义。执教期间大力支持有志学生投身革命,对困境中的学生给予帮扶,乃至多年后仍有学生来信表达对恩师的念念不忘。从此种种,我们可以窥见那个时代一位优秀女性的胆识和魄力。

许心影去世至今已半个多世纪,但时空穿梭之中她并未被人们遗忘,时有提起其人其事的文章见之于潮汕报端杂志,她的学生更常忆及许师风采。她多才多艺,既娴于潮绣又略通音乐,能敲扬琴与人合奏;未着意学书而字体自成一格,潇洒飘逸。她喜着旗袍、高跟鞋,配上金丝眼镜,素雅洁净,一派海上

序号	题 名	文体	署名	刊 名	年卷期	备 注
1	莺啼序(西窗又吹)	诗词	许心影	海滨	1934年第5期	
2	莺啼序(白鸥落拓)	诗词	许心影	海滨	1934年第5期	
3	薄幸	诗词	许心影	海滨	1934年第5期	
4	洞仙歌	诗词	许心影	海滨	1934年第5期	
5	故国清秋	散文	白鸥	海滨	1934年第5期	
6	无题	新诗	白鸥	海滨	1934年第5期	
7	庆春泽	诗词	许心影	海滨	1935年第6期	
8	金缕曲(用稼轩原韵)	诗词	许心影	海滨	1935年第6期	
9	声声慢(拟易安)	诗词	许心影	海滨	1935年第7期	
10	寒灰	散文	白鸥女士	海滨	1935年第8期	仅目录
11	满路花	诗词	许心影	海滨	1935年第8期	
12	琐窗寒(乙亥秋分)	诗词	许心影	海滨	1935年第8期	
13	满庭芳(乙亥中秋)	诗词	许心影	海滨	1935年第8期	
14	摸鱼儿	诗词	心影	海滨	1936年第9/10期	
15	离亭燕	诗词	心影	海滨	1936年第9/10期	
16	昨夜月	散文	心影	海滨	1936年第9/10期	
17	赠别孟瑜时孟将返星洲	诗词	许心影	海滨	1936年第11期	
18	沁园春	诗词	心影	海滨	1937年第12期	
19	高阳台	诗词	心影	海滨	1937年第12期	
20	醒来吧	散文	白鸥女士	海滨文艺	1936年第2期	
21	金缕曲(用稼轩原韵)	诗词	白鸥女士	西北风	1936年第8期	重发
22	庆春泽	诗词	白鸥女士	西北风	1936年第8期	重发
23	淡淡的春色	小说	白鸥	中国公论	1939年第1卷第3期	
24	淡淡的春色(续)	小说	白鸥	中国公论	1939年第1卷第6期	

图3　许心影作品统计(1934—1949)

风韵。她的国文教学在潮汕文教界卓有声誉。其学识渊博,讲论汪洋恣肆,引人入胜。

生活在那个不平常的大动荡年代,许心影既不幸又有幸,她的经历、她的思想、她的情感无不打上时代的烙印。她有过几段婚姻感情经历,在民风相对保守的潮汕地区,曾遭某些人的非议。但她不是居家妇女,她的婚姻自然也不会是传统模式,只要不存偏见,只要客观善意,完全能够理解她,甚至同情她。

此篇文章内容主要来源于刘文菊、李坚诚2015年在《汕头大学学报(人文社会科学版)》上发表的《潮籍女作家许心影著作考略》。

整理:"上大记忆"团队

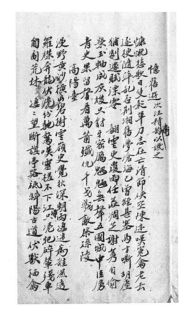

图4　许心影手稿

三十七、阳翰笙：醉心革命文艺创作，坚持追求精神信仰

人物简介

阳翰笙（1902—1993），原名欧阳本义，字继修，四川高县人。1924年秋入上海大学时更名欧阳继修，同年秋，加入中国社会主义青年团，任上大团总支书记。翌年2月，转为中共党员。在五卅反帝运动中，任全国学生联合会常务理事，并参加上海工商学联合会（中华新路顺成里41号）工作。8月后，回上大任中共支部书记。早期革命文艺运动的组织者、领导者之一，是著名的小说家、戏剧家和电影艺术家。

图　阳翰笙

作品特色

阳翰笙是早期革命文艺运动的组织者、领导者之一，是著名的小说家、戏剧家和电影艺术家。作为早期革命文艺的开拓者之一，阳翰笙与其他进步作家一起积极进行了革命文艺的理论探索和创作实践，成为同时期革命作家的重要代表。

阳翰笙这时期的作品几乎都不同程度地表现了武装反抗的内容，充满了战斗性。因此，他作品表现出来的现实主义风格带有明显的理想化色彩，具有革命理性和战斗理想相结合的特点，他所体现的现实主义风格实际上也就可以概括为革命现实主义的风格，在同时代的左翼、进步电影创作中非常独特。

他善于提炼现实社会中具有普遍性、典型性的矛盾为戏剧冲突，给予阶级间、民族间的斗争和反抗以艺术化处理，且十分重视塑造理想人物形象。

他的作品中人物个人的情感与社会政治斗争密切地融合,人物思想由个人到社会的转变成长显得真实、自然。人物个人的情感行为受了革命者与军阀的政治斗争的时代环境影响,两者统一起来。

精神信仰是阳翰笙重要的创作渊源。阳翰笙是无产阶级革命作家,精神信仰不仅带给他创作动机,而且影响其全部的创作方式和创作过程,并成为其创作立场的重要表现。阳翰笙坚持现实主义的创作原则,强调艺术对现实生活的真实反映。

坚持艺术的大众化是阳翰笙创作立场的一个重要维度。他在《文艺大众化与大众文艺》一文中强调,作家不能站在大众之外,也不能站在大众之上,必须生活在大众之中,应该与大众一起生活,不能成为大众之外清高的旁观者。从事电影剧作是阳翰笙大众化创作立场的实践体现,也使他在中国电影史上占据了重要位置。革命现实主义电影剧作是左翼作家对我国电影剧作的巨大贡献,也是30年代电影发生根本性变革的重要标志之一。阳翰笙作为左翼电影创作的主将之一,他的深厚的思想内涵在这一时期的电影剧作中占据突出的位置。阳翰笙的电影创作突出社会重大主题,但往往都是从民众关切的具体问题切入,如抗日、失业、物价、水灾等等,并以小人物的日常生活为线索进行叙述,容易与观众形成共鸣。这个特征几乎显现在阳翰笙所有的电影剧作中,在《万家灯火》和《三毛流浪记》等后来的电影创作中表现得更为突出。

无论时代如何变化,阳翰笙等早期革命作家的作品中所展示出的那种不灭的热情与信仰,那种执着的社会关切,那种力求创新的艺术诉求,都应是文艺工作者的追求,也应是文化事业发展的源源动力。

人物生平

1924年秋,阳翰笙考取了上海大学社会学系,同年正式加入中国社会主义青年团。

1925年,"五卅惨案"发生后,阳翰笙被派到中华全国学生联合总会工作,并代表全国学联参加上海工商学联合会总会工作,协助萧楚女编辑《工商学联合日报》,同年加入中国共产党。

1927年,蒋介石发动"四·一二"反革命政变以后,阳翰笙先后被派到国民革命军第六军、第四军政治部,协助林伯渠等工作。南昌起义爆发后,他参加起义军南征,被委任为所属第二十四师党代表,参加了两次会昌战役。1927年底,阳翰笙和李一氓参加创造社,共同编辑《流沙》周刊和《日出》旬刊。

1928年,应郭沫若请求,周恩来批准,阳翰笙到创造社做组织工作,兼办《流沙》周刊、《日出》旬刊。在此期间,他先后创作《马林英》《趸船上的一夜》《马桶间》等15篇小说,创作出《女囚》《两个女性》《义勇军》《中学生日记》及《地泉》三部曲等8部中篇小说,开始了革命文艺生涯。

1930年3月,他参与组织成立"中国左翼作家联盟",先后担任"左联"党团书记、文委书记和文总党团书记,参加了党对电影戏剧工作的领导。1933年春,写成电影文学剧本处女作《铁板红泪录》。此一时期他先后写过18部电影剧本(其中13部搬上银幕)、8个话剧。

1935年2月,上海党组织遭破坏,阳翰笙和田汉等同时被国民党政府逮捕。在软禁期间,他使用纯继、小静、一德等笔名,先后发表了五六十篇杂文抨击国民党当局对日不抵抗政策和投降卖国路线,写了电影剧本《新娘子军》《生死同心》《夜奔》,话剧《前夜》及一批有关戏剧电影的理论著述。

1937年秋,阳翰笙奉中共长江局之命,在文艺界从事抗日统一战线工作。他和洪深、田汉等人会同在武汉的话剧、戏曲人士及国民党的文化人士发起为华北义勇军筹款的联合公演,演出了洪深导演,金山、王莹主演的《最后的胜利》,会后倡议成立"中华全国戏剧界抗敌协会",建立了戏剧界抗日统一战线。接着,他和冯乃超、老舍等人先后发起组织了"中华全国电影界抗敌协会""中华全国文艺界抗敌协会",团结文艺界人士从事抗日救亡斗争。同年,他创作了5幕历史剧《李秀成之死》,在抗战初期产生了巨大影响。

1943年,写成4幕讽刺喜剧《两面人》(又名《天地玄黄》),深刻地批判了抗日时期国民党当局的阶级利己主义。1944年写成5幕话剧《槿花之歌》,剧本以优美的语言,浓郁的诗情,歌颂了朝鲜人民的爱国主义精神。抗战胜利后,在中共南方局领导下,阳翰笙和冯乃超等组织指导了中华剧艺社和各抗敌演剧队的复员东下工作。随即他回到上海,组建了昆仑影业公司,创作了电影剧本《万家灯火》《三毛流浪记》。

新中国成立后,阳翰笙历任政务院文教委员会委员兼副秘书长,总理办公室副主任,中国文联副主席、秘书长,中央国际活动指导委员会委员,对外文化协会副会长等职。

与上海大学

在中国现代文学发展中,阳翰笙以领导左翼文化运动,从事电影文学创作而蜚声文艺界。而在上海大学的一段求学经历,则成为他人生旅途的重要篇章。

进入上海大学后,阳翰笙得以聆听瞿秋白、蔡和森、恽代英、萧楚女、蒋光慈等先生主讲的课程,掌握了社会学的基本知识,提高了学识修养和理论水平。在课余时间,他阅读了关于马列主义、共产主义原理的一些基本书籍,粗知一点辩证唯物论和历史唯物论,了解了社会发展规律和中国革命道理,由此打下了哲学基础,确定了革命的人生观,成为自觉革命的真正起点。在学习理论和专业知识的同时,阳翰笙积极参加学校活动。1924年10月13日,上海大学成立学生会,阳翰笙被推选为候补委员。

上海大学的教师知识渊博、阅历丰富,但都平易近人,不摆架子,师生关系非常融洽。瞿秋白、蒋光慈经常到阳翰笙的宿舍去聊天,讨论学术,纵谈天下,漫话人生。瞿秋白爱讲屠格涅夫的《前夜》、高尔基的《母亲》和车尔尼雪夫斯基的《怎么办》;蒋光慈有时会情不自禁用俄语朗诵几句普希金、涅克拉索夫、马雅可夫斯基的诗。在与老师的谈笑风生中,阳翰笙增长了学识,拓展了视野,无论在学业还是在思想上都进步很快。

上海大学的学习注重理论联系实际,学生们白天上课,晚上从事工人运动,主要是为沪西工人补习学校讲理论课,并作一些宣传工作。由于阳翰笙曾自发组织过社会主义青年团,觉悟较高,因此进上海大学后不久就加入了社会主义青年团。因此阳翰笙根据党团组织的要求和安排,参加了工人夜校的教育工作和工人运动。据阳翰笙回忆,起初他给工人讲《帝国主义是资本主义的最高阶段》时,一副学生腔,又加上四川口音,工人听不懂,提不起兴趣,他也感到很苦恼。后来在邓中夏老师和杨之华、刘华同学的示范和指点下,改变呆板的教学方式,先让工人提问题,倾诉他们的亲身经历和生活状况,把理论同工人的实际生活结合起来,还把工人当作朋友一般。阳翰笙利用工人切身的生动事例,加以归纳,用学到的理论进行分析,再由理论结合实际,鼓励工人增强团结、争取自身解放,从而取得了良好效果。阳翰笙在工人那里工作了几个月,直到1925年2月罢工才离开,与工人结下了深厚的感情。这段经历也对他日后创作电影剧本、话剧、小说起到一定作用。

二月罢工时，阳翰笙在刘华的领导下，深入到工人家里，说明罢工的意义，书写标语、散发传单。五卅运动爆发后，他和李硕勋一起受党组织的指派，到上海学联总会工作，同时筹备全国学生联合总会代表大会。后又代表全国学总参加工商学联合会，帮助萧楚女办会刊。1925年，阳翰笙加入中国共产党。五卅罢工结束后，阳翰笙被党组织调回上海大学，担任中共上海大学特别支部的支部书记。

阳翰笙颇为深情地回忆，他在上海大学真正参加了社会活动，特别是五卅运动期间在恽代英、萧楚女领导下，在全国学联和工商学联合会工作，接触了资本家、中小工商业者、工人和学生，感受到各阶层对革命的不同态度，了解到反帝是怎么一回事，也领略到恽代英等共产党人的工作态度、方法和领导艺术。

1925年秋，工人罢工相继停止，阳翰笙继续回学校读书，并担任学校党支部书记。是年冬他开始担任中共上海闸北区委书记，一面读书一面从事社会活动。至1926年1月，他受党组织委派到广州黄埔军校政治部担任秘书，结束了上海大学的学习生活。

社会影响

阳翰笙一生著作等身，在近半个世纪的历程中，创作了两部社会科学著作，8部中篇小说，10余部短篇小说，17部电影剧本，8部话剧剧本，近200首新旧体诗歌，两部日记，数篇文艺论文，数十篇回忆录。他整理出版了《阳翰笙电影剧本选集》1卷、《阳翰笙剧作集》2卷、《阳翰笙文集》5卷。此外，他还撰写了一系列回忆录，统集为《风雨五十年》。阳翰笙一生写下了700多万字的文艺作品。

此篇文章内容主要来源于《文艺报》2017年11月20日刊登的《阳翰笙与早期革命作家的创作立场》;《新文学史料》1993年刊登的《阳翰笙同志生平》。

整理:"上大记忆"团队

三十八、于右任：跌宕的人生，不灭的精神

人物简介

于右任（1879—1964），陕西三原人。1906年，加入中国同盟会，曾参与创办复旦公学。1922年10月，参与创办上海大学并任校长。1923年4月，接受李大钊的推荐，聘请共产党人邓中夏、瞿秋白任上海大学总务长和教务长。

被誉为"名儒名将兼名士"的于右任，一生始终不忘国民教育，为我国教育事业立下了彪炳史册的丰功伟绩。他以坚忍不拔的决心、不同寻常人所能想象的毅力办大学、办中学、办小学，为国家和民族培养了大批优秀人才。孙中山曾赞扬他"放眼远大，深维本根"。说于右任是我国历史上一位杰出的教育家，确实当之无愧。

图1 于右任

1964年11月10日晚，于右任在台湾与世长辞。他没有留下任何遗言，人们便把他的《望大陆》一诗当作他的遗嘱。遗体被埋葬在台北最高的大屯山上，并在海拔3997米的玉山顶峰竖立起一座面向大陆的半身铜像。玉山山势险峻，4米高的铜像和建材全是由台湾登山协会的会员们一点一点背负上去的。于右任终于了却了登高远眺故土的心愿。

与上海大学

东南高等师范学校引发学潮，要求改组校务，学生代表拟邀请陈独秀、章太炎、于右任三人中的一位出任校长。最终在邵力子先生的帮助下，于右任为学生代表的殷切恳求所感动，同意接受邀请，建议把校名改为上海大学，并亲自题写了校牌。他将上海大学定位为"不是一个死读书本的学校，而是一个与革命密切结合的新型的社会学校"。

图 2　台北中山公园内的于右任塑像

　　1922年10月23日,上大师生为于右任举行了欢迎大会。大会上,教工代表称赞于校长为"革命伟人,共和元勋,言论界之前驱,教育界之先进",对于校长到任表示热烈欢迎。于右任谦和答词:"予乃愿为小学生以研究教育,非好为人师。""予实不敢担任校长,但诸君如此诚意,……何况吾辈为有文化之人,自当尽力之所能,辅助诸君,力谋学校发展。"

　　办校期间,于右任放手起用共产党人和进步人士,先后聘请蔡和森、恽代英、沈雁冰、萧楚女、张太雷等到校任职任教。在于右任和邓中夏、瞿秋白、叶楚伧、邵力子、刘觉民等人的共同努力下,上海大学为黄埔军校输送了一大批学员,在大革命时期起过重要作用。

　　于右任执掌上海大学后,虽没有长期坐镇学校,但为上大的建设和发展付出了不少心血。一是延聘管理人才。邓中夏、瞿秋白就是由于右任亲自聘请来校担任管理和教学工作的。二是规划学科发展。于右任多次召集教职员会议,详细讨论学科发展规划,拟定在大学部设社会科学院和文艺院。三是完善管理体制。于右任主持建立评议会(后改为行政委员会),负责议定办学大政方针和处理全校一切重大事务;议决组成校董会,以提高学校声誉,争取办学

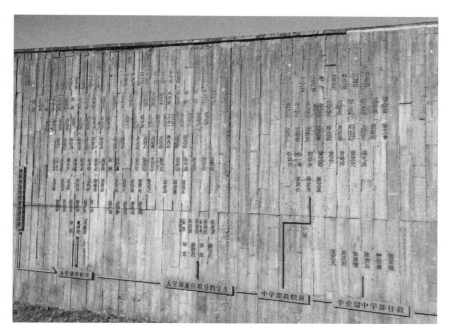

图3 上海大学溯园内景

图4 上海大学溯园内景

第一章 上海大学(1922—1927)人物传 131

经费，促进教育发展。四是制定学校章程。于右任主持拟定上海大学章程，并亲笔为章程题签，从而明确了"以养成建国人才，促进文化事业"的宗旨。

于右任为上大学生追认学历的事也有口皆碑。1927年"四一二"反革命政变后，上海大学遭国民党军警封闭，国民政府教育部一直不承认上大学生的学籍，致使曾在上大就学的近两千名学生在就业、晋级等方面受到不公平待遇。于右任为争取上大学生的大学学籍资格，与国民党当局一再交涉、反复斡旋，终于至1936年3月在国民党中央常务委员会第八次会议上，通过追认上大学生学籍，并与国立大学享有同等待遇的决定。于是，各地上大同学纷纷成立同学会，力图进行复校活动。

书法成就

书法作品《游山西村》，行书中偶夹草楷之体，使整幅作品沉稳而又富于变化，这是于右任从早期到晚年经常使用的一种手法。作品中"笑、酒、留、重、无、明、风、夜"诸字皆以草法为之。这种安排并非刻意的做作而是他性情的自然表达。

爱国诗作

《望大陆》（又名《国殇》）

葬我于高山之上兮，
望我大陆；
大陆不可见兮，
只有痛哭。
葬我于高山之上兮，
望我故乡；
故乡不可见兮，
永不能忘。
天苍苍，
野茫茫，
山之上，
国有殇！

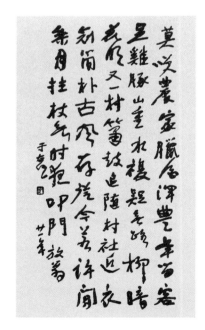

图5 于右任书法作品《游山西村》

坚定的爱国者

于右任是中国国民党元老,是著名的爱国人士,除了政治家的身份以外,他还是教育家以及伟大的诗人。于右任的一生是跌宕起伏的一生,他致力于促成国共合作和中华民族的伟大复兴,支持国共合作、共同抗日是他的政治标签。

作为一名政治家,他抱着救国救民的理想而投身革命,却因种种因素而投身了国民党阵营。在蒋介石掌权以后,于右任等国民党内的进步人士受到打压,但他依然在力所能及的范围内,为中国革命作出了巨大的贡献。为了实现"国共合作"的政治理想,他积极在国民党高层中游走奔波,缓和国共两党关系。于右任用行动一次又一次地推动国共合作,成功让部分国民党人用更积极的眼光看待中国共产党,他的理想终于在自己的不懈努力下,变得指日可待。"身在曹营心在汉"大致说的就是于老先生本人了吧,众所周知,他这样的想法结合当时的局势,自身处境一定是非常危险的,但他依然愿意继续发光发热,哪怕以螳臂之身当车也从未犹豫过。

作为一名教育家,1924年他创办上海大学并担任校长,与国共人士通力合作博采众长,使得上大在短短几年之间崭露头角,闻名遐迩。此后社会上广泛流传"文有上大,武有黄埔"的说法。在于右任的以"学术独立,思想自由"为最高教学原则的影响下,上大始终坚持兼容并蓄的教育理念。在课堂内外不仅传授中外文化精华和近代理论思想,也开设以传播马克思主义理论观点为内容的理论课程。于右任用自己的教育理念让马克思主义思想得以在后世传播,虽然在政治上有心无力,但他真正做到从思想上为下一代灌输革命的先进思想,培养祖国的下一代从根源上拥有最正确的信仰和理想,同样用自己的方式为党和祖国做出伟大贡献。

此篇文章内容主要来源于《中国教师报》2016年1月13日刊登的《于右任:处处学为救国》;人物故事网发布的《于右任执掌上海大学》;《陕西工人报》2019年3月12日刊登的《于右任为民族大业兴学育才》

整理:叶馨文、肖纯一、童雨琦

三十九、俞昌准：投身革命即为家

人物简介

俞昌准（1907—1928），又名俞仲则，安徽南陵人。早年就读于上海南洋中学，1925年9月后，经恽代英介绍进入上海大学就读社会学。不久加入中国共产党。1927年春，任中共芜湖特支书记，时值北伐军胜利抵达芜湖。3月，国民革命军攻克芜湖，受到芜湖人民欢迎，在恽代英、林伯渠、程潜等参加的欢迎会上，俞昌准作为中共地方组织的代表发表演说，号召团结奋斗，实行孙中山先生的三大政策。

图　俞昌准

4月18日，芜湖国民党右派在蒋介石支持下叛变革命，屠杀共产党人，俞昌准撤回南陵，后因需要复又来到芜湖，创办《沙漠周刊》，宣传马克思主义，揭露国民党右派的罪恶。

是时其他共产党人均已离开，俞昌准在芜单独作战，深入裕中纱厂、火柴厂，组织工人罢工。1927年10月去南陵开展农民运动，因缺乏经验，暴动失败，回芜湖从事团的活动。1928年8月去安庆安徽大学，以学生身份进行活动，旋去怀宁负责党团工作，因叛徒告密被捕，1928年12月在安庆英勇就义。

创办《沙漠周刊》

大革命失败后，俞昌准在芜湖一带开展地下斗争，创办《沙漠周刊》，宣传马克思主义，揭露国民党新军阀的罪恶行径和反动嘴脸，明确地提出"敌人有机关枪大炮，我们有斧头镰刀"的口号，深入芜湖等地厂矿工人群众中，组织工人群众建立党的组织，号召工农大众与国民党新军阀作坚决斗争。

开展农民运动

党的八七会议后,俞昌准再次回到南陵,组织开展农民运动,建立了南陵县农民协会,并向中央巡视员任弼时同志汇报工作,提出建议。1928年1月,他在谢家坝领导成立南、芜边区苏维埃政府,任主席,在严重的白色恐怖中树起了南、芜边区农民政权的第一面红旗。他领导谢家坝、白沙圩农民武装暴动,有力地打击了地主豪绅的威风,并直接威胁南、芜两县国民党政权,武装暴动遭国民党军队镇压后,他转移到安庆,在极其危险的环境中,以安徽大学学生的身份作掩护,领导和组织学生运动。同年9月任中共怀宁县委委员、共青团怀宁县委书记。

被捕入狱牺牲

1928年11月22日晚,因叛徒出卖被捕入狱。在狱中,他理直气壮地反驳敌人:"我们共产党领导全国人民推翻黑暗统治,创造光明的新中国,何罪之有?"1928年12月,蒋介石亲自下令,俞昌准被国民党军警杀害于安庆北门外刑场,牺牲时年仅21岁。

此篇文章内容主要来源于博雅人物网发布的《俞昌准》;央广网2018年6月6日发布的《俞昌准:碧血今朝丧敌胆,丹心终古照亲人(为了民族复兴·英雄烈士谱)》;《人民日报》2006年5月13日刊登的《俞昌准:为创造光明的新中国献身》

整理:"上大记忆"团队

四十、张太雷：学贯中西、才华出众

人物简介

张太雷（1898—1927），原名曾让，字泰来。江苏常州人。1915年秋，考入北京大学。1924年8月，任上海大学社会学系政治学、政治史学、英文等课程教授。

忠诚的共产主义战士

张太雷是中国共产党最早的党员之一，中国共产党重要的创始人之一。五四运动期间，张太雷是天津地区爱国运动的骨干，与周恩来等结下战斗友

图　张太雷

谊，并作为天津学联的代表赴北京结识李大钊等人。上海召开中国共产党第一次全国代表大会前，张太雷为大会筹备组翻译了《中国共产党宣言》草案，提交马林修改。后参加过党的二大、三大、四大、五大和八七会议，是四届候补中央委员、五届中央委员、临时中央政治局五人常委之一、担任过中共湖北省委书记、中共广东省委书记等职。作为党内著名的政治活动家、宣传家，他曾在《前锋》《人民周刊》《中国青年》《向导》周报等报刊上留下的百余篇论著，至今仍熠熠生辉。

他是中国共产党早期工人运动的启蒙者之一。1920年春，他主持创办长辛店劳动补习学校，并经常与李大钊、邓中夏等给工人讲课，到工人家里访问，培养了北方铁路工人的第一批骨干。

他是党内最早的国际活动家。1921年初他被派赴苏俄，担任国际远东局中国科书记，成为第一个在共产国际工作的中国共产党人。1921年6月，张太雷受党的委托，出席在莫斯科召开的共产国际第三次代表大会，成为中国共产党出现在共产国际会议的第一位使者。他担任过维经斯基、马林、达林、鲍罗

图 2　图中站立者为张太雷

图 3　广州起义画作

廷等共产国际代表的翻译和秘书,并以他无穷的精力、渊博的知识赢得了各国共产党人对他的尊重,显示了杰出的政治、外交才能,被誉为"真正的国际主义者"。

张太雷是著名的广州起义的主要领导人,12月12日,他在起义战斗中被敌人枪击阵亡,为探索中国革命道路献出了29岁年轻的生命,用自己的热血和青春实践了他年少时立下的"愿化作震碎旧世界惊雷"的誓言,成为中共历史上第一个牺牲在战斗第一线的中央委员和政治局成员。

青年运动卓越领导人

1920年10月,张太雷参加了李大钊创建的北京共产主义小组后,在李大钊的帮助下,前往天津筹建社会主义青年团。11月初,天津社会主义青年团成立,张太雷任团的书记。然而,在早期各地建立的团组织中,普遍存在着思想信仰的分歧,加上经费、人事变动等原因,各地团组织,相继出现过活动暂行停止的现象。为了加强领导,张太雷主持恢复和整顿社会主义青年团。1922年5月,张太雷与蔡和森在广州共同主持召开中国社会主义青年团第一次全国代表大会,作了关于团纲和团章的报告,张太雷被选为团中央委员,成为青年团的创建人之一。1925年1月,社会主义青年团第三次全国代表大会召开,大会决定将团的名称改为中国共产主义青年团,张太雷当选为团中央书记。张太雷同志还多次作为中国青年团的使者,参加青年共产国际的工作和活动,忠实地、创造性地履行了自己的职责。

与上海大学

作为"常州三杰"之一的张太雷与瞿秋白、恽代英,先后来到上海大学任教,对马克思主义在中国的早期传播作出了重要贡献。

1924年夏,张太雷到上海大学社会学系教政治学、政治学史和英文。除了让学生提高英文水平,张太雷还教授学生学习阶级斗争和民主理论的有关知识,他选用列宁的《帝国主义论》(即《帝国主义是资本主义的最高阶段》)作英语教材,将需要传播的信息很好地穿插在教学之中。他常常结合当时国内外社会现实问题,谈当前的阶级斗争,谈政治上、组织上的重要问题。

张太雷充分借助高校授课的机会,向青年学子积极宣传社会主义思想。阳翰笙回忆:当时在校大学生"对帝国主义的本质从理论上认识不深",所以很高兴听张太雷讲授列宁的著作。张太雷讲课说理透彻、观点分明、富有说服力,经常讲完课文后,联系当前形势进行分析。

1925年5月,张太雷结束上海大学教职,调任苏联政治顾问鲍罗廷的助手和翻译,成为共产国际的"中国第一人"。

不幸牺牲

1927年8月7日,张太雷在汉口参加中共中央紧急会议(即八七会议),当选为中央临时政治局候补委员,对此张太雷说道:"我知道肩上的担子更重了,但是忠心为党为人民的共产党员是不怕困难的,我为革命义无反顾。"他调任中共广东省委书记,并在周恩来未到任之前与杨殷、黄平等组织临时南方局。

南昌起义后,张太雷赶往潮汕地区组织群众斗争,策应起义军南下。1927年11月,张太雷赴上海参加了中共中央的常委会议,专门研究讨论了广州起义的相关事宜与计划。1927年12月11日,经过紧急筹备,张太雷与苏兆征、叶挺、叶剑英等领导发动广州起义,经过两个多小时的激烈战斗,起义部队攻占了坚固的反动堡垒公安局和市内绝大部分地区。第二天凌晨6点,在广州市公安局的门楼上,"广州工农苏维埃政府"的横幅挂了起来,张太雷庄严宣告,广州苏维埃政府成立了。

但意外在这一天发生了。12日中午,张太雷正在召开拥护广州苏维埃政府的群众大会,此时敌人正从南西北三面向市区反扑。情况紧急,张太雷立即决定中止大会,疏散群众,随后本人迅速返回指挥部,而在返回的路上,他听到北大门的枪声激烈,于是乘车赶往大北门指挥战斗,汽车开到惠爱西路,遭国民党反动派的伏击,在车中身中数弹,不幸牺牲,年仅29岁。

张太雷成为第一个牺牲在战斗一线的中央委员和政治局成员。张太雷牺牲11年后,其女张西蕾携家书寻找党组织,家书中有一句话:"谋将来永远幸福",这是张太雷一生矢志不渝的追求。他在当时有很多思潮的情况下选择了共产主义,并用一生去践行,不怕牺牲,以卓越的才华、高昂的热情和年轻的生命奉献于中国革命事业。

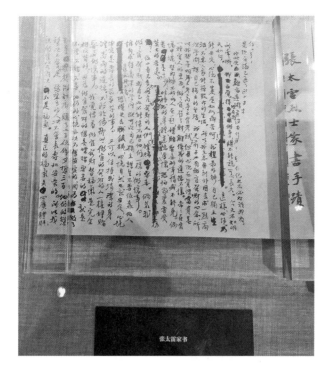

图4 张太雷家书,摄于中国社会主义青年团中央机关旧址纪念馆

　　此篇文章内容主要来源于人民网2016年8月2日发布的《张太雷及其妻子、儿女们》;人民资讯网2021年5月28日发布的《瞿秋白张太雷恽代英"常州三杰"与上海大学》。

整理:童雨琦、谭雅文

四十一、郑振铎：爱国主义者

人物简介

郑振铎(1898—1958)，福建长乐人，杰出的爱国主义者和社会活动家、作家、诗人、学者、文学评论家、文学史家、翻译家、艺术史家，也是著名的收藏家，训诂家。1923年任上海大学中国文学系文学概论等课程教授。

重要历程

1919年，郑振铎参加五四运动并开始发表作品。

1932年，郑振铎的《插图本中国文学史》出版。

图1　郑振铎

1949年后，郑振铎历任全国文联福利部部长、全国文协研究部长、人民政协文教组长、中央文化部文物局长、民间文学研究室副主任、中国科学院考古研究所所长、文化部副部长等。全国政协委员，全国文联全委、主席团委员，全国文协常委，中国作家协会理事。

1952年，郑振铎加入中国作家协会。

1957年，郑振铎出版了《中国文学研究》三册。

1958年10月17日，因飞机突然失事遇难殉职。

主要成就

1927年，郑振铎旅居法、英等国，译著了《民俗学概论》《民俗学浅说》《近百年古城古墓发掘史》等，还创作了短篇小说集《家庭的故事》中的大部分作品。

1932年，《插图本中国文学史》出版，此书图文并茂、史料丰富、眼界宽阔，充分肯定了民间文学在文学史上的地位。

1934年，出版了《中国文学论集》《佝偻集》等论文集，以及借希腊神话题材歌颂现实的革命斗争的小说集《取火者的逮捕》。

1957年，出版了《中国文学研究》三册。

郑振铎著作丰富之余，他的译作同样影响深远，范围涉及俄国、印度、欧美文学，题材广泛，在翻译史上占据了重要地位。郑振铎先生被称为"中国近代翻译理论的开拓者之一"，以《飞鸟集》为例，一直以来，郑振铎先生的译本都是公认的最经典且优秀的版本。他坚持做到"一面极力不失原意，一面要译文流畅"，在这种精益求精的态度之下，才有了如今我们所读到的简洁质朴而又富含深意的词句。

与上海大学

上大成立后，校长于右任放手启用共产党人和进步人士，聘请郑振铎到校任职任教。郑振铎先生，他既经历了上海大学的沧桑，也同样在静安区的康脑脱路的暨南大学上完了刻骨铭心的最后一课。

作品赏析

我 是 少 年

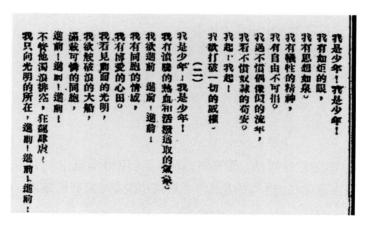

图2　郑振铎作品《我是少年》

一

我是少年！我是少年！
我有如炬的眼，
我有思想如泉。
我有牺牲的精神，
我有自由不可捐。
我过不惯偶像似的流年，
我看不惯奴隶的苟安。
我起！我起！
我欲打破一切的威权。

二

我是少年！我是少年！
我有溃腾的热血和活泼进取的气象。
我欲进前！进前！进前！
我有同胞的情感，
我有博爱的心田。
我看见前面的光明，
我欲驶破浪的大船，
满载可怜的同胞，
进前！进前！进前！
不管它浊浪排空,狂飙肆虐，
我只向光明的所在,进前！进前！进前！

叶圣陶认为，《我是少年》可以说是当时年轻一代觉醒的呼声……跟郑振铎结交四十年，他越来越深地感到这首诗标志着他的一生，换句话说，他的整个生活就是这首诗。

翻译家的严谨与谦逊

"使生如夏花之绚烂,死如秋叶之静美。"

这句出自泰戈尔《飞鸟集》的、朗朗上口而为人熟知的优美诗句，译自我国现代杰出的翻译家郑振铎先生。

　　以《飞鸟集》为例，一直以来，郑振铎先生的译本都是公认的最经典且优秀的版本，这与他对于翻译工作的严谨、认真、精益求精是分不开的。在1922年的夏天，他开始了《飞鸟集》的翻译。为了能深入领会诗人的思想和创作心路历程，将作品翻译的流畅、精确、不乏诗意，他积攒了不少经验。在《小说月报》上翻译泰戈尔的作品；发起并成立了"泰戈尔研究会"；发表了国内最早介绍泰戈尔的文章——《太戈尔传》和《太戈尔的艺术观》。在实际翻译的过程中，郑振铎力求"一面极力不失原意，一面要译文流畅"，在这种精益求精的态度之下，才有了如今我们所读到的简洁质朴而又富含深意的词句；在当时来说，更是为小诗运动的兴起起到了重要的铺垫作用。

　　《飞鸟集》出版以后，反响虽好，也存有批评之音。其中较为著名的，是梁实秋先生先后多次在评论文章中的批判，认为郑译不忠于原著，漏洞百出，是"一堆七零八落的东西"。郑振铎初时著《再论〈飞鸟集〉的译文——答梁实秋君》以表回应，多年以后，已然心境平和，致以书信虚心地接受批评并表达感激，更是在1956年再版《飞鸟集》中补译与纠错。从中，我们不难体会到，郑振铎先生可谓是虚怀若谷，其胸襟气度令人钦佩。

　　如今的我们，虽无缘逢见郑振铎先生来校讲学的风采，却仍可透过文字窥得其人格魅力与精神品格；而今的翻译界，亦回旋着这位严谨而谦逊的翻译家之余音。观其一生，不禁令人赞叹："生如夏花之绚烂，死如秋叶之静美。"

　　此篇文章内容主要来源于《海南日报》2016年1月11日刊登的《郑振铎：〈飞鸟集〉中文翻译第一人》。

整理：丁小娟、丁嫣然、闫星煜

四十二、周建人：清正廉洁，心系百姓

人物简介

周建人（1888—1984），浙江绍兴人。中国民主促进会创始人之一，现代著名社会活动家、生物学家、鲁迅研究专家和妇女解放运动的先驱之一。1924年春，任上海大学社会学系生物哲学课程教授。

图　周建人

早年经历

1920年，周建人入北京大学旁听攻读哲学，次年至上海任上海商务印书馆编译所编辑，前后23年潜心研究生物学，并从事著译工作，在《东方杂志》《妇女杂志》《自然科学杂志》上发表文章，提倡妇女解放，普及科学知识。

1923年，周建人应瞿秋白邀请，在上海大学讲授进化论，并先后在神州大学、上海暨南大学、安徽大学任教授。周建人十分关注中国妇女问题，早在辛亥革命前，就崇敬近代民主革命烈士秋瑾。

1920—1930年间，周建人发表的大量有关妇女问题文章产生了很大社会影响。与此同时，他与宋庆龄、蔡元培、鲁迅等支持中国共产党领导的人民革命事业，组织进步团体，营救被捕的共产党人和进步人士。大革命失败后，常为鲁迅与中国共产党的交往担任通讯联络和掩护工作，并在鲁迅等引导下参加"济难会"、自由运动大同盟。

抗日战争时期，周建人拥护中国共产党的抗日民族统一战线主张，投入抗日救亡运动，同进步文化界人士一起，多次签名发表反对国民党投降政策的救亡宣言。他在上海和文化教育界爱国知识分子中组织马列主义读书会，团结进步人士坚持民族解放斗争。

抗战胜利后，周建人任生活书店、新知识书店编辑。投身爱国民主运动，撰文抨击当局卖国、独裁、内战的政策，力主"科学中国化，中国科学化，社会民主化"。此外，他还撰写了大量有关鲁迅的文章，为研究鲁迅、弘扬鲁迅的战斗精神起了积极作用。

1945年12月，周建人同马叙伦、王绍鏊、许广平、与邓小平握手林汉达等在上海发起成立中国民主促进会，当选为第一届理事会理事。

1949年9月，周建人以中国民主促进会代表身份参加中国人民政治协商会议第一届全体会议以及政府组织法草案整理委员会。

相关作品

主要著作：《生物学》《动物学》《植物学》《科学杂谈》《进化与退化》《哺乳动物图谱》《论优生学与种族歧视》《花鸟鱼虫及其他》《会稽山采物记》《略讲关于鲁迅的事情》《鲁迅回忆录》《鲁迅故家的败落》等。

主要译作：《物种起源》(合译)、《吸血节足动物》、《生物进化论》、《原形体》、《生物学与人生问题》、《优生学》、《赫胥黎传》、《新哲学手册》、《生物进化浅说》等。

为官、为人和为学

周建人做官清廉严明、办事公道。当有权人徇私枉法，他毅然站出来为百姓鸣不平，丝毫不惜丢掉自己的官职，也要伸张正义。周建人曾对家人说："我不想做官，也不善于做官，最好当一个大学校长，或者是当图书馆馆长。"为了摆脱官僚与百姓之间利益的困窘境地，周建人在任省长期间，曾多次提出辞职返京。周建人如此仗义执言，不徇私情，将官职视如鸿毛，如若不能做清官、办公道事，宁不为官，也不打破自己的原则。

同时，周建人是一位衷心的爱国主义者，也是共产党的知心朋友。他很早就接触到了共产党人，积极支持中国共产党领导的人民革命事业。1923年应瞿秋白邀请，在上海大学讲授进化论。在白色恐怖期间，他作为鲁迅和瞿秋白的中间联络人，热心帮助他们交流。他也在中国民权保障同盟中尽心尽责，营救了大批中共负责人和爱国主义仁人志士，他对中国共产党的忠心是天地可鉴的。在革命与反革命决战的关键时刻,他义无反顾地选择站在了人民这一边,积极投入到争取民主解放运动中去,不管是写文章还是上街游行,都尽自己所能,把自己的生命安危置之度外,努力为人民解放运动做出贡献。他也一直呼吁妇女解放和尊重教师地位。对于他自己,他总是严格要求,他认为领导人就是人民的公仆,要时刻把人民放在心中,不可以权谋私,他勤劳俭朴、一尘不染的崇高品质为人们树立了榜样。

此篇文章内容主要来源于肖伟利2009年著的《大家风范:我所知道的民主党派领袖》。

整理:"上大记忆"团队

第二章 历史上的上海大学
（1922—1927）

　　在党的领导下，上海大学先辈积极参加学生运动，以报刊为主要阵地宣传党的先进思想；革新教育制度，举办星期演讲会、夏令讲学会，邀请名流、学者来校演讲；引导学生建立各种研究会和学术团体，积极参加社会实践活动，为中国革命的建设汇聚和培养了一大批杰出人才，成为名震一时的"红色学府"。本章将挖掘上海大学的红色印记。

一、共青团创建中的"上大力量"

张太雷：共青团的忠诚守护者

张太雷学贯中西、才华横溢，他为中国社会主义青年团的成立和发展做出了巨大贡献。他不仅是中国共产党早期重要领导人之一，更是党内最早的国际活动家，在工人运动和青年思想启蒙中发挥了先锋模范作用。

在中国社会主义青年团的发展历程中，张太雷参与起草并制定了众多关于中国青年具体情况的文件和决议。他参与整顿、恢复青年团，主持召开青年团"一大"，并在青年团"三大"上当选为团中央总书记，这为他领导全国青年团工作提供了宝贵的经验。

（一）创建和领导天津社会主义青年团

1920年10月，张太雷加入北京共产主义小组后，在李大钊的帮助下，到天津筹建社会主义青年团。11月初，天津社会主义青年团成立，张太雷任团书记。当时在张太雷领导下起草的《天津社会主义青年团团章》中规定，团的宗旨是"研究和实现社会主义"。

在张太雷的领导下，天津社会主义青年团每星期都会开一次讨论会，研究如何深入群众、发展组织，交流彼此了解的社会主义运动情况，讨论革命的理论问题。他们积极到工人中去进行革命活动。天津社会主义青年团建立不久，在张太雷主持下办了一份以工人为对象，研究和指导工人运动的报纸——《劳报》。张太雷常将自己了解到的有关十月革命后俄国的政治经济的改革和马克思主义理论性文章摘译刊登，也发表一些国际上较大的工人运动和北京长辛店、南口以及唐山等地工人生活状况的文章。

（二）主持社会主义青年团的恢复和整顿工作

在早期各地建立的团组织中，普遍存在着思想信仰的分歧问题。分歧的原因复杂，凡遇见一件事情或一个问题各人所提出的解决方法或意见不同，所以结果就不能一致,彼此经常互相冲突。因此,团的"团体规律和团体训练,就不能实行。团体的精神,当然非常不振",再加上经费、人事变动等原因,到1921年5月上海、广州、北京等一些地方团组织,相继出现活动暂行停止的现象。

根据张太雷两次赴苏参加青年共产国际"二大"和"四大"带回的青年共产国际对建团的指示,中国共产党中央局决定由张太雷主持全国社会主义青年团的整顿与恢复工作。他吸取了1920年建团的经验教训,首先明确规定了"社会主义青年团为信奉马克思主义的团体"。在重新制订的团的临时章程中,确定了社会主义青年团"以研究马克思主义,实行社会改造及拥护青年权利为宗旨"。为了加强领导,团的临时章程还规定:"在正式中央机关未组成时,以上海机关代理中央职权。"这样便开始有了临时性的中央领导机构——青年团临时中央局。

(三)筹备并主持召开中国社会主义青年团第一次全国代表大会

1922年5月5日至10日中国社会主义青年团第一次全国代表大会在广州举行,大会共经历6天,举行8次会议,听取了广州、北京、长沙、南京等地代表所作的本地团的情况报告,通过了张太雷等人草拟的团纲、团章和青年工人农民生活状况改良、政治宣传运动、教育运动、中国社会主义青年团与中国各团体的关系等决议案。这里要特别提出的是,大会通过的团的纲领中,除确定了中国社会主义青年团是"中国青年无产阶级的组织",它的奋斗目标是为在中国建立"一切生产工具收归公有和禁止不劳而食的初期共产主义社会"外,第一次明确地提出了中国现阶段革命的三条政治方针:"铲除武人政治和国际资本帝国主义的压迫;工人和农人在各级议会和市议会中应获得无限制的选举权;言论、出版、集会、结社、罢工应有绝对的自由权。"

5月10日,会议最后以无记名投票的方式选举张太雷、高君宇、施存统、蔡和森、俞秀松5人为团中央执行委员会委员,施存统被推选为书记。

(四)筹备和出席社会主义青年团第三次全国代表大会,并当选为总书记

1924年9月,张太雷与蔡和森参加了团中央局会议,决定在党召开第四次代表大会后,召开青年团"三大"。12月27日,任弼时传达中共中央局政治局

的决定：青年团"三大"于1925年1月20日在上海举行，邀请青年共产国际组成大会议案准备委员会。大会新增5项议案：青年团与党的关系问题、团的组织与建设、团的训练、反基督教的奴化教育运动及妇女运动，以此来突出青年团组织工作的进一步细化。会议代表有任弼时、恽代英等。张太雷主持大会并作报告，提出要坚持贯彻中共"四大"的决议，为迎接新的革命高潮做准备；加强团组织的领导，积极组织青年们投身到革命洪流中。

这次大会认真总结了青年团多年的斗争经验和工作得失，提出了团进一步的奋斗目标和未来发展方向。这是中国社会主义青年团发展历史上的一次重要会议，张太雷在会上当选为团中央总书记。之后在张太雷的领导下，团员们积极地以新的姿态、新的面貌参加青年运动和革命活动，为中国大革命运动的开始做了思想上和组织上的准备。

张太雷是青年团的重要创始人之一，是团的卓越领导人和团的忠诚守护者。他在团史上的光辉业绩、他为中国青年运动所做出的努力，将成为各个时代青年心中的一座丰碑，熠熠生辉。

此篇文章内容主要来源于马书静2018年在《实践活动与思想理论》上发表的《张太雷与中国青年运动研究》；胡献忠2019年主编的《中国青年运动纪事长编》之《共青团中央青运史档案馆编》；谭献民和文斌2007年在《南京理工大学学报》上发表的《"团一大"前后共产党人对青年运动方向的探索——以张太雷为例》；蔡文杰、刘玉珊和王岚2011年在《天津大学学报（社会科学版）》上发表的《张太雷在天津的革命思想与实践探析》；郑洸1992年在《中国青年政治学院学报》上发表的《略论张太雷同志在团史上的地位》。

整理：童雨琦、谭雅文、徐菁怡

施存统：共青团的坚强建设者

施存统是上海中国共产党早期组织成员之一，是中国青年团早期组织上海社会主义青年团的发起人之一，是中国社会主义青年团的第一任书记。大革命失败后他由于感觉前途无望而脱党，后来成为民主革命时期的英勇战士，新中国成立后任劳动部副部长。

（一）上海社会主义青年团发起人之一

1920年8月22日，俞秀松受陈独秀委托，以俞秀松、施存统、沈玄庐、陈望道、李汉俊、金家凤、袁振英、叶天底的名义成立了上海社会主义青年团，俞秀松任书记，这是中国最早的青年团组织。上海团组织成立后，向各地寄发团章，此后，北京、天津、广州、长沙、武昌等地相继建立了相似的青年团组织。

（二）全力以赴恢复和发展青年团组织

那一时期党组织和团组织的关系是非常密切的，青年团从一开始就是在中国共产党的领导下建立和发展起来的。但是，早期青年团组织组成成分较为复杂，思想信仰不一，特别是缺乏领导骨干，1921年5月前后，多地的青年团组织处于活动停顿的状态。1921年7月中国共产党成立后，根据青年共产国际和中共中央局的要求，张太雷、施存统等人着手整顿和恢复各地社会主义青年团。1922年1月，施存统从日本回国后，陈独秀派他担任青年团临时中央局兼上海团的负责人，着手恢复社会主义青年团的工作。鉴于以往失败的教训，施存统等人提出恢复后的社会主义青年团是专门信奉马克思主义的团体。这一指导原则上的重大变化，有利于团员思想的统一，促进了青年团组织的迅速发展。团临时中央指示各地团组织重新进行登记，团的工作又活跃起来了。从1921年11月至1922年5月，全国恢复和正式成立的社会主义青年团地方组织有17处，团员总数达到5 000多人。

随着青年团组织在各地陆续成立，召开全国性的青年团大会，建立全国性的、统一的青年团组织的条件已具备，施存统与俞秀松、张太雷、蔡和森等人开始积极筹备中国社会主义青年团第一次代表大会。

（三）当选第一届团中央书记

1922年5月5日，中国社会主义青年团第一次代表大会在广州召开，出席大会的代表共计25人，其中有张太雷、蔡和森、俞秀松、方国昌（即施存统）、邓中夏等人，分别来自上海、北京、广州、天津等15个地方团组织。施存统向大会作了关于青年团临时中央局和上海团的情况报告。会议制定了团的纲领和章程，在团的纲领中对团的性质作了明确的规定："中国社会主义青年团为中国青年无产阶级的组织，即为完全解放无产阶级而奋斗的组织，换句话说，就是要建设一切生产工具收归公有和禁止不劳而食的初期共产主义社会。"这一定性表明，中国社会主义青年团从此成为中国共产党领导下的具有统一思想的组织和中国青年运动的核心。

大会通过投票选举，高君宇、施存统、张太雷、蔡和森、俞秀松当选为团中央委员。施存统在紧接着的团中央执行委员会第一次会议上被推举为团中央书记。此次大会的召开在团的历史上意义重大，它标志着中国社会主义青年团正式创建，大会的成功与施存统等人的努力是分不开的。

团"一大"之后，施存统作为团中央书记常驻中央工作。施存统任团中央书记期间，做了大量的工作。施存统主持团中央工作是卓有成效的，使刚刚成立的中国社会主义青年团显出勃勃生机，这也得到了共产国际的充分肯定。《共产国际给中国社会主义青年团书》中说："最近一期，比较上时间并不多，你们居然能在广泛的中国青年中开展急进的革命工作、青年工人群众间的实际工作，使你们得以巩固发展。从马克思主义的小团体变成几千团员的大组织……中国的青年团已成能组织群众运动的团体，这是你们实际运动中胜利的事实。"

（四）以《先驱》半月刊为阵地，积极引导青年学生运动

在团工作期间，施存统充分利用《先驱》（行文中简称《先驱》）这一宣传阵地，介绍世界无产阶级革命的伟大成就和领袖人物，使中国青年了解世界革命的进展，开阔了视野，鼓舞了斗志，中国青年运动正是通过这一媒介与世界革命息息相关。1922年11月7日，《先驱》第13期出版了《苏维埃俄罗斯五周年纪念号》，施存统为之写了《一九一七年十一月七日》一文，热情歌颂十月革命的胜利，号召"全中国青年无产阶级，都应团结在中国社会主义青年团旗

帜之下,亦即团结在少年国际旗帜之下"。他翻译的《劳农俄国问答》系统介绍了俄国的政治、苏维埃的事业、困难等,澄清了人们对苏俄的错误认识。在《先驱》第15期上,施存统又发表《四个死者,一个精神!》与《李卜克内西和卢森堡》两文,纪念德国无产阶级革命家李卜克内西和卢森堡以及中国青年运动烈士黄爱和庞人铨,并对李卜克内西和卢森堡的生平及事迹作了详尽的介绍。

经过施存统的精心策划和不懈努力,《先驱》以其鲜明的编辑特色成为中国青年运动的阵地,在指导青年团工作以及让团员青年了解社会主义青年团等方面发挥了重要作用。

(五)正确对待关于青年运动问题的争论

施存统作为青年团的主要领导者,在论及青年运动时对青年学生运动所表现出来的这种热切的关注与偏爱,在某种程度上给人们造成青年工作主要是学生工作,青年运动主要是学生运动的错觉,因而引发了一场关于青年运动问题的论争。

施存统认为只有青年工人的运动才是真正意义上的青年运动,而学生运动只能作为青年运动一个小小的范围。与此同时,施存统批评以前的青年运动过分地注重学生运动而忽视青年工人运动。施存统提出以后

图1 《先驱》第13期:《一九一七年十一月七日》

图2 《先驱》第15期:《四个死者,一个精神!》
　　　《李卜克内西和卢森堡》

第二章 历史上的上海大学(1922—1927) 155

青年运动发展的方向是社会主义青年团,核心力量是青年、工人、农民和士兵。他发表《我们青年在中国如何作青年运动》一文,让不了解青年运动的人真正认识青年运动。施存统认为学生运动是没有阶级的,是建立在自利和情感上的,其主张的青年运动是有阶级性质的,并且需要一个不断完善的过程。

为了让人们更清楚地了解社会主义青年团运动,施存统在《中国的青年运动究竟应该怎样?》中提出以下结论:社会主义革命应该以无产阶级为基础,并且要靠无产阶级的力量来完成;中国无产阶级的基础比较薄弱,社会主义青年团不能仅仅依靠无产阶级的力量来完成,还得在很大程度上依非无产阶级的力量来支持。

1923年8月,中国社会主义青年团第二次全国代表大会在东南大学召开,施存统在会上当选为团中央执行委员。然而,由于施存统在担任团中央书记期间,长期夜以继日地忘我工作,已积劳成疾,并患上了严重的神经衰弱症,他不得不辞去团中央书记的职务,改由刘仁静接替。随后,施存统赴上海大学教书。从1922年初开始,施存统主持全国团的工作,虽然只有1年零8个月,但这期间他通过不懈努力,为共青团的建设做出了大量工作,使几乎处于停顿、涣散状态

图3 《先驱》第20期:《我们青年在中国如何作青年运动》

图4 《先驱》第22期:《中国的青年运动究竟应该怎样?》

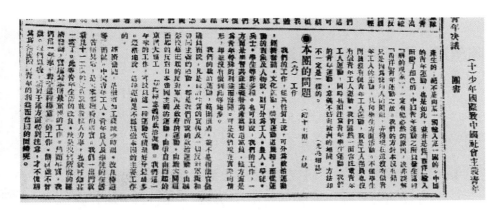

图5 《先驱》第19期:《本团的问题》

的中国社会主义青年团重获生机,也在中国青年运动史上写下了光辉的一页。特别是他在《本团的问题》中论及的建团思想,在当今仍有借鉴价值和现实意义。

此篇文章内容主要来源于窦春芳2013年在《广西社会科学》上发表的《首任团中央书记施存统对中国社会主义青年团的贡献》;白凌2014年在《兰台世界》上发表的《施存统对中国社会主义青年团的创建及贡献》;宋亚文2003年在《辽宁师范大学学报》上发表的《施存统对中国社会主义青年团的贡献》;《先驱》1923年5月10日刊登的《共产国际给中国社会主义青年团书》。

整理:庄佳伊、谭雅文、徐菁怡

陈望道：共青团的精神引领者

陈望道，译出了《共产党宣言》第一个中文全译本，曾任《新青年》编辑，参与多种革命刊物的编辑工作，同时大力支持工人运动的开展，高度关注国内妇女解放运动，为马克思主义中国化的早期探索做出了重要贡献。

（一）从"马克思主义研究会"到"上海社会主义青年团"

1920年陈望道来到上海，同陈独秀、施存统、俞秀松等人学习与研究马克思主义。为了促进对马克思思想的交流与学习，他们成立了两个组织："马克思主义研究会"与"上海社会主义青年团"，而这两个组织一个是早期党组织的雏形，一个是早期团组织的雏形。

1920年，陈望道在编辑《新青年》《觉悟》等刊物时，经常同陈独秀、李汉俊、李达等人在《新青年》编辑部研讨中国社会的改革问题。他们认为这个时候已经有建立中国共产党的必要。于是，就在《新青年》的编辑部成立了"马克思主义研究会"，陈望道直接参与组织上海马克思主义研究会，成为中国共产党上海发起组的成员。陈望道曾在回忆中说到，这个组织是秘密的，陈独秀、李达、沈雁冰、李汉俊、陈望道、邵力子等都参与其中，入会没有明确的规定，也没有组织的纲领。起初只要有兴趣人们就可以参加，后来就严格了。当时，中国共产党上海共产主义小组于1920年8月在上海正式成立。

1920年8月22日，在中国共产党早期组织的领导下，中国第一个社会主义青年团——上海社会主义青年团，在上海法租界霞飞路新渔阳里6号（今淮海中路567弄6号）成立。当时团的发起者有俞秀松、施存统、沈玄庐、陈望道、李汉俊、叶天底、袁振英、金家凤等8人，由俞秀松担任书记。

9月，上海外国语学社成立，这是在上海共产主义小组领导下建立的一所干部学校。学校实际上是共产党小组和青年团的公开活动场所，当年一大批共产主义小组成员频繁出入这里，开展了一系列党的工作和活动。学社学生主要学习俄语和革命理论，陈望道也经常到学校讲授《共产党宣言》，介绍马克思主义的新思潮和对一些时政的评论。同时，陈望道还积极参与共产主义小组出版的内部月刊《共产党》的创刊工作，这份月刊主要介绍马克思列宁主义关于建党的理论以及俄国共产党的建党经验，为中国共产党的成立奠定了理论基础。

(二) 指导与影响共青团的良师益友

陈望道热心于帮助有志青年。五四运动后,许多有志青年听闻马克思主义,便追随《新青年》来到上海。这批青年初到上海,并没有居所,而陈望道为他们安排住处,并且补习功课,从其中发展了最早一批团员。陈望道为广大青年"补习功课"的处所就是上海社会主义青年团的"外国语学社"。学生评价陈望道讲课生动具体,能够言简意赅地道出其中的关键,能帮助青年更好地理解马克思主义思想。团早期的革命思想,陈望道的工作在其中功不可没。陈望道是团早期思想培养、政治培养的引领者。可以说,早期团员的思想导师是马克思,而精神老师是陈望道。

1920年11月,上海机器工会在外国语学社正式成立,在陈望道等人指导下制定的工会宗旨就是"谋本会会员利益,除本会会员痛苦",明确指出不要成为资本家利用的工会、政客和流氓把弄的工会、同乡观念的工会。邮电工会和印刷工会其实也是为了配合马克思主义的宣传而创建的。陈望道还经常深入工人中间,发表关于劳动联合的演讲,向工人进行宣传马克思思想,提高工人的思想觉悟。这是中国第一批在马克思主义指导下成立的工人阶级组织,

图1 陈望道在柴房翻译《共产党宣言》的模拟场景,摄于中国社会主义青年团中央机关旧址纪念馆

图 2 《共产党宣言》,陈望道译本

初期的工人运动是为了启发和培养工人的阶级觉悟,而工会的成立是中国的革命知识分子同工人运动相结合过程中的巨大成果,为中国共产党的成立提供了组织上的准备。

虽然陈望道没有在中国社会主义青年团中担任职务,但是他是团建立过程中思想的引领者,他的学生施存统、俞秀松和叶天底都在团中担任了重要的职务,而他的学生们充分运用马克思主义,积极参与团的建设、团的发展。

陈望道呼吁劳动者要真正联合起来,才能保护劳动者的利益和生命,还在《觉悟》等刊物上发表了多篇有关工人运动的文章,例如《反抗和同情》《劳动联合》《罢工底伦理的评判》等,他以饱满的革命精神,以文字为武器,号召工人群众起来斗争。

陈望道等一批具有初步共产主义思想的知识分子,以上海共产主义小组为组织阵地,在工人群众中开展了大量的宣传、组织活动,向工人阶级灌输社会主义意识,这些运动有力地促进了马克思主义同中国工人运动的结合,推动越来越多的民众逐步认清帝国主义、封建势力和反动当局的本质,意识到只有推翻帝国主义和封建主义,才能改变中国半殖民地半封建社会的现状,才能获得自由和解放。

陈望道是我国马克思主义的早期传播者、共青团精神的引领者,他给团培养了一批批有生力量。在早年的革命生涯中,他始终站在时代浪潮与进步思潮的最前线,毕生都在追求真理和进步。

此篇文章内容主要来源于邵雍2019年在《上海党史与党建》上发表的《五四运动后陈望道对建团的贡献》;宁树藩2011年在《安徽大学学报(哲学社会科学版)》上发表的《陈望道与中国共产党的创建——〈关于上海马克思主义研究会活动的回忆〉一稿的回顾》;吴远远2014年硕士论文《陈望道与马克思主义中国化》;陆珠希、王长金2015年在《观察与思考》上发表的《陈望道与中国早期马克思主义的传播》。

整理:张聪、谭雅文、徐菁怡

李汉俊：共青团的"马克思主义老师"

李汉俊，早年留学日本，接受马克思主义思想体系。回国后积极宣传马克思主义，成为中国最早的马克思主义启蒙者之一。他是中国共产党发起组成员、中国共产党第一次代表大会代表，还参与发起中国社会主义青年团。

（一）以笔为戎，极力宣传马克思主义

1918年底，李汉俊毕业回国，从日本带回了大量英、德、日文的马克思主义书籍和报刊，随后以极大的热情和忘我的精神昼夜伏案翻译和写作，积极研究、宣传马克思主义。回上海后不久，他就参加了《星期评论》周刊的编辑工作，并成为主要撰稿人，随后又在《新青年》《民国日报》《妇女评论》《建设》《小说月刊》等上，以人杰、汉俊、汗、先进、海晶等笔名，发表宣传马克思主义和支持工人运动的文章与译文90余篇。并在党的历史上第一次提出阶级论，驳斥了张东荪等人鼓吹的资产阶级改良主义的谬论。

图1 李汉俊翻译的《马格斯资本主义论入门》，摄于中国社会主义青年团中央机关旧址纪念馆

李汉俊和陈独秀校对了陈望道翻译的《共产党宣言》中文全译本，并帮助李达从德文补译部分《唯物史观解说》。《新青年》成为党的机关刊物后，交由李汉俊和陈望道主编，同时他还积极为《共产党》月刊撰稿，担任《劳动界》周刊主编。

（二）发起上海社会主义青年团，进一步团结青年

1920年8月，陈独秀、李汉俊等在共产国际远东局代表维经斯基的帮助下，建立起中国最早的共产主义组织——上海共产党。上海党组织成立后，除了宣传马克思主义、开展工人运动、指导各地建党外，还进行了建团工作。五四运动以后，许多进步知识青年怀着反帝反封建的爱国热情，离开学校和家

庭,来到上海《新青年》杂志社等处,寻找出路。

为了团结教育广大进步青年,陈独秀、李汉俊等人决定建立上海社会主义青年团。1920年8月,社会主义青年团在渔阳里6号成立,当时简称"S.Y."(英文"社会主义青年团"的缩写)。俞秀松任书记,主持团务。最初只有8名团员,不到一个月,就达到30多名。

图2　上海社会主义青年团旧址,摄于中国社会主义青年团中央机关旧址纪念馆

(三)在外国语学社,发展青年团员力量

党一开始就把青年团看成是自己的助手和后备军。为了教育和训练青年,给党和青年团培养干部,党的上海发起组以青年团的名义,在法租界渔阳里6号租了一幢两楼两底的房子,创办了"外国语学社",由维经斯基的夫人和翻译杨明斋(俄籍华侨、苏共党员,随维经斯基来华)教授俄文,李汉俊担任法语教员。

由于上海外国语学社是上海共产主义小组与上海社会主义青年团为掩护革命活动、培养革命干部和输送青年团员到苏俄学习,以公开名义招生的学校,当时党和团组织的一些重大活动都集中在这里进行。比如,为帮助团员提高政治觉悟和学习马克思主义理论,团内每周都要举行一次政治报告会,有时还会邀请陈独秀、沈玄庐、李达等人去演讲。1921年1月,上海发起组成立职工运动委员会,由俞秀松、李汉俊等具体负责,领导电车工人、烟草工人相继举行罢工。

来自全国各地共产党和青年团组织选送的几十名进步学生,聚集在外国语学社学习外国语和马列主义基础知识。从1921年3月起,外国语学社选送刘少奇、任弼时、罗亦农、萧劲光等学员,分三批赴莫斯科东方劳动者共产主义大学学习,为党的早期建设和储备革命的骨干力量做出了重要贡献。

(四)创办《劳动界》,探索马克思主义与工人运动的结合路径

为了向工人传播马克思主义,启发工人觉悟,陈独秀、李汉俊等人创办了

《劳动界》。1920年8月15日,《劳动界》问世,由新青年社公开出版。两天后,该报发起人李汉俊、陈独秀在上海《民国日报》发表启事:"同人发起这个周报,宗旨在改良劳动阶级的境遇",希望"本报成一个中国劳动阶级有力的言论机关"。《劳动界》每周1册,星期日出版,1921年1月23日出版最后一册,前后共计出版24册。该报还设有演说、小说、国内劳动界、本埠劳动界、国外劳动界等专栏。为方便工人阅读,《劳动界》刊载的文章短小精悍、生动活泼、通俗易懂。该报撰稿人主要有陈独秀、陈望道、沈玄庐、陈为人、卜士畸、袁实笃、吴芳、李汉俊等人。

《劳动界》虽然仅存在了五个多月,但该报的创办为中国共产党探索将马克思主义与工人运动相结合的路径积累了经验。通过《劳动界》,党团组织锻炼了一批与工人密切接触的优秀青年,他们深入工人生活,向工人传播马克思主义,努力解决工人们面临的困境。《劳动界》的出版也使得一部分工人思想日渐觉悟,他们意识到联合起来组成团体的重要性,并开始付诸实际建立工会,为谋取切身利益进行有力的斗争。

此篇文章内容主要来源于别国庆2007年在《党史天地》上发表的《李汉俊在建党前后的"十个第一"》;李丹阳2007年在《上海革命史资料与研究》上发表的《李汉俊与中国工人运动》;郝淑霞2012年在《党史研究与教学》上发表的《中共创办的第一所外语学校——上海外国语学社》;肖甡2010年在《上海党史与党建》上发表的《中共上海发起组的核心领导作用》。

整理:吴子萱、谭雅文、徐菁怡

蔡和森：共青团纲领的起草者

蔡和森是中共早期的青年运动领袖和青年团早期的重要领导人。他参与了中国社会主义青年团第一次全国代表大会的筹备和中国社会主义青年团纲领等重要文件的起草。他还是中国旅欧青年团组织的创建人之一。青年团成立后，蔡和森当选为第一届团中央执行委员，担任宣传部主任，是青年团中央核心成员之一，为中国社会主义青年团的创建做出了重要贡献。

（一）参与起草共青团团纲

在1922年5月1日召开的青年团一大第一次筹备会议上，蔡和森与邓中夏、陈公博、张太雷、俞秀松、施存统被推举为中央执行委员，其中蔡和森起草了纲领。

这次青年团代表大会无疑是中国社会主义青年团正式创建的标志。从大会

图1 团"一大"代表签到表，摄于中国社会主义青年团中央机关旧址纪念馆

筹备到文件起草，再到审查通过各项决议案，蔡和森无不参与其中，并发挥重要作用。特别是起草团的纲领需要较高的理论水平，蔡和森负责起草团纲，也足以说明蔡和森当时在青年团中的重要地位。

（二）开拓共青团的宣传阵地

1921年回国以后，蔡和森参与临时团中央工作，青年团"一大"后担任团中央执行委员并负责宣传工作，在青年运动的宣传工作方面做出了重要贡献。

一是发挥《先驱》宣传和指导青年团工作的作用。蔡和森在团刊发表一系列有影响的文章，如针对胡适等人在《我们的政治主张》中提出在中国建立"好人政府"的主张，蔡和森发表《批评"好政府"主义及其主张者》。

法，是要邀請國民黨等革命民主派及革命的社會主義各團體開一個聯席會議，在上列原則的基礎上共同建立一個民主主義的聯合戰線，向封建式的軍閥繼續戰爭；因為這種聯合戰爭，是解放我們中國人受列強和軍閥兩重壓迫的戰爭，是中國目前必要的不可免的戰爭。

中國共產黨中央執行委員會一九二二年六月十五日

批評

批評「好政府」主義及其主張者

努力週報第二號所發表的「我們的政治主張」，他所標揭的政治改革目標為「好政府」，他們以下的話都是接着這個目標說的，我們現在就他們這個目標批評一下。

第一，我們要知道政治上的「好」「壞」，乃是一種政治上的現象。我們不可拿政治現象的形容詞作為政治改革的目標。比如專制政治之下，也有好政府或壞政府，民主政治之下，也有好政府或壞政府，這種政治現象問題，我們當作別論，萬不可拿他當作政治改革目標。

第二，我們要知道好政治與壞政治，不是幾個好人或幾個壞人弄成的，乃是一派怎麼特殊勢力或特殊階級弄成的。舉個具體的例說罷：弄壞中國政治經濟的袁世凱，段祺瑞，馮國璋，徐世昌，靳雲鵬，鮑貴卿，梁士詒，葉恭綽，曹汝霖，陸宗輿輩，是誰擁護他們出台的，不是北洋派的惡勢力和封建式的武人階級擁護他們出台的嗎？

然則我們就去問好政府的主張者了：在北洋派武人勢力的基礎之上，可建立為「好政府」嗎？現在主持政變的不是要維持北洋派正統的特殊勢力嗎？假使你們若真要「平心降格」在這種特殊勢力之下來實現「充分運用政治機關為社會全體謀充分的福利；充分容納個人的自由，愛護個性的發展」之好政府，那末，你們未免太空想，太滑稽，而且太不努力了！

英法的政府，在你們看來，一定是好政府了。但是英國的呢，英國資產階級與封建階級的爭鬥，

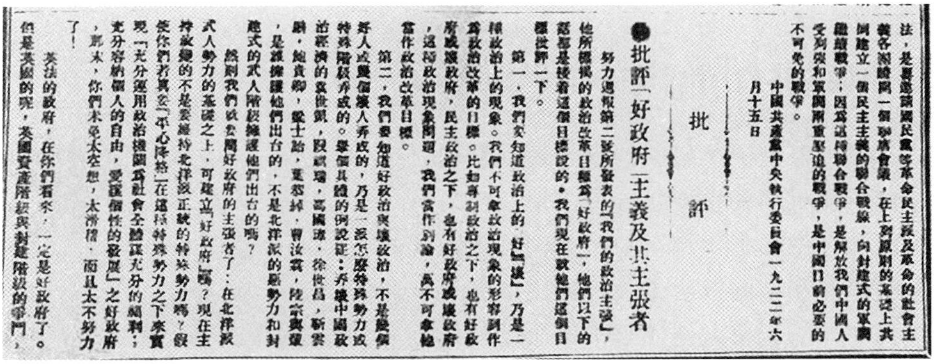

图2 《先驱》第9期:《批评“好政府”主义及其主张者》

中國社會主義青年團中央執行委員會印行

先驅

一九二二年六月二十日出版

THE POINEER.

An Organ of the Central Exicutive Committee of the Socialist Youth League of China

第九號

每份零售銅元兩枚

特載

中國社會主義青年團對於政變的宣言並答復中國共產黨的主張

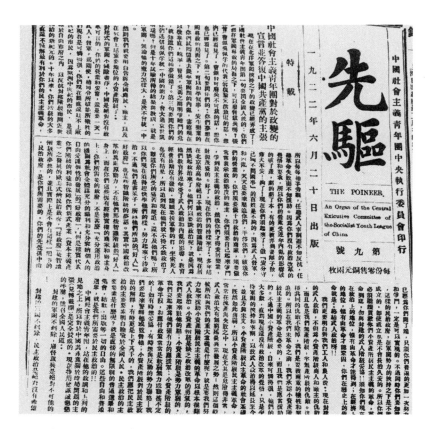

图3 《先驱》第9期:《中国社会主义青年团对于政变的宣言并答复中国共产党的主张》

二是组织开展青年团的宣传活动。蔡和森修正了"一星期宣传"办法,旨在把团从狭小的组织变成青年劳动者的群众组织,后由团中央执行委员会作为通告发出;提出了"本团对于时局问题应取的方针和态度"议案,经团中央执行委员会会议讨论通过。

三是宣传团的政治主张和理论。《先驱》刊登《中国社会主义青年团对于政变的宣言并答复中国共产党的主张》,文章指出:"封建式的军阀不铲除干净,中国是绝对没有政治改革可言的。"

四是最先提出"打倒国际帝国主义"和"打倒军阀"的口号。蔡和森在青年团第一次代表大会上提出"反对帝国主义""打倒军阀"的口号,为社会主义青年团第一次代表大会和第一次劳动大会所采纳,并且在团刊首次提出"打倒国际帝国主义"的口号。

(三)旅欧中国早期青年团组织的重要创建者

早在留法期间,蔡和森在工学世界社大会上提出成立少年共产党。他回国后,留在法国的周恩来、赵世炎、李维汉等共同建立了"旅欧中国少年共产党"。

图4 工学世界社第一次年会上的成员合影,一排左四为蔡和森

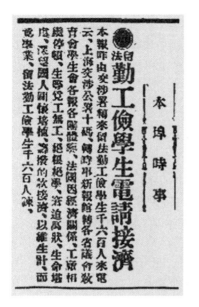

图5 上海《时事新报》1921年2月22日刊载的《留法勤工俭学生电请接济》信函

蔡和森还代表中共中央参与讨论和推动旅欧团组织加入中国社会主义青年团的问题。1923年1月27日,蔡和森代表中共中央出席团中央执行委员会议,参与讨论了旅欧中国少年共产党正式加入本团的问题,听取了李维汉的报告。会议讨论批准了他们正式加入中国社会主义青年团的请求。

后来,团中央正式同意旅欧少年共产党加入中国社会主义青年团,并定名为"中国社会主义青年团旅欧总支部"。1923年2月,旅欧中国少年共产党举行临时代表大会,正式改名为"旅欧中国共产主义青年团",明确规定"中国社会主义青年团中央执行委员会为本团上级机关"。

蔡和森积极参与党的青年运动,重视加强青年团的组织建设,重视青年运动的宣传与思想指导。积极宣传党的青年运动政策,推动党的青年运动的发展。他不仅是中国早期的青年运动领袖之一,而且是中国社会主义青年团的创建人和早期重要领导人之一。

此篇文章内容主要来源于李翠平2016年编著的《历代湘潭著作述录》;李永春2012年在《党的文献》上发表的《蔡和森与中国社会主义青年团的创建》;李永春2011年编写的《湖湘文库蔡和森思想研究》;黄中军2008年编写的《论湖南留法勤工俭学运动》。

整理:马欣邑、徐菁怡

邓中夏：共青团的主要创建人

邓中夏是中国社会主义青年团的主要创建人和早期领导人之一。他不仅参与创建北京社会主义青年团，而且筹备和参加团"一大"，创办团刊《先驱》，对创建中国社会主义青年团组织做出了重要贡献。

（一）对社会主义青年团创建的贡献

1920年8月上海社会主义青年团建立后，向全国各地的共产主义者发出团的章程，倡议在各地建立团的组织。同年10月，邓中夏与张国焘、高君宇等人在北京秘密筹备成立社会主义青年团。这一时期，北京团组织迅速发展，其活动和影响仅次于上海团组织。1921年11月26日，北京团组织举行恢复活动后的第一次全体团员大会，确定主要工作是学生会方面联络活动和在学生中吸收同志，在组织上设立调查、宣传等四股制及委员制。邓中夏认为，青年团与共产党的性质不同，不能用党员的标准要求团员。进而指出：许多青年虽然对马克思主义认识不够，但他们痛恨现制度，赞成革命，应该对这些青年团结教育，使他们与马克思主义者"协力同心"。这一主张得到多数与会者的赞同，邓中夏被推举为团章修改员。1921年12月团北京地方执行委员会成立，邓中夏当选为书记。

1922年1月15日，《先驱》在北京创刊，邓中夏和刘仁静负责主编。从《先驱》创刊伊始，邓中夏具体负责约稿、改稿及校对、发行诸事，所以《先驱》办得

图1 《先驱》创刊号

有声有色，在团内外影响很大，因此遭到北京政府查禁。团临时中央局决定《先驱》第4期由施存统编辑，从第5期起迁至上海出版。

1922年2月22日，团临时中央局议决召开青年团全国大会，主要内容是议决正式章程，组织正式中央机关，以联络统一全国青年团运动。4月上旬，邓中夏与金家凤在团北京地委会议上被选举为出席全国大会的代表，肩负着向大会详细报告北京团组织工作的重任。作为北京团组织的主要负责人，邓中夏参加了团“一大”的筹备工作，在第一次筹备会上讨论了组织委员会办理大会事务问题、提案问题、大会主席问题、大会记录等事项。

（二）在中共中央工作期间对团工作的指导

邓中夏在中共“二大”当选为中央执行委员，在中共“三大”当选为中央候补执行委员，在此期间他始终关注和指导团的工作，为全国团组织的发展做出了贡献。

1922年12月15日，邓中夏代表中共中央出席团中央局执委会议，讨论“中央改组后工作分配问题”“S. Y. 职员专任问题”“先驱印刷及发行问题”“整顿北京地方团问题”“湖南设区执行委员会问题”等事项。

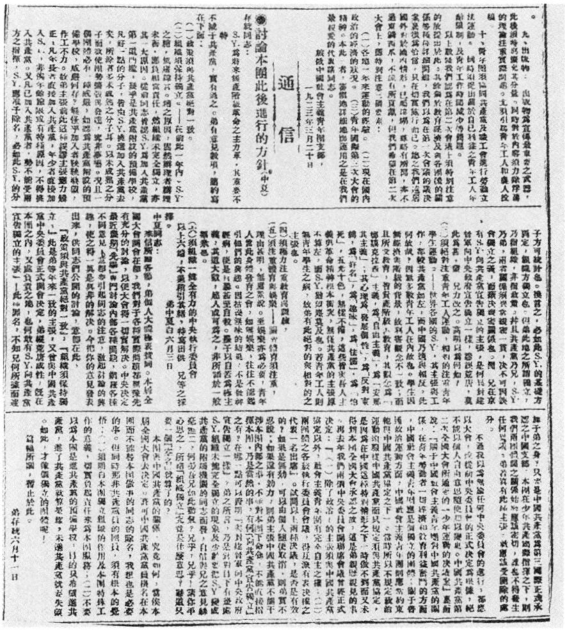
通信

討論本團此後進行的方針（中夏）

图2　《先驱》第22期：《讨论本团此后进行的方针》

1922年12月，邓中夏代表中共中央出席团北京地方执委会会议，并且在会上作报告。邓中夏对北京团组织的工作提出很多具体的要求。

1923年6月3日，邓中夏在上海给团中央书记施存统写信，提出了关于团工作的六点建设性意见，信中着重讨论了团组织的独立问题，提出实行党团员分化的办法。该信以《讨论本团此后进行的方针》为题,发表于《先驱》。

(三)在团中央工作期间对团组织建设和发展的贡献

1923年8月,邓中夏当选为第二届团中央执行委员会委员和临时中央局委员长,主持团临时中央局工作。同年9月29日,团中央局正式成立,邓中夏当选为中央局会计,职责是"在中央督察之下,管理本团财政行政,并对于各区各地方及本团一切机关之财政行政负责"。1924年团中央扩大执委会第一次会议选举邓中夏为中央常务委员会兼组织部主任,其职责是"管理本团各地方及区之组织与发展"。

团中央"因欲急速解决本团种种困难问题",于1923年6月12日向各地发出关于召集第二次全国代表大会的通知,邓中夏参与团"二大"的筹备工作。8月21日,邓中夏作为中共中央代表出席团"二大"的开幕式,并被推举为大会主席团成员、青年工人运动委员会、教育与宣传委员会委员。会议选举邓中夏、林育南等七人为中央执行委员。

邓中夏在团中央工作期间与地方团组织及其负责人频繁通信,具体指导地方团开展工作。据对《邓中夏年谱》有关资料的统计,从1923年9月至1925年1月5日,邓中夏收到地方团组织或个人来信80多封,发出信件10多封,交流或指导团的工作。

邓中夏多次代表团中央局巡视地方团工作。团中央关于地方团组织问题的研究和决定,为地方团组织的巩固和发展打下了良好的基础。

百年赤心,光耀中华。邓中夏以一个共产党员的责任意识、坚定信念和钢铁意志,将一生无私地奉献给了党的革命事业和中华民族的解放事业,留给后世一笔宝贵的精神财富。邓中夏烈士虽已远去,但党和人民没有忘记他。

此篇文章内容主要来源于李永春、暴红博2014年在《毛泽东研究》上发表的《邓中夏对创建和发展社会主义青年团的贡献》;《天津日报》2021年7月1日刊登的《邓中夏:重建天津社会主义青年团》。

整理:庄子泓、徐菁怡

二、上大新青年与进步报刊

《向导》周报：党的第一份公开发行的机关报

（一）《向导》周报简介

《向导》周报于1922年9月13日在上海创刊发行，经中国共产党第二次全国代表大会会议决议出版，是中国共产党中央委员会的第一份公开发行的政治机关报。1923年12月，在北京大学成立25周年纪念日举办的民意测验中，《向导》周报获得各界读者"爱读票"220票，名列全国周刊第一名。

该报主要发表时事政治评论文章，以宣传党的纲领、路线、方针、政策、指导群众斗争为主要任务。设有"中国一周""世界一周""通信""读者之声""什么话"等专栏，共出版201期。

《向导》周报发刊词说："现在最大多数中国人民所要的是什么？我们敢说是要统一与和平。""现代民主政治，若不建设在最大多数人的真正民意上，是没有不崩坏的。"因此，"我们中华民族为被压迫的民族自卫计，势不得不起来反抗帝国主义的侵略，努力把中国造成一个完全的真正独立的国家。"可以说《向导》周报自诞生之初就是党舆论宣传的重要阵地和平台，为打倒军阀统治，驱逐外族侵略，实现中华民族独立和复兴创造了良好的舆论氛围。

图　《向导》周报创刊号

(二)《向导》周报的创办历史

在中共早期所办报刊中,《向导》周报是最为持久的,其发行所的流动也最为频繁,从上海辗转至北京、广州、武汉等地。当时对于许多报刊而言,被当局封禁后往往不得不停刊。而《向导》周报之所以能够持久存在,除了共产党人百折不挠的坚强意志外,还得益于其发行所流动变化的灵活策略。

1922年9月13日,《向导》周报在上海创刊,编辑部设在上海老西门肇浜路兰发里3号(今复兴东路1047弄),由一家叫光明印刷厂印刷发行。作为中共中央的机关报,《向导》周报刚一出版就引起国民党上海当局的警惕。由于受到反动势力的阻挠、破坏与镇压,报纸在发行第五期后就被公共租界工部局查禁。

1922年10月,《向导》周报随中共中央迁往北京,在北京后门内景山东街中老胡同1号编辑出版,第六、七期的《向导》周报便是在此地发行的。

1923年"二七"惨案发生后,《向导》周报被迫南迁广州,4月18日在广州昌兴新街28号公开出版发行。

1923年5月至1924年10月,《向导》周报在杭州出版了第26—86期。接着由从杭州迁往上海英租界上海大学出版。

1924年12月9日,编辑部遭到租界帝国主义巡捕搜查。为了安全起见,《向导》周报封面上标明在杭州、广州、北京等地出版,但实际仍在上海出版。

1926年底,《向导》周报编辑部从上海迁到汉口后成马路(今中山大道)的长江书店。

1927年7月18日,《向导》周报在武汉停刊。

(三)《向导》周报与上海大学

上海大学社会系教授蔡和森是《向导》周报的首任主编,也是主要撰稿人之一,他单独署名文章130余篇,与向警予一起以"振宇"联合署名文章36篇。从内容上看,这些文章主要有揭露英美等国家对中国的殖民主义侵略罪行、国内军阀的黑暗统治、宣传国共合作、论述工农革命斗争的重要性和介绍俄国、土耳其等国外革命情况。

上海大学社会学系彭述之、瞿秋白也是《向导》周报的主编与主要撰稿人。彭述之撰文70余篇。彭述之在中共"四大"上当选为中央委员,任中央宣传部主任,主管《向导》周报。1923年1月,瞿秋白从莫斯科回国后,参与《向导》周报的编撰工作。1927年4月,瞿秋白接替彭述之任《向导》周报主编,其间共撰文60余篇,如《政治运动与智识阶级》(第18期)、《中国之地方政治与封建制度》(第23期)等,介绍和宣传马克思主义,分析中国社会经济状况和阶级关系,探讨和总结中国革命的根本问题。

除蔡和森、彭述之、瞿秋白三位主编外,《向导》周报的编辑人员也是主要撰稿人,如上海大学社会系教授张太雷、郑超麟等,他们既负责编辑、组稿、通讯和联络工作,也负责写稿,常用"记者"名义写"按语"或回答读者来信。郑超麟1924年从莫斯科回国后,负责《向导》周报的编辑、出版和发行工作,撰写、翻译文章80余篇。

上海大学现代经济学教授安体诚也常为《向导》周报撰稿,宣传革命道理和马克思主义理论;上海大学社会系教授萧楚女为《向导》周报撰写了大量时评、社论,成为党内著名的理论家。上海大学社会系学生、五卅烈士何秉彝也曾在《向导》周报上发表过《帝国主义蹂躏上海大学的追记》等文。

沈雁冰(茅盾)在其回忆录里这样写上海大学:"它有个书摊,卖《新青年》《向导》《中国青年》和其他社会科学的书,这都是当时上海其他大学所没有的。"

许多上海大学学生都热爱阅读《向导》周报、《新青年》等报刊,读报是当时的上海大学学生的普遍现象。如上海大学社会系学生胡允恭在其回忆录里写到,曹渊(上海大学旁听生)向自己借阅了《新青年》、《向导》周报、《共产党宣言》等进步书报和马克思主义的著作,并夜以继日地阅读,这对曹渊思想影响极大;上海大学社会系学生陈明创办了奇山书社,集资购买了《新潮》《新青年》《向导》周报等进步书报,共同学习和研究,探索救国救民的道理。正因为上海大学有着活泼民主的校风,先进的思潮得以在上海大学自由流通,上海大学才能培养出众多优秀的革命人才,为中国的革命事业做出了卓越的贡献。

中共中央机关刊物《向导》周报的通讯处,一个是北京大学,另一个就是上海大学。如此,上大与北大之间的联系也紧密起来,以至于当时流传有"北有北大,南有上大"的说法。

1925年1月,中共四大在上海召开,并通过《对于宣传工作之议决案》,强调宣传、发行《向导》周报的重要性,"党的支部是我们党的基本教育机关,我们应在每次会议注意于政治报告和党的策略之解释,以及内外宣传遇有困难的报告和讨论,并且在有些支部,宣读并讲解'党报'、《向导》都有必要"。重要的是,《向导》与上大支部间形成紧密的联系。

党在上大的活动及《中国青年》《向导》周报的发行引起了上海外国租界工部局警探的注意。1924年11月工部局闯入上大第二院中学部图书馆,没收《社会进化史》《新青年》《民族主义》《上海大学周刊》等书报、杂志;12月工部局从上大搜出340本类似于社会主义性质的俄文书籍;同月邵力子因上大出售《向导》周报的事情而遭工部局传讯,邵力子在法庭上声明上大是研究学问的地方,学生阅读这些书籍,是基于研究学问的需要,上大不是"过激派"和"赤化"之地。

在中国共产党早期所办报刊中,《向导》周报的影响力是最大的。它在宣传马列主义和党的方针政策、动员组织群众、推动革命前进等方面都发挥了重要作用。众多读者信任和赞美《向导》周报,认为它是"四万万踏在国内外强盗脚下苦难同胞的赤卫军之先锋队",是"在黑沉沉底下的中国的一线曙光",是"四百兆同胞的救命符","唤醒了不少在迷梦中的青年"。在当时的中国新闻界,它被誉为"真敢替受压迫的工农阶级呼冤而确能指示民众以革命大路的"报刊,是"国民革命的导师,也是工人阶级的喉舌"。

此篇文章内容主要来源于傅振刚、徐有理1989年在《郑州大学学报(哲学社会科学版)》上发表的《〈向导〉周报的创刊与蔡和森的历史贡献》;蔡铭泽2004年著的《〈向导〉周报研究》;王大龙2010年著的《红色报刊集萃》;鲁红梅2021年在《传媒》上发表的《〈向导〉周报的编辑宣传策略及其时代启示》;张秀丽2017年在《新闻爱好者》上发表的《〈向导〉周报的编辑出版与当代启示》;胡允恭1985年著的《金陵丛谈·忆曹渊同志》;胡申生2020年编著的《从上海大学(1922—1927)走出来的英雄烈士》;刘长林、王君峰2021年在《新文科教育研究》上发表的《中共在上海大学传播马克思主义的历史经验》。

整理:郁展泓、王雪岚

《先驱》半月刊：团的第一份机关刊物

（一）《先驱》半月刊简介

《先驱》是中国社会主义青年团的第一份机关报，其创刊目的是为了扩大青年团的影响，加强对团员的教育，推动青年运动。

《先驱》于1922年1月15日在北京创刊，《先驱》发行之时，《新青年》休刊，《向导》尚未发行，使得《先驱》成为非常重要的文化和宣传阵地。《中国共产党对于时局之主张》等许多重要文章都是在《先驱》刊载的。《先驱》是一个半公开性质的刊物，主要读者对象是青年学生和一般知识分子。

《先驱》的发刊词中说：要把"努力研究中国的客观的实际情形，而求得一最合宜的实际的解决中国问题的方案当做第一要务"；"还要介绍各国社会主义运动的成绩和失败之点，以供我们运动的参考。我们特别注意的是俄国革命的状况和革命以后的建设"；而"本刊的任务是努力唤醒国民的自觉，打破因袭、奴性、偷懒和倚赖的习惯而代以反抗的创造的精神，使将来各种事业，都受着这种精神的支配而改变。我们的政治，以后就不至于这样黑暗，我们达到理想的社会——共产主义的社会——的道路，也就容易的多了！"

《先驱》开宗明义地把共产主义作为自己的目标，如第1期为德国马克思主义者李卜克内西（当时译作"里布克奈西特"）和卢森堡的纪念专号；第5期为"国际青年共产运动号"，在中缝刊登了《中国社会主义青年团临时章程》，并从第5期开始，在报纸的"天头"处印有："中国无产青年团结起来呵！""世界无产青年团结起来呵！""世界青年无产阶级团结起来！"

（二）《先驱》半月刊创办历史

1922年，中国社会主义青年团初创阶段，一批地方性团刊涌现出来，其中由北京地方团组织创办的《先驱》影响最大。

《先驱》大体上经历了三个时期：北京地方团机关报时期；团上海临时中央局机关报时期；团中央执行委员会机关报时期。

《先驱》前3期由北京地方团组织主持，由于受到北洋军阀政府查禁，从第4期起迁至上海出版，成为中国社会主义青年团中央临时中央局的机关报。作为团中央刊物的《先驱》，第4—15期的宣传内容，开始初步具备青年团中央机关刊物的性质。内容较之以往趋向多样，开始配合实际的青年革命运动进行宣传，出现大量革命纪实文章，初步提出了青年革命的方向与号召。其基本内容是介绍国际共产主义运动和青年运动的状况，评述中国青年思想和青年运动的现状，宣传马列主义和中国共产党的新主张，报道团的活动和刊载团的文件等。

从第8期起改由中国社会主义青年团中央执行委员会出版。这期为"中国社会主义青年团第一次全国大会号"，刊登了有关这次会议的报道、《中国社会主义青年团纲领》、《中国社会主义青年团章程》以及大会做出的有关工人运动、宣传运动、教育运动、团与其他团体的关系等决议案。

从第9期起，《先驱》在刊名前即明确标明"中国社会主义青年团中央执行委员会印行"的字样。

从第16期起，《先驱》的办刊活动和主要内容开始聚焦团的建设方面，并为中国社会主义青年团第二次全国代表大会的召开做好安排部署。

1923年8月，中国社会主义青年团在南京召开第二次全国大会。会上总结了团工作的经验教训，在《关于中央执行委员会报告的决议案》中，还就《先驱》编辑工作中存在的问题作了检讨。会议之后，团中央决定《先驱》停刊，改出《中国青年》周刊。

（三）《先驱》半月刊与上海大学

《先驱》设有评论、政治短评、通信、译述、讨论、随感录等栏目。上海大学社会系教授蔡和森、施存统、李达及上海大学校务长邓中夏等人都是《先驱》的主要撰稿人，邓中夏、施存统、蔡和森先后任主编。

自第4期起《先驱》迁至上海出版，改由青年团临时中央局编译出版，成为团中央机关刊物，上海大学社会系教授施存统任主编。《先驱》共出版了25期，施存统担任其中十余期的主编，是任期时间最长的，也是最主要的撰稿人之一。施存统回忆道："团中央当时只有我一个人拿薪水，《先驱》刊物的出版工作，从约稿、写稿、编辑到校对、跑印刷厂，都是我一个人干。"施存统的《本团的问题》一文长达24 000字，全面阐述了团的性质、政策、任务、宣传及经营等方面的问题，分四期载于《先驱》，是中国社会主义青年团历史的珍贵资料。

《先驱》第8期改由中央执行委员会编辑出版，上海大学社会系教授蔡和森主编。在其主编的《先驱》第8、9、10期上，除出版《中国社会主义青年团第一次全国代表大会号》专刊外，还发表了《批评"好政府"主义及其主张者》《现在还是政治战争时代并不是"法统"战争时代》等一系列颇有见地的文章，帮助广大青年树立反帝反封建的民主革命理想。除此之外，蔡和森在主编《先驱》时，为团中央起草了许多文件和通告，推动了团中央执委会议讨论和制定《先驱》的编辑、发行和管理办法，完善和制定了《先驱》的宣传办法，为团刊的编辑和出版发行建立了一套完整的制度，奠定了青年团宣传教育事业的基础。

《先驱》虽然只存在了一年半时间，但蔡和森、李达、邓中夏、施存统等一批文化精英经常在该刊发表政论文章，在宣传中国共产党政治主张方面起到了重要作用。

《先驱》指明了青年革命运动方向，对青年群体发出了革命号召。无产阶级革命家方志敏自述，他在1922年仲夏看了《先驱》后，"非常佩服它的政治主张。它提出结成民族统一战线，打倒帝国主义，打倒军阀，在当时确为正确不易的主张。《先驱》的每篇文章，文章中的每句话，我都仔细看过，都觉得说得很对；于是我决心要加入社会主义青年团"。许多进步青年受《先驱》及其思想宣传的影响，纷纷加入团的组织。

可以说，《先驱》作为团中央机关刊物，旗帜鲜明地宣传了马列主义、共产党和青年团的主张，对于加强团员的思想教育、统一全团思想都起了积极的作用，为青年团乃至以后共青团和中国共产党的办刊宣传活动都积累了丰富而重要的经验。

此篇文章内容主要来源于黄河1959年在《新闻战线》上发表的《"先驱"半月刊——青年团的第一个机关刊物》；王大龙2010年著的《红色报刊集萃》；李永春、暴红博2014年在《毛泽东研究》上发表的《邓中夏对创建和发展社会主义青年团的贡献》；李永春2015年在《湘潮》上发表的《蔡和森与团刊〈先驱〉》；边姝天2016年硕士论文《施存统与中国早期马克思主义传播研究（1919—1923）》。

整理：郁展泓、王雪岚

蔡和森：《向导》周报、《先驱》半月刊贡献卓越的主编与主要撰稿人

（一）蔡和森与《先驱》半月刊

《先驱》从第4期起迁至上海由社会主义青年团临时中央局主办，成为团临时中央局机关刊物。鉴于蔡和森在中共中央工作初期协助指导青年团临时中央局工作，积极为临时团中央机关报《先驱》撰稿，开展团的宣传教育工作，于是他被任命为团中央宣传部主任，主持团的宣传工作，担任团中央机关报《先驱》（第4期后）的首任编辑，成为团的宣传教育事业的开创者。

蔡和森担任团中央宣传部主任和《先驱》编辑后，积极宣传和执行团一大的会议精神，指导各地团组织建设，开展团员青年的宣传教育工作。其对《先驱》的贡献主要如下：

一是编辑《先驱》第8期《中国社会主义青年团第一次全国大会号》专刊，宣传和执行团"一大"通过的各项决议案。

二是积极宣传党和团中央的政治主张。《先驱》第9期率先刊登了《中国共产党对于时局的主张》，旗帜鲜明地支持和宣传中国共产党反帝反封建的革命主张。同时刊登的《中国社会主义青年团对于政变的宣言并答复中国共产党的主张》指出：封建式的军阀不铲除干净，中国是绝对没有政治改革可言的。更重要的是，蔡和森在《先驱》公开提出"打倒国际帝国主义"的口号，在当时引起重大的社会影响。

三是撰文宣传党和团中央提出的反帝反封建主张。

四是研究《先驱》的编辑、发行和管理监督的制度和办法，充分发挥团刊的指导作用。蔡和森担任宣传部主任和《先驱》编辑后，议决了《先驱》组织编辑会议和各地方团设通信兼调查员等问题，并发出团中央第五号通告《关于"先驱"编辑问题》。

蔡和森担任团中央宣传部主任及主编《先驱》的成绩，为他调入中共中央从事理论宣传工作和主编党的政治机关报《向导》周报打下良好的基础。也可以说，主编《先驱》是蔡和森担任党和团的宣传工作的起点，也是开创党和团的宣传事业的起点。

（二）蔡和森与《向导》周报

致力于出版一种理论刊物，是蔡和森多年的愿望。早在留法勤工俭学时，他就曾写信给陈独秀等人，建议创办"有主义、有系统的出版物"，传播"各国社会运动的真情""做一种有系统、有主张极鲜明强固的文化运动"。回国后有机会创办、主编党的机关报，蔡和森当然乐此不疲，不辱使命，他虽然身体瘦弱，患有哮喘，但仍夜以继日地工作，以顽强的毅力、饱满的热情和废寝忘食的拼命精神，致力于这项意义非同寻常的工作。从组稿、发排、校对，到联系印刷，他都亲自过问。为了防止反动派的突然袭击，他带领《向导》周报编辑部经常搬迁，出版日期也经常更改。在经费十分困难的情况下，他以编辑部名义，多次向国内外的热心读者和革命同志募捐，从而基本保证了《向导》周报的正常出版。

蔡和森主编《向导》周报的时间最长，从1922年9月13日《向导》周报创办到1925年10月蔡和森赴莫斯科工作，总共近3年的时间。蔡和森卓有成效的工作，推动了《向导》周报的迅速发展，为后继者的工作奠定了坚实的基础。

郑超麟在回忆录里写道："据我所知，《向导》编委会是有的，但均系挂名，事实上是蔡和森一人编辑。大家把文章写好交给蔡和森，他组织稿子，编好以后送印刷厂付印。"与蔡和森一同工作过的罗章龙也回忆说："他所写的文章观点鲜明、文笔酣畅，宣传鼓动作用很大。在我们这一辈人中，只要一提到《向导》，就自然地把它与和森的名字联系在一起。他的贡献之大、影响之深，就可想而知了。"

蔡和森是《向导》周报主编兼主要撰稿人，几乎每期都有他写的文章，有时一期多至四五篇。除以"本报同人""记者"身份发的文章外，还以"和森""振宇"署名发表文章166篇，是仅次于陈独秀的高产作者。他的文章不仅文笔酣畅、通俗易懂、体裁多样，而且观点鲜明、思想深刻。他提出的诸如"帝国主义是纸老虎""用民众武装解除军阀武装"等一系列观点，对于促进工农革命运动的发展，起了重要作用。

此篇文章内容主要来源于周陈程2016年硕士论文《〈向导〉周报研究》；徐方平2006年硕士论文《蔡和森与〈向导〉周报》；李永春2015年在《湘潮》上发表的《蔡和森与团刊〈先驱〉》；聂秀锋2013年硕士论文《蔡和森报刊活

动和新闻思想研究》；何立波2011年在《党史博览》上发表的《最早的中共中央机关报〈向导〉周报》；郑超麟、希丹2009年在《中共党史资料》上发表的《回忆党的早期报刊》。

整理：李相姝、靳浩然、郁展泓

瞿秋白：《向导》周报第三任主编与主要撰稿人

1922年9月13日，《向导》周报创办于上海，先后由蔡和森、彭述之和瞿秋白任主编。其下设有编辑委员会，除主编蔡和森外，编委还有陈独秀、瞿秋白、高君宇、彭述之等，此数人同时又是主要撰稿人。

瞿秋白任第三任主编是从1927年4月开始的，至1927年8月结束，担任了第194期（1927年5月1日）到201期（1927年7月18日）的编辑工作。瞿秋白为《向导》周报端正宣传方向和恢复正常出版，倾注了极大的精力。瞿秋白主编《向导》周报期间，正确执行了中共中央关于侧重评论当前政治形势和重大政治事件，为革命政治斗争"导向"的指导原则，表现出四个方面的鲜明特色：第一，办刊宗旨和主编思想十分明确，集中力量宣传中共三大提出的"打倒帝国主义，打倒封建军阀，把中国建成真正的民主共和国"的主张；第二，十分重视对革命所面临的政治形势和政治事件的分析评论，指导全党和革命群众认清形势，正确开展革命斗争；第三，密切联系读者，瞿秋白常以《向导》周报记者的名义答读者问，通过答问释疑，阐明党的立场和观点，宣传真理，教育群众，统一人们的思想认识；第四，重视报道各地的革命运动。

作为编委与主要撰稿人之一，瞿秋白用笔名秋白，一共在《向导》周报上发表过36篇文章。按照时间划分，1923年2篇，1924年1篇，1925年11篇，1926年19篇。对于《向导》周报，前期瞿秋白参与很少，其文章主要发表在《向导》周报后期，也就是瞿秋白回国后在上海大学任职期间。从内容上看，在1925年以后，文章的内容多是以下几类：对国民运动运动的分析；对帝国主义侵略行为的控诉；对军阀统治的批评等。

此篇文章内容主要来源于周陈程2015年在《传播与版权》上发表的《〈向导〉周报作者群体研究》；刘维荣2020年在《唯实》上发表的《瞿秋白与党报党刊编辑》；何立波2011年在《党史博览》上发表的《最早的中共中央机关报〈向导〉周报》；胡申生2020年编著的《从上海大学（1922—1927）走出来的英雄烈士》。

整理：蔡卓言、郁展泓

郑超麟：五卅运动后《向导》周报的实际负责人

1922年9月《向导》周报在上海创刊，这是中共创办的第一份政治机关报。10月，郑超麟在法国就收到了《向导》周报第1期。他撰写了《法兰西的"左联"与"工农联合"》一文，论述当时法国政局的变迁，并将该文寄回国内发表在《向导》周报第74期上。这是郑超麟第一次在《向导》周报上投稿。

1924年9月，郑超麟回国后就被分配到中共中央宣传部工作，担任中央宣传部秘书，同时主管《向导》周报编辑工作。该报从第81期到第184期（《向导》周报编辑部迁到武汉之前）的近百期都是郑超麟负责编辑和校对的。特别是五卅运动爆发后，蔡和森离开《向导》周报编辑部，彭述之虽负责《向导》周报工作，但当时因伤寒住院，因此，郑超麟以宣传部秘书的身份挑起这个担子，做了《向导》周报的实际负责人。

除负责编辑、出版和发行等具体工作外，郑超麟也是《向导》周报撰稿人之一，在《向导》周报上发表自己撰写的文章和翻译作品共达80余篇。郑超麟运用马克思主义观点，对中国革命的重大问题及国际国内形势都做了深刻分析和研究，有力地宣传了党的纲领和主张。郑超麟多次组稿并亲自撰文，在《向导》周报上发表了反帝反封建军阀的文章20余篇，从不同的角度揭露帝国主义对中国进行的政治、经济、文化以及新闻侵略。经过《向导》周报的生动、具体而持久的宣传，对内打倒封建军阀，对外打倒帝国主义，成为国民革命时期中国全民族的一致呼声，《向导》周报犹如黑暗中的明灯，真正起到了革命的向导作用。同时《向导》周报还重视

图 《向导》周报第135期：《十月革命列宁主义和弱小民族的解放运动》（超麟）

国际革命劳动,郑超麟对国际形势的判断具有高度敏感性,对国际重大事变做出了正确预测,他多次发文热情歌颂和支持资本主义国家的无产阶级革命运动,赞颂殖民地半殖民地国家的民族解放运动。

郑超麟还利用《向导》周报发表他翻译的马克思主义理论的著作,如《马克思与中国》《马克思主义与暴动》《一九〇五的列宁》等等,这些理论都指导了当时的中国革命。他翻译了里亚赞诺夫的《马克思主义与中国》,刊登在《向导》周报第90期上。他翻译的《共产主义ABC》是当时影响最大的翻译著作之一,是中国早期共产党人几乎人手一册的启蒙读物。这本译著阐述共产党的性质及其革命目的,打消人们对共产党的种种疑虑,许多有志青年就在此书的影响下,走上了革命道路。郑超麟翻译的这些理论著作,对加强马克思主义理论的宣传,提高人们马克思主义理论修养有着重要意义。

郑超麟在亲自撰文和翻译文章时,宣传了马列主义的基本原则,并初步运用马列主义的立场、观点和方法,对中国革命的根本问题作了理论探讨,对形形色色的反马列主义思潮作了批判,坚持和捍卫了马克思主义,提高了人们的马克思主义理论水平,这对中国共产党成立以后,马列主义在中国的广泛深入和传播起着重大作用。

此篇文章内容主要来源于马光仁1988年在《新闻大学》上发表的《有关党的早期报刊的一些史实——访郑超麟》;王云翠2003年在《党史研究与教学》上发表的《郑超麟与〈向导〉周报》;靳树鹏1993年在《炎黄春秋》上发表的《"老托派"郑超麟坎坷一生》;张元隆2011年著的《上海大学与现代名人(1922—1927)》;郑超麟1993年在《新闻研究资料》上发表的《我与〈向导〉周刊》。

整理:李相姝、靳浩然、郁展泓

张太雷:《向导》周报编辑、主要撰稿人

《向导》周报作为中国共产党早期的机关报,除蔡和森、彭述之、瞿秋白三位主编外,张太雷等人既负责编辑、组稿、通讯和联络工作,也负责写稿。

张太雷以"大雷"的名字在《向导》周报上多次发表文章,如《世界一周:星加坡建筑军港:"给各国一个榜样"》《世界一周:充满威吓的世界》《帝国主义计划中之共管中国的方式》等。这些文章带领读者认识当时世界局势,领略世界最新动态,认清帝国主义的阴谋,为人民带来了理智有力的声音。

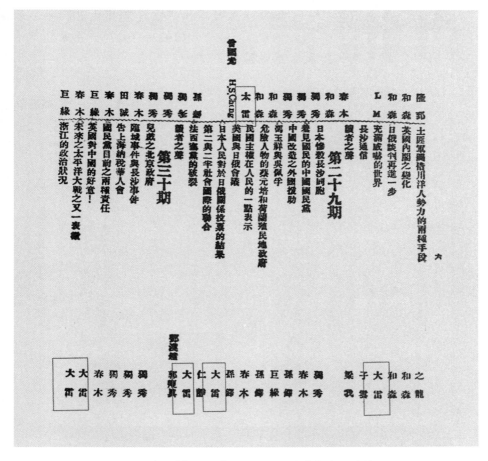

图1 《向导》周报第1期目录,上海市档案馆馆藏

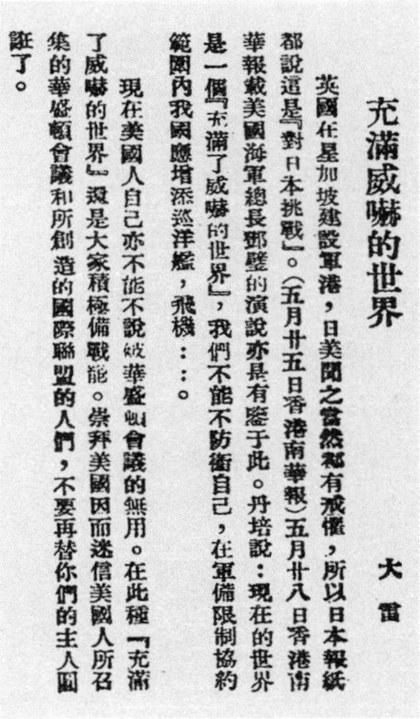

充滿威嚇的世界

大雷

英國在星加坡建設軍港，日美聞之當然都有戒懼，所以日本報紙都說這是『對日本挑戰』。(五月廿五日香港南華報)五月廿八日香港南華報載美國海軍總長鄧壁的演說亦是有鑒于此。丹培說：現在的世界是一個『充滿了威嚇的世界』，我們不能不防衛自己，在軍備限制協約範圍內我國應增添巡洋艦，飛機：：。

現在美國人自己亦不能不說破華盛頓會議的無用。在此種『充滿了威嚇的世界』還是大家積極備戰能。崇拜美國因而迷信美國人所召集的華盛頓會議和所創造的國際聯盟的人們，不要再替你們的主人圓謊了。

图2 《向导》周报第28期:《充满威吓的世界》(大雷)

《充满威吓的世界》一文承继上一期发表的《星加坡建筑军港:“给各国一个榜样”》，根据英国在新加坡建设军港一事，结合其他国家、地区上的报纸动态，指出“在军备限制协约范围内我国应增添巡洋舰，飞机……”，并警告了那些“崇拜美国因而迷信美国人所召集的华盛顿会议和所创造的国际联盟的人”。

此篇文章内容主要来源于张秀丽2017年在《新闻爱好者》上发表的《〈向导〉周报的编辑出版与当代启示》；胡申生2020年编著的《从上海大学（1922—1927）走出来的英雄烈士》。

整理：靳浩然、郁展泓

萧楚女:《向导》周报时评主要撰稿人

萧楚女在四川省立第四师范学校(简称"省四师")期间组织学生成立读书会,推荐他们学习李大钊、郭沫若等人的作品以及中共中央机关刊物《向导》周报上的文章,引导大家学习革命理论。

萧楚女为《向导》周报、《中国青年》等报刊撰写了大量时评、社论,在《向导》周报第70—74期每期的"寸铁""时事评论""读者之声"栏目都能见到萧楚女的文章。萧楚女在《向导》周报第66期发表的"时事评论"《请看帝国主义底"自供"》、第74期发表的"读者之声"《法西斯的祸水已经来了!》,从标题就能看出其言辞犀利,针砭时弊,富有战斗性。萧楚女也在《向导》周报第73期发表过长文《中国人之怨望!》,其中写道:"帝国主义者一天不恭敬地对于华人悔过引罪,改变现在的态度,则华人之怨恨必一天更进一天——且是加速率而又是累进率的增进! 商报记者说:'须知中国变乱,原因已深,情态太复,咄嗟之间,并非立办'。这话错了! 中国底变乱,情态并不复,揭穿了说,

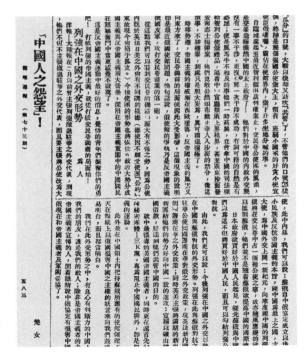

图 《向导》周报第73期:《中国人之怨望!》(楚女)

原因也不深,解铃系铃,只在帝国主义自身,倘若各国马上肯以现在俄国对华的态度对待中国,放弃一切损害中国的权利,互订平等条约,抛弃扶助北方武人官僚的政策,俾中国人民得以真正的民意扫清一切封建藩阀,以底统一;则中国之太平,未必不是咄嗟可办的事!"他坚决反帝,笔锋犀利,致力于写文章宣传革命。

此篇文章内容主要来源于胡申生2020年编著的《从上海大学(1922—1927)走出来的英雄烈士》;《重庆日报》2019年9月19日刊登的《萧楚女在重庆的"红烛"人生》;于凯2020年硕士论文《萧楚女对中国革命基本问题的认识(1922—1927)》;《学习时报》2021年12月3日刊登的《萧楚女:做一个一直都光明的人》;袁丽2021年在《档案记忆》上发表的《萧楚女:一支永不熄灭的"红烛"》;杨凤城2019年在《老年世界》上发表的《萧楚女:用文字传播革命思想》。

整理:郁展泓

邓中夏:《先驱》半月刊首任主编

1922年1月,邓中夏与刘仁静一起创办青年团刊物《先驱》,两人共同担任前3期的责任编辑。1月15日,《先驱》创刊号出版问世。《先驱》发刊词指出:必须把努力研究中国的客观的实际情形,而求得一最合宜的实际的解决中国问题的方案当作"第一要务"。邓中夏在《共产主义与无政府主义》一文中指出:"共产主义有目的,实行有步骤,有手段,有方法。"

作为执委会书记,邓中夏在北京团地委各部任务分工时,规定出版部"供给'后进'(指《先驱》)稿子,每月向'后进'通讯一次",宣传部"经理并发行'后进'半月刊"。从《先驱》创刊伊始,邓中夏具体负责约稿、改稿到校对、发行诸事,《先驱》办得有声有色,在团内外影响很大。

《先驱》点燃了革命的火种,广大进步青年逐渐理解、拥护马克思主义,革命思想日益成熟。邓中夏在《先驱》中的文章不多,但是他向众多有志青年提供了一个平台来发表自己的思想,同时也让更多的平民百姓有机会接触到马克思主义理论和革命思想。

此篇文章内容主要来源于胡申生2020年编著的《从上海大学(1922—1927)走出来的英雄烈士》;李永春、暴红博2014年在《毛泽东研究(年刊)》上发表的《邓中夏对创建和发展社会主义青年团的贡献》。

整理:虞梦菲、郁展泓

施存统:《先驱》半月刊任期最长的主编、《向导》周报撰稿人

(一)施存统与《先驱》半月刊

《先驱》为中国社会主义青年团中央的第一个机关刊物,共出版了25期,据有关人士回忆,施存统曾任该刊第4期至第7期、12期至17期、19期至25期主编,在所有主编中任期时间是最长的,同时他也是《先驱》最主要的撰稿人之一。

施存统在主编《先驱》期间,发表了许多论述团的建设的文章,强调青年团是为无产阶级利益而奋斗的团体,加入青年团要以无产阶级觉悟为标准,主张青年团在组织上要坚持民主集中制等。他还在《先驱》上写了不少文章支持革命群众运动、指导学生运动。尽管他自身深受脑痛病折磨,但仍投身于革命事业。

在指导青年学生将马克思主义运用到革命实践方面,1923年《先驱》第20期曾刊载过施存统的文章《我们青年在中国如何作青年运动?》,文中写道:"我们的青年运动就应该是有阶级的,有完善意义的青年运动,绝不是单独以学生运动为青年运动,学生运动,不过是运动学生向各种青年群众中去运动反抗黑暗的旧势力的意思。"施存统以此希望将单纯的学生运动发展成为普遍的群众运动。

《先驱》第22期中,施存统发表文章《中国的青年运动究竟应该怎样?》,提出中国的青年运动应依据实际国情,而不是照搬西欧的做法,无产阶级的青年和非无产阶级的青年在活动上应当并重。施存统对青年团提出的工作建议和方针,即使时隔一个世纪,现在看来仍有着现实意义。

(二)施存统与《向导》周报

1924年10月10日,上海各界在天后宫召开纪念辛亥革命13周年大会,上大学生被国民党右派指使的流氓殴打,发生严重的血案。施存统密切关注事态的发展,到医院调查访问被打受伤的林钧同学,并将口述笔录整理成《林钧被打之报告》,刊载于《向导》周报,以揭露国民党的丑恶嘴脸,唤醒和增强国民的革命意识。

此篇文章内容主要来源于杨日隆1990年主编的《中国革命史学习手册》;曾成贵1989年主编的《中国革命史人物研究综览》;何东等1991年主编的《中国革命史人物词典》;中共上海市委党史料征集委员会、中共上海市委党史研究室、中共上海市委宣传部党史资料征集委员会编,马飞海主编,李太成、荆位祐、蒋钤副1999年主编的《上海革命文化史略》;张元隆2011年著的《上海大学与现代名人(1922—1927)》。

整理:李婉婷、郁展泓

李达:《向导》周报编委、《先驱》半月刊撰稿人

(一) 李达与《先驱》半月刊

李达与陈独秀、施存统等均为《先驱》的经常作者,作者群体大抵为经历五四新文化运动的早期中国共产党人。1922年初,在《先驱》第1、2期上,李达用李特的笔名连续发表《俄国的新经济政策》专文。

(二) 李达与《向导》周报

1922年9月13日,《向导》周报在上海创刊,是中国共产党中央委员会的第一份政治机关报,主编为蔡和森,高君宇、李达、瞿秋白、彭述之、张国焘任编委及主要撰稿人,李达与其他11个主要撰稿人发表文章数量为865篇。在《向导》周报第1期,李达就发表了《日本政党改造之趋势》一文。

此篇文章内容主要来源于吴昀潇2013年硕士论文《建党初期中国共产党人的思想——以〈先驱〉为中心的研究》;周陈程2016年硕士论文《〈向导〉周报研究》;张元隆2011年著的《上海大学与现代名人(1922—1927)》。

整理:蔡卓言、靳浩然、郁展泓

三、历史难忘的上大时刻

上海大学改名之议

在一百年前,上海大学和国立广东大学都想争取"中山大学"这个校名,最后国立广东大学更名为"中山大学",上海大学与之失之交臂。

(一)为何改名?

1925年,孙中山先生病逝后不久,孙中山的出生地——广东,为了使人们心中的孙中山形象、风范不会随时间而淡去,各种纪念活动层出不穷。

观音山地处广州城的中心,孙中山曾在这里居住、读书和办公;1925年4月初,广东省政府颁布省令,将这座山体公园改名为中山公园,观音庙址建纪念亭,还立孙中山铜像。

香山县(即现在的中山市)的群众提议在西山建立中山公园,并改石岐路为中山路,理由充分:"中山先生去世之后,南京和广州都已经为他建亭立像,纪念他的丰功伟绩并供后人瞻仰,作为中山先生的故乡,我们不能不在全国做一表率。"

在这种形势下,一些与孙中山先生颇有渊源的学校也希望将自己的校名更改为"中山大学"来纪念先生。

(二)两所大学与孙中山的渊源

1924年,孙中山将国立高等师范、广东法科大学、广东农业专门学校合并创办了国立广东大学,该校与孙中山的渊源可谓深厚。

1922年,上海大学成立时,正值孙中山因陈炯明叛变而蒙难离开广州,留驻上海,筹划改组国民党,培养革命人才,对上海大学甚为关注。他希望把上海大学办成"以贯彻吾党之主张,而尽言论之职责"的革命学校。

(三)改名的争议

1925年3月24日,当时的国民党机关报《广州民国日报》上登载了一则新闻，文中一名叫黄行的国民党人士认为广东为革命策源地，又是孙先生籍贯所在，不可以没有相当的纪念，向国民党中央党部建议改国立广东大学为国立中山大学。不久，国民党元老廖仲恺在国民党第一届中央执行委员会第71次会议上也提议将国立广东大学改名为国立中山大学列入议事日程。

而1925年3月27日，《广州民国日报》发表的一篇文章写道："上海大学自陶同杰等根据学生会议决案，提出改该校为国立中山大学后，同学中多赞同，学生会定于今日召开全体同学大会，讨论进行方法，以便组织上大筹备进行国立中山大学委员会。"同时，国民党四区四分部也向该党中央执行委员会建议将"上大"改名为"中大"，并特设三民主义讲座，由中央派员讲授。

（四）争议的结果

1926年8月17日，国民政府发布命令，正式宣布了国立广东大学改名为国立中山大学的消息，上海大学与之失之交臂。

此篇文章内容主要来源于《中国档案报》2015年3月13日刊登的《我们身边的"中山先生"》。

李大钊与上海大学

1923年4月，李大钊来到上海，于右任、邵力子在福州路同兴楼菜馆宴请李大钊，想与李大钊商谈上海大学办学事宜，同时希望他能留下来将他在北大的办学经验应用在上大的办学上。李大钊由于重任在身无法答应，但他提出了很多办学设想，对上海大学的办学产生了极大影响：

1. 建议创办社会学系。原来只有文学、美术和普通班三个班次，后发展成为社会学系、中国语言文学系、英语语言文学系、美术系、中学部等多个教学单位。

2. 推荐邓中夏出任上海大学总务长，瞿秋白任系主任，并推荐蔡和森、恽代英、张太雷、安体诚等人入校教学。

3. 建议学校聘请孙中山为名誉校董，组建校董会。

除此之外，1923年，为促进国共合作而奔波在大江南北的李大钊，曾三次赴上海大学发表演讲，宣传马克思主义，充分表现出他对上海大学的关怀与期望。

1925年，五卅运动（当时上大学生是五卅运动的主要先锋队）爆发后，李大钊与赵世炎等人在北京组织了5万余人的示威，有力地支持了上海民众的反帝斗争。

此篇文章内容主要来源于上海大学出版社2014年出版的《20世纪20年代的上海大学》。

建校之初的演讲

（一）《个人与社会》（1923年4月1日）

上海大学建校后的第一次演讲，校长于右任邀请了张溥泉先生，讲题为《个人与社会》。大旨谓中国为家族制度所束缚，现在仍未脱离宗法时代，吾于青年时不知家族之累人，故于改良社会上思想甚为发达，其后日消磨于家庭之担负，前后几判若两人。若略仿欧美家族制度，缩小范围，发展个人伟大之怀抱，再于政治学术上加以研练，足以左右一世，出而为社会之领袖，如华盛顿、林肯诸人，非青年之责乎。又云个人对于社会须重精神，不在形式，以自由活泼其志趣，以纪律范围其个人，折衷于英、美、德、日之民性，以药我散漫推诿之痼疾，始终如一贯彻宗旨。若不能超过于列强之文明，吾未之信。

张先生指出了中国旧制度的弊端，倡导学生勇于追求个人发展，摆脱家庭宗法的束缚，同时提醒学生注重精神，而不在形式，真正以严明的纪律要求自己，钻研学术，以振兴中华为己任，实现伟大抱负。

（二）《演化与进步》（1923年4月15日）

1923年4月15日，李大钊抵沪，到上海大学演讲，讲题为《演化与进步》。略谓演化史天然的公则，而进步却依靠人去做的。我们立足在演化论和进步论上，我们便会像马克思一样创造一种经济的历史观了。我们知道这种经济的历史系进步的历史观。我们做人当沿着这种进步的历史观，快快乐乐地去创造未来的黄金时代。黄金时代不是在我们背后，是在前面迎着我们的。

人类是有进步的，不是循环而无进步的。即就文艺论，也不是今下与古的。所以无论如何，当用了我们的底力，去创造一种快乐的世界。李大钊教育学生不要悲观，应当乐观。

（三）《女性问题》（1923年11月9日）

1923年11月9日，南市花衣街贤女学校学生讲演会，特邀请上海大学教授高冠吾讲女性问题，演讲内容刊登于《申报》。高君演讲云：今日讲题范围太广，盖同是人也，何分乎男女，然今日男女之见尚深，男女观念又各异，故此问题遂有讨论之必要矣。

今日女子最要者莫如任务。须知人之生于世也,绝非仅为衣衣食食而已。如曰仅为操持井臼、生育儿女,则外此家国重大之事将于何人?唯知如此,故一切男子不能以一身供二者之需,力有不逮,则烧杀掠夺,无恶不作。

今女子参政之说纷争已久,其实男女所以不能平权者,必有其不平之点也。如果学识能力平于男子,则政权可以不争自得。故今日女子之任务,凡力所能行之事,皆宜与男子并行,不可坚执旧说,自失人格也云云。次童禹君讲新家庭之组织,略谓新者除旧布新之谓,我国家庭组织流弊甚多,如婚丧喜戚,送往迎来,往往以辛苦之金钱,做无益之场面。至于内部,如医药教育之具、游戏卫生之物,更宜设备完全,手指有预算,金钱有储蓄,而后家庭始有圆满之福云云。

此篇文章内容主要来源于上海大学出版社2014年出版的《20世纪20年代的上海大学》。

上海大学办学历程

（一）上海大学的创办

1922年10月15日，宝兴路东南高等专科师范学校，因吃夹生饭问题，引起罢课风潮，导致校中学生自治会及学校维持会之对峙。

学生维持会宣言节录如下：

十月十五日的那天，我校的午饭，因火力太急，遂致略有夹生，但凭良心讲起来，不是绝对不可吃的。我校少数同学，因有意破坏，一碗吃后，遂一律主张不吃，并武断地说道，有人再吃生饭的，就是非人类的畜生。内有位朱间白的，吃过午饭以后就写了一张条子："我同诸位是同学，假如诸位说吃生饭的是猪，诸位同学当然也是猪了。"条子一出，引起少数的反对，他们认为朱间白侮慢同学，当然有开除的必要。但我校公道同学，竭力主张复议。十月十七日开教职员学生联席会议，希为之公道解决，但是当天主张不开除的几及三分之二之多，这时少数同学认为自己失败了，便说"我们的办法已通过了，今天开会，当然没有再通过的可能"。当即秩序大乱，联席大会无结果而散。第二天，本校国文教师陈藻青提出辞职，八点钟在大会上与同学们探讨许多其他问题，提出一些特别的意见。与会同学就大场改造本校的高调，什么推翻旧职员呀，另请贤能啊，逼迫会计先生退换学膳各费。因预料学校前途险恶，遂成立维持会，尽力维持一切。

《民国日报》1922年10月20日

自东南专科师范发生风潮后，学生方面，主张根本改造学校，并望于右任君为校长。因之前于右任先生对东南专科师范学校的性质与地址均不清楚，所以对于该校学生的请求，仍在考虑之中。

《民国日报》1922年10月21日

东南专科师范罢课多日，该校自治会与维持会，双方对峙局势迄今未见发展。自治会方面，既宣布改造学务，清算一切账目。代理教务主任与会计均属代理，无权交卸，一定得等到校长王公燮回国后彻底解决该事。维持会方面，以自治会一再逼迫，滋为不满，请愿江苏省教育会维持，再电王校长，望其即日回国云。

《申报》1922年10月21日

（二）上海大学成立

闸北西宝兴路东南高等专科师范学校，自发生风潮后，叠经教职员暨全体学生开会讨论，一致决议：变更学制，重新改组，定名上海大学。公举于右任先生为本大学校长。

上海大学之教务会议

十月二十六日下午，于右任在校召开教务会议，报告请叶楚伧君为教务主任，余楚伧仅为帮扶学生而来，并不为之支付薪水。第二个决议即是该校于十月三十日正式上课，每周六、周日，由图音、图工、英文、国文四部轮开教务会议，每月开全体教务会议一次。

（三）筹建校舍，创建图书馆

1923年4月22日，上海大学召开教职员会议，校长于右任主席。此次决议众多，最重要的如下：张溥泉、于右任筹办在宋园建筑新校舍；邓安石、陈德徽、洪禹仇办理扩充后章程；自下学期起，大学部添设俄国文学系、社会科学系、史学系等。

1923年5月4日，上海大学为使学生课余自动研究学问起见，拟创办图书馆。因经济关系，暂设图书室。请陈德徽为主任，徐竹虚、姚天宇为管理员，于5月4日竣工，即将开幕，开幕时拟请主任陈德徽及总务长邓安石研究"图书馆与自动教育"等。

上海大学早日议决在宋园建筑新校舍，1923年6月24日，该校职员邓安石、陈德徽两人，会同美孚工程师方保障，一同在宋园测量，以便构建新校舍图。

1924年2月16日，上海大学因闸北原有校址湫隘，不敷应用，即租定西摩路南洋路口洋房一大所，将于五日内即行迁入。该地房舍极广阔，尚有广大余地可供操场之用，交通便利。按照原计划，定于二十二、三两日举行第二次招生，二十四日开学。

此篇文章内容主要来源于上海大学出版社2014年出版的《20世纪20年代的上海大学》。

上大师生拳拳爱国心

历朝历代，许多仁人志士以国事为己任，前仆后继，临难不屈，保卫祖国，关怀民生，使中华民族历经劫难而不衰。20世纪初，上海大学的师生凭一己之力反对北洋军阀，反对帝国主义，用血泪告诉后人，天下兴亡，匹夫有责！

（一）反对北洋军阀

1923年10月6日，上海大学学生因愤国贼曹锟窃位，国人无耻，举行示威大游行。学生二百五十余人，午后二时遂整队出发，经青羊桥、宝山路、宝兴路、共和路、大统路、会馆路、大通路等处。沿途大呼国贼曹锟窃大位，国人当群起攻之，并在火车站及各街口演讲，听者途为之塞，同呼讨贼革命，并分散传单数千张。

（二）上海大学反对贿选电

北洋军阀曹锟、吴佩孚辈，丧权辱国，屠杀人民，凡有血气，早应奋兴，誓不两立。今者，曹、吴诸大民贼，恶焰更张，竟在光天化日之下，公行贿赂，盗卖总统，攫取政权。是而可忍，孰不可忍？中华民国主权在民，若我国民，睹此横暴反动之政局，尚不急起图救，势非使全国糜烂，尽受军阀之残暴宰割而不止。吾人分属国民，在理在势，均难坐视，故敢不自量力，奋臂高呼，誓与军阀曹、吴辈决一死战！极端反对曹、吴辈以武力金钱盗劫总统之一切卑劣行为。顾维钧、吴景濂等，甘心附逆，亦与曹、吴诸大民贼一体对待。

国民乎！时机急矣，已非吾辈酣睡之时，应速奋醒，将吾商工农学各界，一致团结于国民革命共同旗帜之下，与军阀作战。尤有进者，北洋军阀曹、吴辈之所以能攫取政权，祸国殃民，皆有列强之扶植。最近列强之铁路共管，增驻军舰、军队之主张，更足以亡我中国，为共管中国之声。吾人不欲中华民国成为独立民主之国家则已，若欲使中华民国为独立民主国家，非对军阀一致攻击，根本铲除其势力不可。临电翘企，无任愤慨。

上海大学学生会叩歌

（三）反抗帝国主义

上大山东同乡会与山东各团体函

山东各报馆转各学校各团体各同胞共鉴：

有名无实的中华民国，来到现在已十三年了，这是三年间始而洪宪，继而复辟，终而贿选，我东省同胞，那一次不受他们底影响。但是它们这种罪大恶极的蠢动，究竟是谁唆使的，不是受了帝国主义底毒么？（中略）现在贿选的傀儡已倒了，手起中华民国的元勋孙中山先生，慨然北上，以解决国是为职志。一倡百和的国民会议将不就要实现在我们眼前，明星似得照在我们头上，在阴霾沉沉中揭开了深夜的黑幕，指导我们一条光明大路。

既有导师勇往直前，我们何不急起直追，荣耀活泼的帮着我们导师驱除有害于我们不平等的条约猛兽，打到鬼鬼祟祟傀儡式的军阀妖孽，铲除污秽不堪帝国主义的浊气，使一切不利于我们一般平民底障碍，消灭净尽。须到中山先生招集国民会议，都是为我们一般平民谋幸福的，我们拥护我们的领袖完成此会，正所以为我们自身谋利益，并不是为别人去出汗的。

所以敝会同人深望吾东省同胞抱一个彻底的觉悟，在这千钧一发的当儿，对于国民会议刻不容缓的进行准备，实践我们底行使主权，回复我们底自由快乐。主权一到我手，我当尽我们底天职，破釜沉舟不遗余力去干，誓死不认军罚包办国民会议、垄断善后会议。比及大功告成的那一天，方知我真实生活的自由，都是今日由我们全副精力得来的。愿我全省同胞，群起直追。

上海各校学生 2 000 余人，在党的领导下，组成演讲团，在租界进行反帝宣传和示威游行。何秉彝任联络员，走在前列，散发传单向市民讲述日本帝国主义分子惨杀劳工的罪恶行径。在著名的"五卅"运动中，秉彝身负重伤，救治无效，于次日午后逝世，年仅23岁。

以笔墨为刀枪，以血肉为长城；保吾中华之魂魄，传吾中华之精神，扬吾中华之威名。上大师生在中华大地奋起抵抗，无畏牺牲。

此篇文章内容主要来源于上海大学出版社2014年出版的《20世纪20年代的上海大学》。

上海大学设立新系科

（一）上海大学将设史学系

吾国大学，尚极幼稚，就已有公、私立大学言，设系又多偏缺，于史学系尤为阙如。兹闻上海大学教职员会议决定下学期起添设史学系及社会学系等。未知其所聘教授有几，及进行之计划若何也。

《史地学报》1923年2月第5号

（二）上海大学将新添学系

上海大学因应社会之要求，拟于下学期新添学系。该校行政委员会已推定各新添学系之筹备员：经济学系以瞿秋白，政治学系为刘庐隐，法律学系及商学系为何世桢，教育学系为陈望道、杨荃骏。一面编制学程，一面物色教授，暑假后想该校当另一番新气象也。

《申报》1924年3月18日

（三）上大将办法国文学系

中法通惠工商学校去年因风潮出校之学生，多于去年暑期中考入他校。惟尚有一部，因英文程度之关系，未能考得相当学校。现其中有褚维樾等特向上海大学请求下学期开办法国文学系正科，已得该校校长于右任允许，并嘱其从速征集未入校之旧同学。褚君等特设筹备处于法租界大自鸣钟湘余公行内，正在积极征集诸同学云。

《申报》1924年4月23日

（四）上大再新添学系

上海大学自去求以来，锐意改进，今春迁至西摩路后，校务日益发达。近因社会方面需求甚殷，已由该校行政委员会决议，自下年起，添办政治、经济、教育、商业四系，每班定额四十名，其旧有之中国文学、英国文学、社会学三系，美术科、高级中学各添招新生一班，初级中学添招新生两班。闻分三次招考，第一次为七月十一、二两日，第二次为九月十六、十六两日，第三次为九月廿

五、廿六两日。共[其]各系部新教授现正着手聘请,约半月后即可定妥云。

《民国日报》1924年6月5日

此篇文章内容主要来源于上海大学出版社2014年出版的《20世纪20年代的上海大学》。

上海大学创办的期刊

旧时上大发行的期刊,许多如今依然悉心保存着,让我们细嗅这浓郁的书香,对过去的那些年窥探一二。

(一)《上海大学周刊》

《上海大学周刊》为上海大学校刊。1924年2月25日,校行政委员会第三次会议决定出版,并推陈望道为编辑主任。该刊主要为传播校内消息,供教员学生共同发表研究成果,每周出版一次。内容有论著、时评、杂感、诗歌及校内大事记等。

节选:

上大的使命

如有人问我们的教职员:"你们为什么要办上大?"我敢断定至少十分之九的教职员会这样回答:"为建国。"如有人问我们的学生:"你们为什么要进上大?"我也敢断定至少十分之九的学生会这样回答:"要建国。"

(中略)

象现在的教育,不特国民文化受危险,而且国家命运也要动摇,我们不自量,不免"目击心伤"起来,敢以建国自任。我们与辛亥革命以前办教育的人相同的一点,是着眼在"国家独立"和"民族自由",不同的一点,我们不只是消极的救国,而且进一步积极的建国。

上大学系虽杂,而各欲以所学从各方面企图建国的目的的完成则一,只此一片耿耿孤忠,是我们大多数教职员和学生所不能一日之忘的,所努力从事的,这便是和别的大学不同的地方,也便是上大的使命。

(二)《文学》

《文学》是上海大学中国文学系编辑的、《国民日报》的文艺副刊之一,随报发行。开始为半月刊,自第三期起改为周刊。自1925年4月27日创刊,至"五卅"运动爆发后停刊,共出6期。该报宗旨为发表作品、研究文学各种问题,并介绍外国文学。

节选:

杜鹃的悲剧
伯　昌

怎般凄清的夜色,
像无人独泪般岑寂。
那啼尽了心血杜鹃,
仅发出最后长眠的叹息。

几株杈枒的古树,
披上了冷月的孝衣。
那弃溪呜咽的滴泉,
在举行杜鹃萧静的葬礼。

残月隐入了重重云幕,
夜风动衰草似精灵饮泣。
那弃溪单调的琴泉,
永恒地夜哭到日日到夜!

爓火在我心头燃烧
凤　田

理智的权威压不住我情感的激荡,
几次的狂笑,几次又哭断了我的曲肠!
崎岖的残岩在生命前路平铺,不幸的我呀,已不得不忍心儿一步步走上。

我虽高带着个冷酷的面网,
但爓火已在我心头燃烧正旺;
愿烈焰燎原般烧掉我的身躯,更燃烧世人心头一切的虚妄!

——《心灵的燃烧》之一九

（三）《上大附中》

《上大附中》是上海大学中学部学生会主办的半月刊，1925年"五卅"运动之前出版了3期，后因"五卅"运动学校被封，一度停刊。1925年10月复刊。内容有时评、论著、学校新闻等。

节选：

革命者对于恋爱自由的见解

如果一个革命者，不晓得他自己的身体，连一根微细的毫毛也是归民众所有；不知道血管内所有的血，即使仅仅一滴也要为民众而流；那末，他便不配称为革命者。因为革命者不是为个人利益而是个人为民众利益而牺牲，所以，如果现在的恋爱自由说要是对于旧婚制含有革命的意义；那末，我们即使不问恋爱自由的本身如何，我们也当反对个人享乐主义的恋爱行为。

虚伪永远是我们的仇人，一个国家的灭亡，往往是亡于卖国的伪国民。就是一切革命，所怕的也不是"反革命"与"不革命"，而是这班"伪革命"。所以现在的恋爱自由，所指的也不是反对恋爱自由的旧婚制，而是这班假正经寡妇式的伪恋爱自由。

现在我正告青年们，你如果要做个恋爱自由者，那末，即使旧社会因此而要毁灭你的身体，至于只剩一根毫毛，你还要向旧婚制宣战。如果你连一滴血也不舍得流掉，你便不配谈恋爱自由。

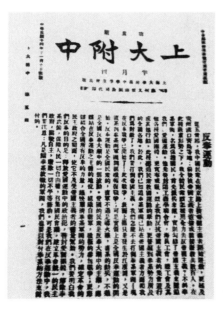

图1 《上大附中》第5期

（四）《圣诞节的敬礼》

《圣诞节的敬礼》是上海大学中学部非基督教同盟编辑的宣传反对基督

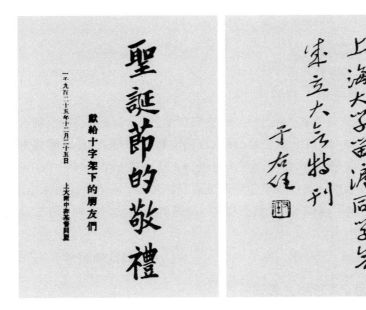

图2 《圣诞节的敬礼》封面　　图3 于右任校长为《上海大学留沪同学会成立大会特刊》题写刊名

教言论的小册子,1925年12月25日出版,其封面题有"献给十字架下的朋友们"。

(五)《上海大学留沪同学会成立大会特刊》

《上海大学留沪同学会成立大会特刊》是1936年上海大学留沪同学会成立时的大会特刊。1927年蒋介石发动"四一二"反革命政变后,封闭了上海大学,上海大学被迫停办。但上海大学学生为学籍问题再三与国民党交涉,直到1936年3月,才由国民党中央常务委员会通过承认上海大学学生学籍与国立大学同等待遇的决定。于是各地上大学生纷纷成立同学会,以南京为总会所在地,积极进行复校活动。

此篇文章内容主要来源于上海大学出版社2014年出版的《20世纪20年代的上海大学》;2015年刘长林、金诗铧在《上海文化》上发表的《20世纪20年代上海大学的自办期刊》。

上海大学师生活动

（一）上海大学国乙茶会记上

上海大学中国文学系乙组学生，因放假在迩，平日聚首一堂，今则天各一方，未免留恋不舍。昨日下午二时，在该校第六教室举行茶会，以晤留别。其开会秩序如下：（一）摇铃开会；（二）奏乐；（三）主席报告；（四）自由谈话；（五）茶点；（六）余兴。又该级学生因政变及长沙惨案，延至今日尚无结果，特规定每人回家，应尽国民天职，露天宣传，以谋群众运动。并闻（国乙）周刊，决定下学期开学后出版。

《民国日报》1923年7月6日

（二）《盗国记》新剧之表演

前日下午一时，闸北青岛路上海大学开一周纪念会，该校校长于右任君及各教职员暨全体学生三百余人完全出席，来宾约数百人，由校长主席，报告一周间之成绩，次由马君武、汪精卫及其他来宾相继演说，其后则该校男女学生演剧，剧名《盗国记》，都十二幕，一次演完，颇有可观。他如幻术、拳术、舞蹈等游艺，各有精彩，知道夜深方散云。

《申报》1924年3月24日

（三）篮球消息

本埠每年有全沪华人篮球锦标之比赛，去年加入者，为青年会全白队、全黑队、体育研究会、圣约翰大学、复旦大学、沪江大学等六队，最后锦标为白队夺得。今年复由青年会发起，除去年加入之各队外，新加入有上海大学、南方大学及中国公学等，并定本月二十九日开始比赛。地点本拟在贝勒路体育场，但闻因多数赞成在青年会举行，故现在尚未决定。本届锦标，闻全白队及全黑队为最有希望，届时必有一番角逐也。

《申报》1924年11月20日

（四）昨日学界纪念"五四"

本埠上海大学昨日由学校给假一日。本定上午开纪念会，嗣因原聘各演讲员未能到会，遂改至晚上七时举行，全体同学均出席，由高尔柏主席，杨贤江演讲，并表演双簧、新剧、京剧、跳舞、滑稽、火棍等各项游艺。

《民国日报》1926年5月5日

（五）留沪台湾学生组联合会

自马关条约成立后，我同胞之侨寓台湾者，已三十余年未与吾国通音问矣。迩者该地青年思念祖国心切，而归国求学者渐多，其在上海之学生数约有二百余人。前季曾由各校学生发起组织台湾学生联合会，藉与吾国联络感情。嗣以五卅案发生，进口中断。迨本季复由大夏大学、上海大学、国民大学、南方大学、亚东医大、南洋高商、南光中学等七校之台湾学生继续进行。于本月六日，经开筹备会，磋商一切。拟定本月二十日（星期日）下午一时，假大夏大学开成立大会。

《申报》1925年12月17日

此篇文章内容主要来源于上海大学出版社2014年出版的《20世纪20年代的上海大学》。

黄仁事件

（一）喋血余痕

死，人人所不能免的，只要死的有意义，有价值。

革命者早献身于主义的了，为主义而死，更是心安意得。

黄仁！你为主义而死，我们除了格外的努力，还有何话可说！

同志们！

革命花本是用血花培养出来的！

我们都是未来的黄仁，更何用替他呼冤，向他哭泣！

同志们！

我们尚有未完的事业！

努力！努力！

我们快为我们的主义增些成绩！

（二）双十节天后宫惨剧

本埠各界人士，鉴于国事日益纷扰，曾发起国民大会，于双十节午后二时在北河南路天后宫举行露天大会，讨论救国方针。不料为一般反对救国者扰乱会场秩序，时有纠察员洪野鹤、郭伯和、林钧、王秋心等（上海大学学生代表）见势不佳，即向前阻止，无如因势不敌，反被殴伤。众势汹汹，黑白不分，在场之便衣警察四人，亦无法制止。同时台上有学生总会代表郭寿华君因说打倒帝国主义与打倒军阀，有刺花党数人，上台将郭君扯倒。其他代表如李逸、沈尚平、刘稻薪、石玉伯（学生总会）、黄仁（上大学生）君等亦次第被殴，黄仁当即被倒于地不省人事。

在场之便衣警，初将受伤之各代表拘留，后调查清楚，始将受伤之各代表护送出场。一场大会，遂从此纷散，受伤者除黄仁、林钧二君送往医院医治外（恐有性命之虞），余均回家各自医治。下文如何，容访再志。

本报昨晚得消息：黄仁君已在宝隆医院身故。

（三）上海大学学生发出通电

广州、天津、武汉各学生联合会鉴：贵会代表郭寿华、沈尚平、李逸及敝校同学黄仁、林钧、郭伯和、刘稻薪、黄培恒、何秉彝等于国庆日在上海国民大会中为反对军阀、帝国主义者之演说，竟大遭帝国主义以及军阀之走狗所忌，强横拦阻其演说，复喝令被其所收买之刺花流氓多人向郭君等痛加殴击。现郭君等均受重伤，且敝校黄仁、林钧尤有性命危险。同人等为此正在集议对付之方法，望贵会速起为一致向帝国主义者与军阀作战之准备。

上海大学学生会
《民国日报》1924年10月12日

（四）上海大学学生第二次通电

在双十节国民大会中为赞成"反对帝国主义与军阀"之演说而受帝国主义者与军阀之走狗殴打最毒之黄仁同志，已于本月十二日早晨二时十七分在宝隆医院死了。当黄仁君横被殴打之后，即已丧失知觉，及送医院，始渐苏醒，而鼻出黄水，呕饭溺血，为状奇惨。据该院医生声称，黄君伤及脑部，决难见效，至十一日晚间十时，脸色骤变，脉搏转弱，十二时痰喘甚急，延及二时十七分已气绝。

昨日黄君尸体经德国医生之剖解，证明确系因伤毙命，且谓"头盖骨已破，脑质损坏，内脏之伤不计其数"云云。呜呼，似此忠勇义愤之志士，竟惨死于群小拳足之下，我全国同胞，须知黄君为国民党之青年党员，吾人须知国民党之革命口号为"反对帝国主义，推到一切军阀"，黄君之死，实为反对帝国主义而死，为反对军阀主义而死，为党义而死，为谋我全人民之利益而死。

我们对黄仁义士此等伟大之牺牲精神和坚强作战之意志，当表示何等敬慕之意，对于压迫残害我们种种暴戾恣睢之行动的帝国主义者与军阀，又当奋发何等同仇敌忾之情。黄君籍四川，家贫，依之为生者有寡母弱妻幼妹小女。今远离故乡，惨遭奇祸，家属将何以自全其生，同人等现正筹谋黄君一切善后，一方集全力与帝国主义者与军阀走狗决一死战。我亲爱之同胞，尤须知黄君之死，非黄君个人之死，乃先全国人民而死者之一。民与贼不两立，望我同胞从速联合起来，向帝国主义与军阀下猛烈之总攻击。

上海大学学生会
《民国日报》1924年10月17日

此篇文章内容主要来源于上海大学出版社2014年出版的《20世纪20年代的上海大学》。

四、上海大学学生会相关情况

（一）成立背景

1924年10月13日，上海大学学生会成立，以"谋学生本身利益并图学校之发展，参与救国运动"为宗旨。

《上海大学章程》就将"学生会对于本校改进之意见"作为上海大学行政委员会议决的重大事项之一。但这时的学生会组织化程度不够，因此"在校内实在很难活动，因为国民党的关系并歧视的缘故，时有暗潮"。但最迟至1924年5月，上海大学学生会成员多是青年团团员。《民国日报》报道上海大学学生会于1924年10月13日成立，其宗旨为"谋学生本身利益并图学校之发展，参与救国运动"，"委员十人：杨之华、王秋心、刘一清、王环心、郭伯和、刘剑华、李春蕃七君被举为正式执行委员，林钧、欧阳继修、窦勋伯三君被举为候补委员"。其中除窦勋伯背景不详外，其余均为共产党员或青年团员。此后学生会虽经几次改选，但其委员一直主要由共产党上海大学支部的成员担任。鉴于在此之前上海大学一直都有学生会，《民国日报》报道的"成立"一说应有别样意义，极有可能指从此时起，共产党开始全面领导学生会。在所能见到的1926年中共上海大学特别支部的报告中，几乎均报告了上海大学学生会的工作情况。自此，学生会在共产党的领导下，作为上海大学的代表发动和组织同学参加各种社会运动，如欢迎孙中山北上、开展非基督教运动、国民会议运动与参加五卅运动等。因此《上大五卅特刊》的内容多是贯彻党中央和团中央的宣传理念，而《上海大学三周年纪念特刊》中上海大学三年来所呈现的成果也多是在党、团中央的指导下所作的努力。上海大学学生会作为深受共产党影响的重要组织，其所办刊物在校内外宣传共产党的主张方面起了重要作用。

（二）学生会第一届委员一览

姓名	入学时间	专业	在上海大学期间的主要活动	曾 任 职 位
杨之华 （1900—1973）	1924.1	社会学系	参加平民学校和工人夜校工作； 参加1924年10月10日庆祝辛亥革命十三周年国民大会； 1925年2月2日，上海内外棉八厂罢工，在抗议集合会上发表演讲； 五卅运动爆发后上街游行； 在向警予领导下积极从事妇女运动；创办《中国妇女》旬刊	上海大学浙江同乡会执行委员； 上海大学学生会正式委员； 上海反对日本出兵行动委员会主席； 中共中央妇女委员会委员； 全国妇联国际部部长、副主席； 全国总工会女工部部长
王环心 （1901—1927）	1922.10	中国文学系	参加1924年10月10日庆祝辛亥革命十三周年国民大会，向国民党右派抗议； 参加上海大学演说学习会； 加入文学社团"春雷文学社"； "文学专号"第二期上发表话剧剧本《浪漫的结婚》	上海大学学生会执行委员
郭伯和 （1900—1927）	1923	社会学系	1924年，和李硕勋、余泽鸿等发起组织了"平民世界学社"，创办了《平民世界》半月刊； 参与创办平民夜校，提高工人觉悟； 参加1924年10月10日庆祝辛亥革命十三周年国民大会，向国民党右派抗议； 1925年2月，声援上海日府纱厂工人罢工； 出席全国学生联合会临时代表大会，被推选为大会主席； 在沪西担任中共小沙渡部委书记，从事工人运动；	上海大学学生会主席； 上海国民会议促成会筹备处第二次代表大会筹备委员； 上海工商学联合会总务委员； 中共上海区委正式委员； 中共上海闸北区部委书记； 中共江苏省委组织部部长

续 表

姓名	入学时间	专业	在上海大学期间的主要活动	曾任职位
郭伯和 （1900—1927）	1923	社会学系	1927年3月21日，参与领导和部署了上海第三次工人武装起义中闸北地区的战斗并取得胜利	
刘 华 （1899—1925）	1923.8	/	积极投身工人夜校和平民教育工作； 1924年2月7日，参与京汉铁路"二七"大罢工一周年纪念会并发表陈词； 1924年秋，根据党组织安排在小沙渡沪西工友俱乐部工作； 1925年2月9日"二月罢工"的前沿总指挥之一，与日本资本家谈判，取得胜利； 主持沙西工友俱乐部召开的各日商纱厂工人代表会议； 主持顾正红烈士追悼会； 组成"五卅"运动罢工委员会，直接领导工人方面的斗争	上海大学学生会执行委员； 上海大学四川同学会主席； 上海大学平民学校学生会执行委员； 罢工委员会总主任； 上海总工会组织副委员长； 上海总工会第四办事处主任
柯伯年 （1904—1985）	1923	社会学系	1923年在上海大学夏令讲学会上，作有关帝国主义的讲座； 上海非基督教同盟成立，和高尔柏负责编辑《非基督教特刊》； 纪念俄国十月革命七周年，发表演说； 1925年2月，翻译列宁的《帝国主义论》，前六章以《帝国主义浅说》的书名出版	上海大学学生会执行委员； 上海大学上海夏令讲学会社会问题研究会委员； 上海非基督教同盟执行委员

续 表

姓名	入学时间	专业	在上海大学期间的主要活动	曾任职位
林 钧（1897—1944）	1924.7	社会学系	1924年10月10日，参加庆祝辛亥革命十三周年国民大会； 1924年11月7日，以平民学校主任的身份主持上海大学平民学校召开的纪念苏联十月革命大会； 1924年12月28日，上海国民会议促成会召开第三次委员会会议，被安排到南汇、川沙宣讲"孙中山先生关于通过召开国民会议以谋中国统一与建设的主张"； 1925年，代表上海学生界到北京出席"国民会议促成会全国代表大会"； 1925年5月1日，上海大学平民学校举行纪念"五一"国际劳动节大会，发表演说； 1925年5月16日，上海大学平民学校召开学生会成立大会，发表演说； "五卅"惨案发生以后，根据党组织的安排，组织和推动全市的罢工、罢市、罢课斗争； 1925年6月7日，上海工商学联合会提出同帝国主义交涉的17项条件，被推选为交涉条件审查员； 1925年6月29日，上海各界在闸北方家桥举行五卅烈士公墓奠基礼，主持奠基仪式； 1926年10月11日，与国民政府商谈国共合作组织上海工人武装起义之事；	上海大学学生会候补委员，后改选成为执行委员； 上海大学平民学校主任委员； 上海国民会议促进会正式委员； 上海工商学联合会总务委员； 市民公会党团书记； 上海特别市临时市政府委员兼秘书长； 上海特别市临时市政府党团干事会成员之一

续 表

姓名	入学时间	专业	在上海大学期间的主要活动	曾任职位
林 钧 (1897—1944)	1924.7	社会学系	1926年10月23日,上海工人第一次武装起义失败以后,中共上海区委指示林钧等在奉贤、南汇、川沙成立联合会;在前线指挥上海第三次工人武装起义	
阳翰笙 (1902—1993)	1924	社会学系	参加工人夜校的教育工作和工人运动; 二月罢工时,在刘华的领导下,深入到工人家里宣传罢工的意义; 五卅运动爆发后,受党组织的指派,到上海学联总会工作,同时筹备全国学生联合总会代表大会; 代表全国学总参加工商学联合会,帮助萧楚女办会刊	上海大学学生会候补委员; 中共上海大学特别支部的支部书记; 中共上海闸北区部委书记
刘一清	—	社会学系	1924年11月,刘一清等上海大学平民夜校教师发表了关于苏联十月革命的演说	上海大学平民夜校委员会书记; 上海学生联合会常务主席; 上海大学夏令讲习会社会问题研究会委员

(三)学生会大事记

1922年

1922年10月19日

学生自治会开会议决,改校名为上海大学。并派定清账员六人清理账目。王理堂之亲信、原代理校务主任陈继武,会计汤石庵等拉拢部分学生组织学生维持会,与学生自治会对立,阻挠学校的改组。【摘自《上海大学一九二二—一九二七年》】

1923年

1923年1月8日

学生委员会发表启事,驳斥王理堂捏造谣言,声明学生委员会提出诉讼是因王理堂等借学敛财,挟款私逃。【摘自《上海大学一九二二—一九二七年》】

1924年

1924年10月10日

上海各界的30多个团体正在筹备国庆纪念大会。这天天气极好。清晨,上海大学学生会负责人杨之华和几位同学,邀请瞿秋白、蒋光慈、刘华等到河南路桥北面天后宫参加大会。他们先到半淞园去散步,然后再去参加上午10点召开的大会。当他们登上电车时,得到报告:租界当局勾结国民党右派、无政府主义派,收买了地痞流氓,准备捣乱今天的大会。蒋光慈和同学们当即要瞿秋白回校,他们先到会场看看动静再说。【摘自《蒋光慈传》】

1924年10月10日,在天后宫举行国民大会,这次会议名为上海各团体召开,实际是国民党右派为声援皖系军阀卢永祥而筹划的一次宣传活动。当时,上海大学学生会不了解真相,也同其他学校一样,派人出席。黄仁也出席了会议。会上,一个所谓社会名流在台上大放厥词,遭到与会学生和各界群众的反对,各校学生代表纷纷上台演讲。黄仁对学生代表的演讲,报以热烈的掌声。不料,台下为国民党右派雇佣的、预先混杂在人群中的流氓一哄而起,对黄仁和学生代表大打出手。黄仁忍无可忍,冲上主席台,严厉斥责流氓的卑劣行径。这伙流氓将黄仁从高逾七尺的台上猛推下来,头盖骨破裂。【摘自《全国文摘精华(四编)》】

1924年10月11日

上海大学学生会发表《上海大学学生横被帝国主义与军阀走狗摧残的通电》,揭露事情的真相。【摘自《总想为大家辟一条光明的路:瞿秋白大事记述》】

同年10月,上海各界举行纪念辛亥革命十三周年大会,遭到反动军警的破坏。上海大学学生代表于翔青被打得头破血流;黄任(仁)重伤致死。张琴秋、杨之华等在党组织领导下,立即以上海大学学生会名义通电全国,痛斥帝国主义和国民党右派的暴行。【摘自《南湖魂:嘉兴党史人物传》】

1924年10月13日

上海大学学生会成立,以"谋学生本身利益并图学校之发展,参与救国运动"为宗旨。推选杨之华、刘一清、王环心、郭伯和、刘剑华(即刘华)、李春藩为执行委员,林钧、欧阳继修(即阳翰笙)、窦勋伯为候补委员。【摘自《上海早晨》】

上海大学开办以来,对于校务力求完善,而该校学生之热心社会事业,及组织种种小团体,如书报流通社、校刊编辑会、社会问题讨论会等等,尤为国人所赞仰。顷闻该校学生以本校小团体虽多,而对内对外一切,苦于各自分立,无系统与一贯之精神,特于昨日(十三)假该校第二院第七教室,召集全体学生大会,组织"上海大学学生会"。在庄严肃穆之会场中,议决大纲十条(大纲见后),举出委员十人:杨之华、王秋心、刘一清、王环心、郭伯和、刘剑华、李春蕃七君被举为正式执行委员,林钧、欧阳继修、窦勋伯三君被举为候补委员。【摘自《上海大学史料》】

上海大学学生会大纲:(一)定名 本会定名为上海大学学生会。(二)宗旨 本会以谋学生本身利益并图学校之发展参与救国运动为宗旨。(三)本会由大会选执行委员七人组织执行委员会执行本会一切事务。(四)职务 由执行委员互推主席一人总理一切会务,互推书记、交际各二人,庶务、会计各一人分任会务。(五)会务分配 本委员一切事务之分配由委员自行决定。(六)任期 本会委员任期为半年。(七)会期每学期开大会一次,于每学期开始时举行之,遇必要时委员会得召集临时大会;委员会每两星期举行一次,遇必要时得由主席召集临时会议。(八)会费 会费每学期每人大洋二角。(九)权限 开会时本会以大会为最高机关。(十)附则 本大纲有未妥处得由大会提议修改之。【摘自《上海大学史料》】

1924年10月15日

上海大学学生会再次发出《黄仁惨死之抗议声》通电。【摘自《上海早晨》】

1924年10月21日

上海大学、上海大学学生会、上大教职员援助被难学生会、上大四川同学会及全国学总、上海反帝大同盟、非基同盟、沪西工友俱乐部、杨树浦工人进德会、国民党第一、二、五、九区党部等三十五团体,在上海大学开会筹备追悼黄仁烈士。【摘自《上海大学一九二二—一九二七年》】

1924年11月

上海大学学生会组织演说练习会,每星期开会一次。【摘自《上海早晨》】

1924年11月15日

上大学生会参加全市各团体联合会议,被选为筹备欢迎孙中山抵沪的五团体之一。【摘自《上海大学一九二二——一九二七年》】

1924年11月17日

上大学生与各团体、学校代表二千余人,到码头欢迎孙中山先生抵沪,在去孙中山住宅途中,被法巡捕房所阻,校旗被劫。11月22日,经交涉,上大校旗由法巡捕房送回。【摘自《上海大学一九二二——一九二七年》】

11月下旬,孙中山应冯玉祥等人邀请北上过沪,上海大学学生和上海一百余公团代表在江边夹道迎接。帝国主义者竟指使巡捕抢去上海大学校旗和国民党党旗。张琴秋和同学们一起,与帝国主义者展开了一场夺旗斗争,终于把旗夺了回来。【摘自《南湖魂:嘉兴党史人物传》】

1924年11月23日

1924年11月22日,上海各团体联合会执行委员会发表《对时局之意见》,主张召开全国国民代表会议。23日,中华民国学生联合会总会、上海粤侨工界联合会、旅沪广东自治会、女子参政协会、天潼福德两路商界联合会、吴淞路商界联合会、上海市民协会、上海工商联合会、上海店员联合会、劳工青年会、上海大学学生会、大夏大学学生会等62个团体发表通电,"赞成孙中山之政见",希望"全国公团一致赞助"。【摘自《中国历史大事详解近代卷:风暴来临1920~1929》】

1924年12月3日

在1924年11月孙中山北上的时候,中国共产党发表第四次对时局宣言,支持孙中山关于召开国民会议的主张,向国民会议提出十三项最低要求,掀起了轰轰烈烈的国民会议运动。上海工、商、教育、妇女各界许多团体发表通电和宣言,拥护中国共产党和孙中山的主张。12月3日,上海大学学生会、上海机器工会等143个团体发

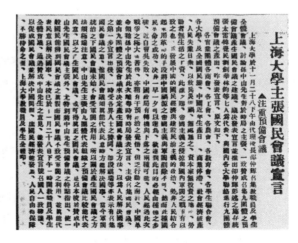

图1 《民国日报》1924年12月3日:《上海大学主张国民会议宣言》

起成立上海国民会议促成会,邵力子、向警予等21人被推为委员。在中国共产党的领导下,上海国民会议促成会通电全国各社团,号召组织各地和全国的国民会议促成会,并派员到各地演说。国民会议运动虽然没有促成民主政府的诞生,但在揭露帝国主义、军阀的反动面目,教育和组织人民方面,有着积极的意义。特别是工人阶级,受这次运动影响不小。【摘自《上海近代史(下)》】

1924年12月9日

本月九日开大会改选执行委员,当选出陶同杰、林钧、刘华、朱义权、何秉彝、陈志英、黄竞成七人充任。日前夜晚七时,复开全体大会,讨论关于学务、校务、会务及学生方面之一切重要问题,到会者超过半数,讨论约三小时之久。其议决案,如促学校行政委员会从速组织募捐委员会,俾得早日建筑新校舍,行政委员会学生得派代表参加,添置学务长,组织新闻通信社,建筑操场,促学校从速立案,并力争退回庚子赔款作本校经费,添设游艺室,继办上大周刊等十余条。【摘自《上海大学史料》】

1924年12月25日

上大学生会联络南洋大学、大夏大学、同文书院等七校学生会召集各校代表会议,公决否认上届学联,并讨论对时局的主张。上大学生余泽鸿、刘峻山、高尔柏、林钧、刘一清等先后担任上海学联的负责人。【摘自《上海大学一九二二—一九二七年》】

1925年

1925年3月17日

上海大学学生会改选,讨论追悼孙中山事宜。国民党上海女党员召开追悼孙中山大会,杨之华主持,到会者数十人,叶楚伧、恽代英即席演讲。【摘自《上海早晨》】

1925年3月19日

上海大学学生会召开全体会议,决议向广东国民政府请求将上海大学改为国立中山大学。【摘自《上海早晨》】

3月19日,上海大学学生会讨论该校改为国立中山大学之事宜。据1925年3月19日《申报》载《筹备国立中山大学消息》记:本埠上海大学,自由同学陶同杰等根据该校学生会议决案,增加意见、提出改该校为国立中山大学意见书后,同学中对于此议,多表赞同。闻该校学生会定于今日召集全体同学大会,讨论进行方法,以便组织上大等筹备进行国立中山大学委员会,积极进行。闻国民党方面亦多愿协助,但对进行手续上意见稍有不同。大约此举不久当能成为事实云。【摘自《中山文史(第39辑) 永留浩气在人间——1925年海内外悼念孙中山先生活动纪实》】

1925年5月4日

全国学联及上海学联在复旦中学部礼堂举行五四纪念会,千余学生参加,邵力子、陈望道、恽代英等发表演说。【摘自《上海早晨》】

1925年5月18日

上海大学平民学校成立学生会。【摘自《上海早晨》】

1925年5月24日

上海大学学生结队前往潭子湾,参加顾正红烈士追悼大会,路过租界时,巡捕以"扰乱治安"为名,逮捕了上海大学学生会负责人韩步先、江锦维、赵振寰、朱义权4人。上海大学、文治大学学生结队到来租界,要求释放被捕学生,遭到租界当局拒绝。【摘自《中国工人运动史话(二)》】

1925年5月30—31日

1925年5月15日,上海发生了日本纱厂的日籍职员枪杀中国工人、共产党员顾正红,并打伤了十余名工人的流血事件。5月28日,青岛又发生了日本帝国主义和中国军阀镇压工

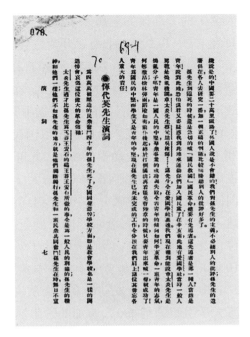

图2 《恽代英先生演讲词》

图3 《上海大学创办平民学校》

人罢工的青岛惨案。屠杀事件接连发生,激起了尹景伊的无比愤怒。5月28日晚上,中共中央在上海召开紧急会议讨论通过了《扩大反帝运动和组织"五卅"大示威》的决议:决定5月30日在上海租界举行大示威,掀起反帝运动的新高潮,把工人反对日本资本家的经济斗争,发展成为全民族反对帝国主义的政治斗争。5月29日,恽代英根据中共中央的指示,以国民党上海执行部宣传部的名义召集会议。会议决定以国民党组织和上海学联的名义,组织宣传员和工人到各校去发动学生参加"五卅"示威。当天下午,梅电龙(上海学联副主席、中共党员)和何秉彝(上海大学学生会负责人、中共党员)来到吴淞镇,向同济大学国民党区分部和学生会负责人何志球、吴鼎、袁文彬、尹景伊等传达了党中央的指示,要求立即动员全校学生参加"五卅"大示威。学生会的几位负责人立即商定:当晚七时召开全校学生紧急大会。【摘自《日照文史(第10辑) 纪念日照暴动七十周年专辑》】

中共中央决定发动群众上街演说,抗议帝国主义的暴行。陶淮参加了上海大学组织的约400人参加的学生演讲团,到南京路一带进行反帝宣传。当天下午,英国巡捕开枪屠杀群众,学生何秉彝当场牺牲,130人被关进了老闸捕房。第二天上海大学学生会发通电,宣布从"6月1日起实行罢课、誓达惩凶雪耻之日"。为了继续团结广大同学进行战斗,学生们共推选14人组成了上海大学学生会临时委员会,领导上海各界罢工、罢课、罢市。各地纷纷响应,形成了全国性的反帝高潮。6月下旬,临时委员会筹议暑假会务,推定陶淮等14人为暑期负责专员。【摘自《中共寿县党史人物》】

1925年2月,上海工人在党的领导下,向日本资本家提出增加工资,改善生活待遇的要求,并举行罢工。钟复光同上海大学的同学一道,深入工人之中,并参加了2月罢工运动。在二月风暴不断扩大之际,上海租界的工部局又发布了令人发指的苛刻条例,引发了上海各界的愤怒。上海大学的学生会联合文治大学等学校的学生会,决定5月30日举行游行示威,结果遭到了帝国主义的血腥镇压,造成了震惊中外的五卅惨案。当时钟复光随上海大学的学生到租界散发传单,公开演讲,遭到英租界警察镇压。31日,天下着大雨,游行队伍越来越多,钟复光积极参加,并与四位女同学同时被捕。在巡捕房,钟复光仍不停止宣传,高声质问:"我们无罪,为什么抓人?"傍晚才被释放。【摘自《黄埔军校名人传略(第3卷)》】

同一天,上海工商学联合会也开会,决议去函各报,拆穿总商会冒称十三条经工商学联合会同意的谎言。接着海员工会、店员联合会、上海大学学生会、上海学联和上海各界妇女联合会等团体也纷纷开会,反对总商会的十三条。天津、湖南、武汉等地群众团体都纷纷来电,反对上海总商会提出的十三条,要求政府按上海工商学联合会提出的十七条件进行交涉。【摘自《五卅运动》】

5月30日上午,上海大学等大中学校的两千多名学生走上街头,走向租界。一张张收回租界的传单在漫空飞舞,一场场声援工人的讲演在声泪俱下、动容动情地进行着。市民心头点燃起一簇簇火种,被淹没闭塞的良知被发掘出来了,被窒息已久的感情复活过来了,大上海在燃烧,在沸腾!租界当局既恨且怕,恼羞成怒,出动巡捕,逢人便打,行凶拘捕,如同疯兽!下午一时,仅南京路老闸捕房一处已拘押学生一百余人。暴行更激发了众怒,万余群众攒集公共租界南京路巡捕房门首,高呼打倒帝国主义的口号,强烈要求释放被捕的同胞。不料灭绝人性的英国巡捕竟对准徒手的群众开枪,当场打死13人,伤无数。上海大学学生会执行委员何秉彝,其时正在高喊:"同胞快醒",被英巡捕用手枪抵住胸口开枪,当即毙命。交通大学学生陈虞钦中弹倒地未死,英捕头瞄准再放一枪,他当即气绝身亡。"五卅惨案"发生了!【摘自《叶圣陶传》】

1925年6月4日

万国商团及巡捕武装搜查并占领上海大学,学生会向全国通电。上海工商学联合会成立。上海大学学生林钧、郭伯和被选为工商学联总务委员,阳翰笙任文书。韩觉民、侯绍裘、沈雁冰、周越然、杨贤江、董亦湘等发起组织上海教职员救国联合会。【摘自《上海早晨》】

1925年6月7日

上海大学全体教职员和学生发表宣言,抗议帝国主义迫害上海大学。根据全国学生总会决定,上海大学部分同学到青浦、松江以及外省宣传。【摘自《上海早晨》】

1925年6月14日

新建校舍募捐委员会成立。上大向上海学联提议,反对总商会修正之十三条。【摘自《上海大学一九二二——一九二七年》】

1925年6月25日

上大学生会为广州"六二三"沙基惨案致电广东革命政府。【摘自《上海大学一九二二——一九二七年》】

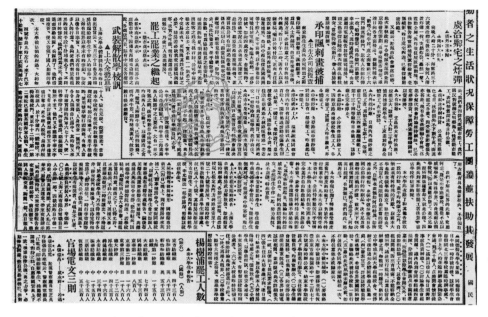

图4 《民国日报》1925年6月8日:《上大全体宣言》

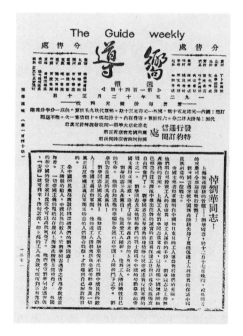

图5 《向导》周报第140期:《悼刘华同志!》

1925年6月26日

全国学生第七届代表大会在沪召开,上海大学、南洋大学、大同大学三校学生代表出席,恽代英任党团书记。【摘自《上海大学一九二二——一九二七年》】

1925年6月29日

全国学生联合总会选举执行委员,上海大学学生高尔柏任编辑部主任,刘稻薪任新闻部主任,李硕勋任交际部主任。【摘自《上海早晨》】

1925年7月14日

上大学生会派代表参加由学联组织的学生军,到邢士廉戒严司令部要求发给武器。【摘自《上海大学一九二二——一九二七年》】

1925年7月15日

上大学生会发表通电,反对媚外报纸。电文指出:上海《申报》《新闻报》阿谀军阀,媚事外人,对顾正红事件及五卅惨案或则不发一言,或则遇词句痛彻之文章,即随意删节,完全不登。但对帝国主义造谣电讯,刊载唯恐不及,甚至用大幅地位,为工部局专事诽谤五卅爱国运动的《诚言报》做广告。上大学生会决定停止购阅两报,并撤回上大在两报所登广告。要求全国各界共同铲除卖国报纸。【摘自《上海大学一九二二—一九二七年》】

1925年8月21日

上海大学学生刘峻山由中共上海区委指定任上海学联党团书记。【摘自《上海早晨》】

1925年10月10日

上海大学学生会召开纪念双十节大会。【摘自《上海大学一九二二—一九二七年》】

1925年10月23日

上海大学举行建校三周年纪念大会。同日出版由上海大学学生会编辑的《上海大学三周年纪念特刊》。【摘自《上海早晨》】

1925年11月5日

上大学生会派代表参加上海学联会议,筹建学生军。【摘自《上海大学一九二二—一九二七年》】

1926年

1926年7月29日

学生会发表宣言,反对日本发起、操纵的亚细亚民族大会。【摘自《上海大学一九二二—一九二七年》】

1926年11月28日

上海大学学生参加工商各界5万余人举行的市民大会,反对奉鲁军南下,要求上海实行自治。大会议决恢复上海工商学联合会,以筹备组织市民政府。【摘自《上海早晨》】

1927年

1927年1月2日

上海大学学生何洛、刘荣简和上海大学附中学生覃汉参加上海学联第六

次代表大会。大会决议援助非基督教运动中被捕的上海大学等校学生。【摘自《上海早晨》】

1927年3月25日

上海大学学生参加上海学联在新舞台召开的追悼死难烈士大会，悼念在起义中牺牲的学生。上海大学学生、中共上海区委学生运动委员会主任余泽鸿到会并讲话。【摘自《上海早晨》】

1927年4月13日

上海大学学生代表参加上海学联执委会会议，决议为援助工人纠察队，全市学校罢课，要求当局发还工人枪械等。【摘自《上海早晨》】

上大学生会代表参加上海学联执委会议，议决为援助工人纠察队，在全市学校罢课；要求当局发还工人枪械；派代表慰问总工会并质问当局。同日，上大学生参加青云路广场上海总工会召开的工人群众大会，会后游行在宝山路遭到血腥镇压。【摘自《上海大学一九二二—一九二七年》】

1927年4月14日

上海大学在江湾新校舍召开教职员学生联席会议，报告学务教务状况。同日，上海学联遭到取缔。【摘自《上海早晨》】

1927年4月15日

上海大学学生会发表反英宣言，并通电援助大夏大学，抗议英兵搜查大夏大学、殴伤同胞。【摘自《上海早晨》】

上大学生会发表加入反英大同盟宣言，并为抗议英兵搜查大夏大学发表通电。【摘自《上海大学一九二二—一九二七年》】

（四）学生会出版的刊物

1.《上大五卅特刊》

该刊为8开小报，每期4版。

创办时间：

1925年6月15日创刊。

创办背景：

《上大五卅特刊》是上海大学学生会在五卅运动爆发后创办的理论刊物。

创办目的：

"以同学研究与活动之所为，说明五卅运动正确之意义，并纠正部分国人之谬误观念",同时"要以五卅运动中同学之努力与贡献报告给社会",亦"以同学此次参加五卅运动之史实留为母校永久的纪念并以勉励将来"。

内容:

① 《上大五卅特刊》第1期,1925年6月15日:

《〈上大五卅特刊〉发刊词》:我们同学向以为学术的研究与社会的运动相辅而行,自然与我一切被压迫的同类[胞]共同负着东亚民族革命的使命。我们同学在五卅运动(中),虽自惭力薄不能有特殊的贡献,然亦自谓不敢后人。而烈士何秉彝之奋斗以至于死,尤足以鼓励同学,

图6 《上大五卅特刊》第1期

振发国人。此外同学之或受伤或被捕而百折不挠锐气有加,大概都是我们平日的修养,有以致之。

② 《上大五卅特刊》第2期,1925年6月23日:

小立(崔小立):《五卅运动的各个方面》;

稽天:《中国人赤化就该死吗?》;

光亮:《组织工会及罢工的自由》

③ 《上大五卅特刊》第3期,1925年6月30日:

鹤鸣:《我的被捕情形及感想》;

稽天:《一桩造谣媚外的公案》;

光亮:《只有前进,不能后退——我们的生死关头》;

凌山:《"作战的步骤"究竟应该怎样?——驳斥丁文江并质胡适之》

④ 《上大五卅特刊》第4期,1925年7月7日:

光亮:《中国学生在民族革命中的地位与任务》;

凌山:《"五卅"运动与废除一切不平等条约》

⑤ 《上大五卅特刊》第5期,1925年7月14日:

仕祥:《"五卅"事件与国际反帝国主义运动的意义》;

光亮:《我们底战斗方略》

⑥《上大五卅特刊》第6期,1925年7月24日:

凌山:《"赤化"与"软化"》

⑦《上大五卅特刊》第7期,1925年8月6日:

姚天明:《国家主义者之谬妄》

⑧《上大五卅特刊》第8期,1925年8月26日:

凌山:《国民应注意帝国主义的走狗——买办阶级》;

仕祥:《"学术救国"原来如此》

……

影响:

《上大五卅特刊》对五卅运动进行了详细的自我认识与反思,从五卅运动的性质、策略、意义到联合统一战线,不但其涉猎内容非常广泛,内在逻辑分析严密,而且在理论观点上也体现出了鲜明的阶级立场和典型的唯物史观方法。

揆诸史实,《上大五卅特刊》对于五卅运动的总结与反思,不仅在很大程度上宣传了五卅运动的正义性,沉重打击了帝国主义和国内反动阶级,为后来大革命高潮的到来做了有力的舆论宣传和思想铺垫,更为今天的人们科学而深刻地认识这段历史提供了一个独特而鲜活的视角。

2.《上海大学三周年纪念特刊》

该刊为16开本,共10页。

创办时间:

1925年12月3日。

创办背景:

上海大学在每年的校庆上均会举行纪念活动。上海大学成立三周年时,不仅在校庆当日(1925年10月23日)举行纪念会,"敦请教授演讲外,并表演各种游艺,晚间且演新剧助兴",还于12月3日发行了《上海大学三周年纪念特刊》。

创办目的:

该刊主要回顾了上海大学师生在过去三周年的努力和成果,并明确今后的责任以及对未来的希望。

内容:

崔小立:《上大三周年纪念的意义与我们今后应负的责任》;

马凌山:《我们的纪念》

……

影响:

上海大学自成立之日起屡遭帝国主义和反革命派的压迫,尤其是在其成立之后的第三年,无论是社会还是上海大学自身都有着巨大的变动。上海大学师生做了大量的工作,如追悼中山先生,发展平民学校,成立演说会、中山主义研究会、女同学会等志在革命的青年团体,积极参加五卅运动,发行《上大五卅特刊》等。因此,在这个时候出版纪念刊物,厘清上海大学遭受压迫的根本原因,总结上海大学所取得的成果,明确上海大学的使命,对上海大学今后的发展和斗争具有重要指导作用和借鉴意义。

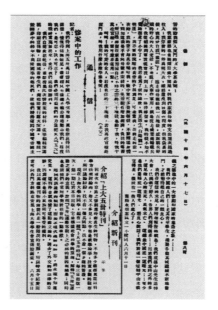

图7 《民国日报》1925年6月17日介绍《上大五卅特刊》

(五)学生会在全国学联中的影响

在五四运动中,全国各地先后出现了许多学生组织——学生联合会,在其基础上,伴随着学生运动的日益高涨,全国学联应时而生。1919年6月16日至8月5日,来自全国各地和留日的学生代表60余人,在上海召开了第一次全国学生代表大会,会议通过了《中华民国学生联合总会章程》,宣告全国学联正式成立。在中国共产党早期领导下的学生反帝反封建运动中,上海大学学生会和学联组织提供了重要的政治力量,其积累的经验在新时代仍具有历史与现实意义。

1923年8月16—29日,中华全国学生联合会第五次全国代表大会在广州举行。这次大会对于动员广大青年学生加入国民革命战线具有积极作用。从此,学生运动成为革命统一战线的一支不可忽视的力量。

1924年初,国共合作建立以后,国民革命运动逐渐高涨。为了进一步明确学生在国民革命运动中的任务,加强学生自身组织的建设,1924年5月28日,全国学联发出通知,决定在当年暑假召开中华全国学生联合会第六次全国代表大会。余泽鸿代表四川同学会去上海参加,会后,经中共党组织推荐考入上海大学社会科学系。在开幕式上,恽代英、施存统、于右任等发表了演说。大会决定与上海其他团体联络,发起上海废约运动大同盟和上海反帝运动大同盟。大会向全国学生提出了"我们不能做一个奴隶式的学生"的口号。大会最后选出了执行委员会,中共党员李硕勋任主任。这次大会不仅坚定了学生运动的政治方向,即打倒军阀、打倒帝国主义,有力促进了废除不平等条约运动和国民会议运动的开展,而且规定了学生政治斗争的具体目标,吸取了历史的经验教训,提出了学生运动必须与某学生自身利益相结合的原则,还明确了加强和巩固学生会自身的办法和措施,为即将到来的五卅运动做了思想上和组织上的准备。阳翰笙于1924年10月考入上海大学社会系,与李硕勋同班。

1925年,全国革命形势不断高涨,城市中的工人阶级为了争取自身权益而发动的罢工斗争此起彼伏。中共中央决定发动一场规模更大的群众反帝示威运动,由恽代英负责全国学生总会和上海学联,组织社会各界群众参加斗争。

1925年初,何秉彝被选为上海大学学生会执委上海学生联合会秘书和共青团上海地委组织主任。1925年5月,何成湘参加"五卅"运动,并接受任弼时的委派,与阳翰笙至全国学生联合会与上海学生联合会工作,担任上海学生联合会中共党团成员。五卅运动期间,1925—1926年,李硕勋先后主持召开了第七、八届全国学生代表大会,积极参加反帝爱国斗争,被选为上海学生联合会代表和全国学生联合会会长。他还以学生代表的身份参加并领导了上海工商学联合会(中共领导下的统一战线组织)的工作,推动了声势浩大的罢课、罢工、罢市斗争。余泽鸿以学联主席团委员名义,号召大中学生积极行动起来,同工人、市民并肩战斗。6月,上海工商联合会成立,余泽鸿被选举为联合会委员,1925年6月26日,中华全国学生联合会第七次全国代表大会召开。恽代英任大会党团书记。他在会上作了"'五卅'后的政治形势"报告,引导大家认识五卅运动的重要意义。大会制定了《反帝国主义运动议决案》《援助工人农民运动议决案》《学生组织问题议决案》等8项议决案,修订了《中华民国学生联合会总会章程》。这些议决案都是根据恽代英的思想起草的,又经恽代英等人的修改,在提交大会通过后,成为学生及青年运动的方针,对五卅运动向全国展开发挥了独特的作用。1926年6月,中华全国学生联合会第八次全国代表大会上,何成湘被选举担任秘书长。

五四运动引发一个"主义时代"的来临,各种外来新思潮的涌入,引发了知识青年对各种主义的信仰。全国各地的学生会和学联组织适应局势重新整顿，作为积极参与学联组织的上海大学在中国共产党的领导下，认清国民革命的动力、对象和任务后，积极投身学生运动，以大无畏的奋斗精神投身于反对军阀统治的斗争中，是早期中国共产党领导下的学生运动的缩影。

此篇内容主要来源于刘长林、金诗铧2015年在《上海文化》上发表的《20世纪20年代上海大学的自办期刊》；黄美真、石源华、张云1984年编的《上海大学史料》；谢忠强2014年在《中国国家博物馆馆刊》上发表的《〈上大五卅特刊〉对五卅运动的总结与反思》。

第三章　上海大学（1922—1927）档案文献留存情况

"上大记忆"项目自2016年成立以来，持续通过对上海档案馆及其区县档案馆等单位的馆藏进行档案寻访，寻得85份有关上海大学（1922—1927）档案文献资料，形成《上海大学（1922—1927）档案文献留存分布状况调查表》。"上大记忆"项目寻访到的上海大学（1922—1927）档案文献主要分布在上海市档案馆，主要全宗群为革命历史全宗群（全宗群号为D）、政协系统档案群（全宗群号为L），其中革命历史全宗中有一个专门的全宗为上海大学全宗（全宗号为D10）。这些档案文献的保存期限为永久，除个别档案文件不公开外，绝大多数档案文献可公开查阅，这些档案的类型主要为文书档案。"上大记忆"项目调查形成的《上海大学（1922—1927）档案文献留存分布状况调查表》，不仅是对现有资料的梳理，也是方便后人对上海大学（1922—1927）档案资料的查找。

表 上海大学(1922—1927)档案文献留存分布状况调查表

馆藏：上海市档案馆　　期限：永久　　密级：无　　文件类型：文书档案

序号	全宗	档号	题名	文件时间	主要内容	卷内页数	备注
B 政府系统档案							
1	B1 上海市人民政府	B1-1-2210-34	教育部上海办事处关于派台端暂行代理国立上海商学院院长职务的函	1949.05.04	部长派台端暂行代理国立上海商学院院长	2	教育部办事处
C 党派团体档案							
2	C22 上海市学生联合会	C22-2-8-50	上海市学生第二届代表大会代表登记表（国立上海商学院）	1950.04.28	第二届学生会成立，推举学生代表、列席代表	1	国立上海商学院
D 革命历史档案							
3	D2 革命历史刊物	D2-0-144-21	上海大学学生会状况/《上海学生》（第13、14期）	1926.03.05	上海大学学生会工作概况	1	
4	D2 革命历史刊物	D2-2-1577-95	烟台商会参加国民会议；上海山东同乡会宣言/国民会议号《闽声》	1925.02	救国救民的呼声，国家未来的探索	2	
5	D2 革命历史刊物	D2-2-1577-106	上海大学四川同学会通电/国民会议号《闽声》	1925.02	救国救民的呼声，国家未来的探索	1	

续表

序号	全宗	档号	题名	文件时间	主要内容	卷内页数	备注
6	D2革命历史刊物	D2-0-2810	上海大学湘社《湘锋》(第1期)	1925.12	上海大学湘社《湘锋》(第1期)全刊	92	
7	D3革命历史报纸	D3-0-629	上海大学学生会《上大五卅特刊》(第2期)	1925.06.23	涉及五卅运动及上海大学的影响	4	
8	D4革命历史书籍	D4-0-1173	黄美真、石源华、张云编《上海大学史料》	1984.02	上海大学资料选编	1	
9	D10革命历史档案—上海大学	D10-1-1	上海大学毕业盛典	1923.07.03	1923年7月3日《民国日报》：上海大学毕业盛典，于右任作	3	
10	D10革命历史档案—上海大学	D10-1-2	上海大学前日的盛会	1923.07.10	介绍盛会的过程（于右任，邵力子）	2	
11	D10革命历史档案—上海大学	D10-1-3	上海大学毕业式志盛	1923.07.13	美术科毕业三十四人	3	多页模糊
12	D10革命历史档案—上海大学	D10-1-4	上海大学录取新生案	1923.08.08	大学部社会学系一年级	1	模糊
13	D10革命历史档案—上海大学	D10-1-5	上海大学赴杭州招生	1923.08.10	1923年10月26日上大俄文班招生	1	

续 表

序号	全 宗	档 号	题 名	文件时间	主 要 内 容	卷内页数	备注
14	D10革命历史档案－上海大学	D10-1-6	上海大学招生处布告	1924.01.22	招生布告	1	
15	D10革命历史档案－上海大学	D10-1-7	上海大学招生处布告	1924.02.24	招生布告	—	
16	D10革命历史档案－上海大学	D10-1-8	上海大学大事记	1924.05.04	摘自《上大周刊》第1期1924年5月4日	5	
17	D10革命历史档案－上海大学	D10-1-9	上海大学录取新生布告	1924.07.14	录取名单与院系设置	1	
18	D10革命历史档案－上海大学	D10-1-10	上海大学消息	1924.05.08	上大成立消息	1	
19	D10革命历史档案－上海大学	D10-1-11	上海大学美术科毕业展览二日	1924.06.20	关于上大美术科毕业举行成绩展览的通知	1	模糊
20	D10革命历史档案－上海大学	D10-1-12	上海大学招收插班生	1925.01.03	上海大学文部文艺院中国文学系等，高中初中部招收插班生。《民国日报》	1	
21	D10革命历史档案－上海大学	D10-1-13	上海大学同善社发达的原因	1925.01.03	《民国日报》，刘剑华发表	2	

续表

序号	全宗	档号	题名	文件时间	主要内容	卷内页数	备注
22	D10革命历史档案—上海大学	D10-1-14	上海大学录取第一届新生揭晓	1925.01.12	上大录取第一届新生的结果	1	
23	D10革命历史档案—上海大学	D10-1-15	上海大学录取新生消息	1925.02.11	通告上大捕班生考试录取的19人名单	1	
24	D10革命历史档案—上海大学	D10-1-16	上海大学组织工会及罢工的自由	1925.06.23	光亮论述五卅运动的意义	2	《上大五卅特刊》（第2期）
25	D10革命历史档案—上海大学	D10-1-17	上海大学短兵	1925.06.23	《上大五卅特刊》第2期	1	
26	D10革命历史档案—上海大学	D10-1-18	上海大学近讯	1925.06.27	简要介绍上大五卅运动后的状况	1	
27	D10革命历史档案—上海大学	D10-1-19	上海大学学生会闭会	1925.07.08	上海大学学生会闭会通知	1	
28	D10革命历史档案—上海大学	D10-1-20	上海大学录取新生布告	1925.07.19	录取名单与院系设置	4	
29	D10革命历史档案—上海大学	D10-1-21	上海大学通告	1925.08.29	新生入学考试地点通告	1	

第三章　上海大学（1922—1927）档案文献留存情况

续表

序号	全宗	档号	题名	文件时间	主要内容	卷内页数	备注
30	D10革命历史档案－上海大学	D10-1-22	上海大学录取新生布告	1925.09.05	录取名单与院系设置	2	
31	D10革命历史档案－上海大学	D10-1-23	上海大学录取新生布告	1925.09.21	录取名单与院系设置	1	
32	D10革命历史档案－上海大学	D10-1-24	上海大学三周年纪念特刊	1925.10.23	刊载一些纪念性、总结性文章	10	
33	D10革命历史档案－上海大学	D10-1-25	上海大学好一个"清高"的学府	—	文学作品	2	
34	D10革命历史档案－上海大学	D10-1-26	上海大学中山主义周刊（第1期）	1925.12.20	有关研究孙中山及其革命思想的文章和讲稿	32	
35	D10革命历史档案－上海大学	D10-1-27	上海大学校讯	1926.09.03	新校舍修设与使用时期的通知	1	
36	D10革命历史档案－上海大学	D10-1-28	上海大学校舍落成和延期	1926.12.30	上海大学校舍落成和延期使用的通知	1	
37	D10革命历史档案－上海大学	D10-1-29	上海大学《警务日报》上刊登有关存统的消息	1926	于1926年11月3日在闸北青云路上海大学担任教员	1	模糊

续表

序号	全宗	档号	题名	文件时间	主要内容	卷内页数	备注
38	D10革命历史档案－上海大学	D10-1-30	上海区委为贺圣威、汪天两同志志哀	1926	纪念死者，被枪害枪决	3	
39	D10革命历史档案－上海大学	D10-1-31	上海大学毕业生名册	1926	学生名册	一	模糊
40	D10革命历史档案－上海大学	D10-1-32	上海大学教师及其讲授学科	1926	中国文学系、社会学系、英文学系、美术系	5	模糊
41	D10革命历史档案－上海大学	D10-1-33	上海大学特别讲座的讲师名单	1926	成立评议委员会名单	3	模糊
42	D10革命历史档案－上海大学	D10-1-34	上海大学校务部、附中工作人员名单	1926	校务部工作人员，上大附中工作人员	1	模糊
43	D10革命历史档案－上海大学	D10-1-35	上海大学最高领导机械导行政评议委员会与行政委员会成员名单	1923	行政委员会	1	模糊
44	D10革命历史档案－上海大学	D10-1-36	上海大学学生分布在各社会团体中活动的名单	1926	上大学生分布在各社会团体中	1	模糊
45	D10革命历史档案－上海大学	D10-1-37	上海大学简史	1926	1923年10月23日成立，作者：陈茵	2	
46	D10革命历史档案－上海大学	D10-1-38	上海大学章程	1959.10.01	共六章四十九条，1923年10月25日评议会通过	18	影印件模糊

续 表

序号	全宗	档号	题名	文件时间	主要内容	卷内页数	备注
47	D10革命历史档案－上海大学	D10-1-39	上海大学学生泣告	—	呼吁同胞们奋起	1	模糊
48	D10革命历史档案－上海大学	D10-1-40	上海大学一览弁言	—	附上大资料，作者：于右任	4	
49	D10革命历史档案－上海大学	D10-1-41	上海大学中国文学系、英国文学系、社会学系、美术系学生名单	—	毕业生名单	14	
50	D10革命历史档案－上海大学	D10-1-42	上海大学各系毕业生名单	—	毕业生名单	27	
51	D10革命历史档案－上海大学	D10-1-43	上海大学留沪同学会成立在会特刊	1936.09.27	为响应于右任校长为学生力争学籍，上海大学留沪同学会成立	7	
52	D10革命历史档案－上海大学	D10-1-44	上海大学同学会总章程	1936.11.10	同学会章程	4	
53	D10革命历史档案－上海大学	D10-1-45	俞昌准烈士——上海大学同学	1958.07.03	上海大学俞昌准烈士事迹	3	
54	D10革命历史档案－上海大学	D10-1-46	上海大学访部力子谈话纪要	1954.06.26	访谈	4	

续表

序号	全宗	档号	题名	文件时间	主要内容	卷内页数	备注
55	D10革命历史档案－上海大学	D10-1-47	上海大学访王一知谈话纪要	1956.06.16	访谈	4	
56	D10革命历史档案－上海大学	D10-1-48	沈志远回忆上海大学	1957.08.01	涉及上海大学组织情况与教授名单	2	
57	D10革命历史档案－上海大学	D10-1-49	访张琴秋-关于上海大学的情况	1959.07.16	涉及五卅运动及上海大学对其的影响	3	
58	D10革命历史档案－上海大学	D10-1-50	程永言回忆上海大学	1959.10.01	详细的上海大学情况（历史沿革、教学、革命活动等）	32	
59	D10革命历史档案－上海大学	D10-1-51	宋桂煌回忆上海大学	1961.11.09	宋桂煌回忆改组前后的上海大学的发展	6	
60	D10革命历史档案－上海大学	D10-1-52	上海大学访龚兆奎老工友	1962.01.19	校工龚兆奎回忆上大校址、上大办学的平民夜校、五卅时上大师生示威	3	
61	D10革命历史档案－上海大学	D10-1-53	访姚天羽回忆上海大学	1962.01.22	姚天羽回忆上海大学，并附有其文章《回忆上海大学》	5	

续 表

序号	全宗	档号	题名	文件时间	主要内容	卷内页数	备注
62	D10革命历史档案－上海大学	D10-1-54	杨龙英谈上海大学	1962.01.31	回忆上大建立、发展，五卅运动中上大学生的贡献	4	
63	D10革命历史档案－上海大学	D10-1-55	赵希仁谈上海大学	1962.02.11	主要介绍其在上大的经历	3	
64	D10革命历史档案－上海大学	D10-1-56	曹雪松谈上海大学	1962.02.13	回忆上大，并附有其文章《怀母校》	8	
65	D10革命历史档案－上海大学	D10-1-57	宋桂煌谈上海大学	1962.03.20	回忆上大大学部（自述自己是上大附中学生，大学部情况是听来的，仅供参考）	4	
66	D10革命历史档案－上海大学	D10-1-58	上海大学访戴介民谈话纪要	1962.04.03	戴介民回忆上海大学党派、学生组织（同乡会、学生会）	10	
67	D10革命历史档案－上海大学	D10-1-59	上海大学第三次访问葛克信记录	1962.10.25	访问葛克信谈话记录	3	模糊
68	D10革命历史档案－上海大学	D10-1-60	孙仲宇的回忆——关于上海大学的一些资料	1962.11.08	详细介绍上大的构成、影响，上大学生在党领导下武装斗争等事迹	12	非常详细

续表

序号	全宗	档号	题名	文件时间	主要内容	卷内页数	备注
69	D10革命历史档案—上海大学	D10-1-61	上海大学访问阴翰笙同志记录	1963.01.09	对上大的印象，吕继贵整理	10	
70	D10革命历史档案—上海大学	D10-1-62	培养革命干部的洪炉——上海大学	1963.02.24	关于姚天羽的一些情况，上海大学同学投考黄埔军校的情况	15	
71	D10革命历史档案—上海大学	D10-1-63	刘锡吾回忆——上海大学的性质与作用	—	本卷多页复印件模糊	6	
72	D10革命历史档案—上海大学	D10-1-64	薛尚实回忆上海大学	—	薛尚实回忆在上大的过往经历	26	模糊
73	D10革命历史档案—上海大学	D10-1-65	回忆上海大学的文件	—	1923—1926年间关于上海大学的大事件	1	模糊
74	D10革命历史档案—上海大学	D10-1-66	姚天羽回忆上海大学	1922—1926	回忆1922—1926年在上海大学的经历	2	
75	D10革命历史档案—上海大学	D10-1-67	姚天羽回忆上海大学	1925—1927	回忆1925—1927年在上海大学的经历	2	
76	D10革命历史档案—上海大学	D10-1-68	座谈会记录——摘江元青发言	1924—1925	和邓中夏同志接触的回忆	3	模糊

续 表

序号	全宗	档号	题名	文件时间	主要内容	卷内页数	备注
77	D10革命历史档案－上海大学	D10-1-69	摘老工人姜维新谈话记录	—	与姜维新的谈话记录	10	模糊
78	D10革命历史档案－上海大学	D10-1-70	姚天羽回忆上海大学有关人员照片	—	照片	1	
L 政协系统档案							
79	L1中国人民政治协商会议上海市委员会	L1-4-24-15	上海市政协文史资料工作委员会文史资料登记表（许德良：五卅运动与上海大学）	1978.11.06	许德良五卅运动与上海大学登记表	1	
80	L1中国人民政治协商会议上海市委员会	L1-4-24-16	上海市政协文史资料工作委员会文史资料登记表（薛尚实遗著：回忆上海大学）	1978.09.01	薛尚实遗著：回忆上海大学登记表	1	
81	L1中国人民政治协商会议上海市委员会	L1-4-180-19	上海市政协文史资料工作委员会文史资料登记表（周启新：上海大学始末手稿登记表）	1980.03.27	周启新：上海大学始末手稿登记表	1	
Q 民国时期档案							
82	Q6上海市社会局	Q6-5-896-3	上海大学女生联谊会组织申请书、发起人略历表	1954.12	—	2	禁止查看全文

续 表

序号	全 宗	档 号	题 名	文件时间	主要内容	卷内页数	备注
83	Q240 暨南大学	Q240-1-153-66	国立暨南大学关于接收伪国立上海大学法学院器具清单	1946.03	接收伪校器具的具体清单	181	国立暨南大学
84	Q246 上海商学院	Q246-1-30	上海大学学会会章及决议及上海商学院复函	1941.03.19	上海大学学会会章及决议及上海商学院复函	18	
85	Q246 上海商学院	Q246-1-244-93	国立上海商学院关于准予组织上海大学生联谊会上海商学院分院的函	1946.12.28	—	95	禁止查看原文

第四章　上海大学（1922—1927）人物档案文献留存情况

上海大学人物档案是上大名人档案建设中不可或缺又极为特殊的一个板块。鉴于该阶段人物档案形成的特殊历史年代与分散性特征，上海大学人物档案文献寻访是一项长期性工作，需要持续深入开展。"上大记忆"项目自2016年成立以来，通过对上海市档案馆及上大先辈故乡所在地档案馆的馆藏进行档案寻访，共找到41位上大先辈的部分档案分布情况。"上大记忆"项目寻访到的上大先辈档案文献主要分布在上海市档案馆，部分分布在中国第二历史档案馆、安徽省档案馆、广东省档案馆等地。这些档案文献的保存期限为永久，除个别档案文件不公开外，绝大多数档案文献可公开查阅，这些档案的类型主要为文书档案。

一、安体诚

安体诚（1896—1927），河北丰润人。1924年春，在革命烈士李大钊的介绍下到上海大学社会学系教授"现代经济学"课程，传播马克思主义经济学。其所著的《现代经济学》一书，是上海乃至全国早期的马克思主义经济学教材之一。

表　上海市档案馆藏安体诚档案明细

序号	馆藏地	档　号	题　名	时间	页数
1	上海市档案馆	D4-0-129	安体诚著《现代经济学》	—	61

二、蔡和森

蔡和森(1895—1931),湖南双峰人,曾在上海大学社会学系兼任教授,并出版《社会进化史》一书,宣传唯物史观的基本原理。该书是中国人以马克思主义唯物史观写成的第一部社会发展史。

表　上海市档案馆藏蔡和森档案明细

序号	馆藏地	档　号	题　名	时间	页数
1	上海市档案馆	D2-0-1362-397	法国最近的劳动运动/《少年世界》(第1卷第11期)	1920.11	12
2	上海市档案馆	D2-0-2021-26	中国苏维埃运动的七年:在第三国际七次大会的报告/《社联萌报》(第29期)	1935.12.30	—
3	上海市档案馆	D4-0-987	蔡和森著《社会进化史》	1926.06.03	—
4	上海市档案馆	D4-0-1016	《蔡和森的十二篇文章》	1980.03	—

三、曹利生

曹利生（1902—1997），四川富顺人，黄埔军校一期学员。1924年春，由四川省出席国民党一大代表谢持及上海大学教授朱叔痴保荐投考黄埔军校，同年6月入黄埔军校第一期第四队学习。

表　上海市档案馆藏曹利生档案明细

序号	馆藏地	档　号	题　名	时间	页数
1	上海市档案馆	Q186-2-26799	上海地方法院检查处关于曹利生伤害案	1948	56

四、曹天风

曹天风（1903—1992），浙江天台人。1922年考入上海大学社会系后，在恽代英、瞿秋白的教导下，"并读马孙弥自悔，少年心事许红旗"，后经同学兼共产党员的宣申华介绍加入国民党，投身革命，天台的工农运动蓬勃发展。

表　上海市档案馆藏曹天风档案明细

序号	馆藏地	档　号	题　名	时间	页数
1	上海市档案馆	D2-0-2729-11	悼鲁迅先生/《鲁迅风》（第2期）	1939.01.11	1

五、陈抱一

陈抱一(1893—1945),广东新会人。现代油画家。1922年起担任上海大学美术科西画的教学工作。

表　上海市档案馆藏陈抱一档案明细

序号	馆藏地	档号	题名	时间	页数
1	上海市档案馆	D2-0-1633-9	美术情况片感：读须田国太郎氏文后/《文友》(第23号,第二卷第11期)	1944.04.01	1
2	上海市档案馆	D2-0-1835-217	对于全国美展的感想/《月报》(第一卷第5期)	1937.05.15	3

六、陈望道

陈望道(1891—1977),浙江义务人。教育家、修辞学家、语言学家。于1923—1927年在上海大学任中文系主任、教务长、代理校务主任等职。

表　上海市档案馆藏陈望道档案明细

序号	馆藏地	档　号	题　名	时间	页数
1	上海市档案馆	D2-0-1555-97	通讯:陈望道先生来函:覆陈望道先生函:高庶谐先生来函/《学艺》(第2卷9号)	1920	8
2	上海市档案馆	D4-0-343	陈望道、博石翻译马格斯、安格尔斯著《共产党宣言》(社会主义研究小丛书第一种)	1946	—
3	上海市档案馆	L1-2-8-107	上海市第二届第一次各界人民代表会议代表履历表(陈望道)	1950	1
4	上海市档案馆	L1-1-9-19	陈望道代表致闭幕词——上海市第二届第一次各界人民代表会议专刊	1950	1
5	上海市档案馆	L1-2-1-54	上海市各界人民代表会议协商委员会委员履历表(陈望道)	1950	1
6	上海市档案馆	C48-2-2410-11	陈毅市长开幕词,陈望道代表闭幕词《上海工商》合订本《第二卷第一期》	1950	3
7	上海市档案馆	C36-2-10-62	陈望道在纪念"六二五"朝鲜反侵略战争二周年座谈会上的发言	1952	2

续 表

序号	馆藏地	档 号	题 名	时间	页数
8	上海市档案馆	C44-1-14-36	陈望道在中国民主同盟上海市支部第二次盟员大会上致开会词	1953	7
9	上海市档案馆	A23-2-59-7	学校行政处关于陈望道、苏步青、黄家驷三人的现行工资情况	1955	—
10	上海市档案馆	A23-2-157-57	中共上海市委学校工作部关于报请解决交通大学陈望道校长兼职过多的问题的函	1956	—
11	上海市档案馆	C44-1-27-5	中国民主同盟上海市委员会关于陈望道在第三次盟员大会上致开幕词刊登在第115期《上海盟讯》的函	1956	1
12	上海市档案馆	L1-1-135-71	为贯彻支援全国社会主义建设、改组上海工业生产组织而奋斗！——陈望道在上海市政协第二届第一次全体会议上的发言稿	1958	2
13	上海市档案馆	L1-1-142-3	为贯彻支援全国社会主义建设、改组上海工业生产组织而奋斗！——陈望道在上海市政协第二届第一次全体会议上的发言稿（草稿）	1958	7
14	上海市档案馆	C32-2-26-38	陈望道在上海市各界人民支持朝鲜人民要求美军撤出南朝鲜群众大会上的讲话	1959	3
15	上海市档案馆	L1-1-155-18	为实现继续跃进贡献我们的一切力量——陈望道委员、廖世承委员在上海市政协第二届第二次全体会议上的联合发言稿（草稿）	1959	7

续 表

序号	馆藏地	档号	题名	时间	页数
16	上海市档案馆	C44-2-224-14	复旦大学校长陈望道关于庆祝建国十周年广播大会的讲话稿	1959	19
17	上海市档案馆	L1-1-160-19	陈望道关于中国人民政治协商会议第三届全国委员会第一次会议的传达报告	1959	11
18	上海市档案馆	B105-7-571-24	上海市教育局关于陈望道同志全国第二次普通话教学成绩观摩会上的发言材料	1959	2
19	上海市档案馆	Bl-1-746-15	陈望道、李振麟、贾亦斌等同志在上海市第三届人民代表大会第二次会议的发言材料——关于贯彻执行党的"百货齐放,百家争鸣"方针的几点意见	1959	12
20	上海市档案馆	Cl-2-3075-1	复旦大学填报上海市劳动模范及先进工作者参加全国国庆观礼代表简历表(陈望道)	1959	—
21	上海市档案馆	Ll-1-177-16	陈望道关于中国人民政治协商会议第三届全国委员会第二次会议的传达报告	1960	27
22	上海市档案馆	Ll-1-184-29	陈望道在上海市政协第二届常务会第八次会议上的发言稿	1960	2
23	上海市档案馆	B105-7-1142-44	上海市教育局关于第四次上海市普通话教学成绩观摩会表演节目、报幕员宣传材料及节目单、陈望道同志主持会议用资料等	1961	2

续表

序号	馆藏地	档号	题名	时间	页数
24	上海市档案馆	C44-2-103-36	"七一"前夕谈马克思列宁主义——陈望道在《上海盟讯》的录用底稿	1961	8
25	上海市档案馆	C44-2-103-44	纪念辛亥革命五十年——陈望道在《上海盟讯》的录用底稿	1961	6
26	上海市档案馆	C44-1-55-24	中国民主同盟上海市第四届委员会工作报告——陈望道在上海市第五次盟员代表大会上的报告	1961	8
27	上海市档案馆	L1-1-211-21	陈望道在庆祝中国共产党成立四十周年晚会上的发言稿	1961	2
28	上海市档案馆	C44-2-103-23	伟大光荣,正确的四十年——陈望道在《上海盟讯》的录用底稿	1961	7
29	上海市档案馆	L1-1-211-75	陈望道在庆祝中国共产党成立四十周年座谈会上的发言稿	1961	6
30	上海市档案馆	L1-1-204-27	陈望道关于上海市政协第二届委员会常委员会工作的报告	1961	36
31	上海市档案馆	C36-2-38-21	陈望道同志在上海各界人民支持古巴人民反对美帝国主义战争挑衅大会上的发言稿	1962	3
32	上海市档案馆	C36-2-39-21	陈望道同志在上海各界人民庆祝越南南方民族解放阵线成立两周年和支持越南南方人民反美爱国斗争大会上的演讲稿	1962	5

续 表

序号	馆藏地	档 号	题 名	时间	页数
33	上海市档案馆	L1-1-233-96	加强团结、发愤图强——陈望道在上海市政第三届一次全体会议上的发言稿(底稿)	1962	9
34	上海市档案馆	L1-1-231-43	加强团结、发愤图强——陈望道在上海市政第三届一次全体会议上的发言稿	1962	2
35	上海市档案馆	B1-1-893-18	陈望道、卢正道在上海市第四届人民代表大会第二次会议上的发言稿	1963	5
36	上海市档案馆	C36-2-46-26	陈望道同志在上海各界人民支持巴拿马人民斗争大会上的讲话稿	1964	6
37	上海市档案馆	C44-1-55-64	陈望道在中国民主同盟上海市第五次盟员代表大会结束前的发言	1965	2
38	上海市档案馆	L1-1-336-22	谈备战问题的看法和体会——陈望道在上海市政协第四届第二次全体会议上的发言稿	1965	5
39	上海市档案馆	L1-1-337-56	谈备战问题的看法和体会——陈望道在上海市政协第四届第二次全体会议上的发言稿	1965	22
40	上海市档案馆	C36-2-57-31	陈望道在上海各界人民支持越南人民抗美救国大会上的演讲稿	1966	2
41	上海市档案馆	C36-2-56-30	民主党派代表陈望道在上海各界人民谴责美帝国轰炸河内、海防,支持越南人民抗美救国斗争大会上的发言稿	1966	2

续　表

序号	馆藏地	档　号	题　名	时间	页数
42	上海市档案馆	B244-3-282-25	复旦大学革命委员会关于陈望道的爱人朱良玉同该校教师郑良玉对调的请示报告	1971	3
43	上海市档案馆	A33-4-105-25	陈望道在纪念台湾省人民"二二八"起义二十八周年会议上的发言	1975	3
44	上海市档案馆	B167-5-875-62	上海人民出版社图书检查处理报批单（陈望道文集第一卷）	1983	1
45	上海市档案馆	B167-50875-63	上海人民出版社的图书检查处理报批单（陈望道文集第二卷）	1983	1

七、程永言

程永言(1897—1967),安徽祁门人。著有回忆录《回忆上海大学》。1922年,任上海大学学校事务主任兼附中教员。

表　上海市档案馆藏程永言档案明细

序号	馆藏地	档　号	题　名	时间	页数
1	上海市档案馆	D10-1-50	程永言回忆上海大学	1959.10.01	33

八、戴介民

戴介民(1902—1973),原名戴邦定,浙江黄岩人。曾就读于上海大学,1925年11月加入中国共产党,曾任中共上海大学支部宣传委员。

表　上海市档案馆藏戴介民档案明细

序号	馆藏地	档号	题名	时间	页数
1	上海市档案馆	A71-2-694-356	中共上海市郊区工作委员会组织部党员介绍信(陈国容、朱瑞珠、戴介民)	1952.11.19	1
2	上海市档案馆	A71-2-694-658	中共上海市郊区工作委员会组织部党员介绍信存根(陈国容、朱瑞珠、戴介民)	1952.11.19	1
3	上海市档案馆	B105-1-273-68	关于校长李好善撤职并派戴介民任校长、陈国客任副校长希妥慎办理交接清楚的令	1951.07.27	—
4	上海市档案馆	D2-0-3038-10	读"中国大学教育之危机"/《东方杂志》(第31卷第6号)	1934	3
5	上海市档案馆	D10-1-58	上海大学访戴介民谈话纪要	1962.04.03	11

九、邓中夏

邓中夏（1894—1933），湖南宜章人。1923年"二七"大罢工失败后，根据党组织的安排，邓中夏任上海大学校务长，主持学校行政工作，起草《上海大学章程》。

表　上海市档案馆藏邓中夏档案明细

序号	馆藏地	档号	题名	时间	页数
1	上海市档案馆	A23-2-768-43	中共上海市委教卫部关于邓中夏烈士之侄女邓玉男同志投考第二军医大学问题的有关文书	1961.08.04	2
2	上海市档案馆	C26-2-163-89	许德良关于"追念邓中夏烈士"的报告——上海青年宫阶级教育辅导讲座记录	1963.10.20	21
3	上海市档案馆	D2-0-2047-1	第二次全国劳动大会与海员的责任/《中国海员》(第2期)	1925.05.15	9
4	上海市档案馆	D4-0-102	邓中夏著《工会论》上编(职工运动丛书之一)	1925.12	35
5	上海市档案馆	D4-0-138	邓中夏著《中国职工运动简史》	1942.05	315
6	上海市档案馆	D4-0-929	邓中夏著《省港罢工概观》	1926.08.31	—
7	上海市档案馆	D4-0-1227	《邓中夏文集》	1983.08	—

十、丁玲

丁玲（1904—1986），湖南临澧人。毕业于上海大学中国文学系，著名作家、社会活动家。

表　上海市档案馆藏丁玲档案明细

序号	馆藏地	档号	题名	时间	页数
1	上海市档案馆	B172-7-582-80	上海鲁迅纪念馆关于提供部分文稿及照片的复制件给丁玲的请示报告	1982.05.31	4
2	上海市档案馆	D2-0-330-7	女作家丁玲：丁玲何在？/《中国论坛》（第2卷第7期）	1933.06.19	3
3	上海市档案馆	D2-0-330-17	Ting Ling—Girl Herald of the New China（女作家丁玲）/《中国论坛》（第2卷第7期）	1933.06.19	—
4	上海市档案馆	D2-0-330-1	丁玲与潘梓年被绑应修人被杀的真相：公安局密探在公共租界作政治绑票/《中国论坛》（第2卷第7期）	1933.06.19	3
5	上海市档案馆	D2-0-330-12	Ting Ling Kidnappers Exposed by Witness（丁玲与潘梓年被绑应修人被杀的真相：公安局密探在公共租界作政治绑票/《中国论坛》（第2卷第7期）	1933.06.19	3
6	上海市档案馆	D2-0-382-21	"开会"之于鲁迅/《周报》（第14期）	1945.12.08	—

续 表

序号	馆藏地	档 号	题 名	时间	页数
7	上海市档案馆	D2-0-1210-8	纪念"八一五"致苏联作家信/《知识》(第8卷第3期)	1948.08.15	1
8	上海市档案馆	D2-0-1700-4	保民大会流产了；区民代表选举大会一片乱哄哄；作家书简(三)/《消息半周刊》(第2期)	1946.04.11	2
9	上海市档案馆	D2-0-2097-168	高尔基上中山先生书；集体创作和丁玲/《文摘》(第2卷第2期)	1937.08.01	2
10	上海市档案馆	D2-0-2406-6	图片(丁玲女士主持之下：第八路军西北战地服务团)/《大美画报》(第10期)	1938.09.15	2
11	上海市档案馆	D2-0-2623-25	给周作人的一封公开信/《抗战文艺》(第1卷第4号)	1938.05.14	1
12	上海市档案馆	D2-0-2628-9	和丁玲一齐在前线/《活报》(第1期)	1937.11.04	1
13	上海市档案馆	D2-0-2629-16	文艺在西北新区/《抗战大学》(第1卷第2期)	1937.11.16	2
14	上海市档案馆	D2-0-3009-270	给孩子们/《东方杂志》(第30卷第1号)	1933.01.01	14
15	上海市档案馆	D2-0-3010-135	给孩子们(续)《东方杂志》(第30卷第2号)	1933.01.16	8
16	上海市档案馆	D2-0-3398-4	战时新女性(谢冰莹、丁玲、邓颖超、冯云仙等)/《展望》(创刊号)	1939.01	—

十一、董亦湘

董亦湘(1896—1939),江苏常州人。1921年4月加入中国共产党。1924年7月左右,董亦湘和瞿秋白等人在上海大学和上海学联联合发起组织的夏令讲学会上讲课,先后作了有关"唯物史观""人生哲学"等长篇演讲。

表　上海市档案馆藏董亦湘档案明细

序号	馆藏地	档号	题名	时间	页数
1	上海市档案馆	D4-0-67	新文化书社发行董亦湘演讲《唯物人生观》	1925.12	80
2	上海市档案馆	D4-0-108	董亦湘翻译考茨基原著《伦理与唯物史观》	1926.01	196

十二、丰子恺

丰子恺(1898—1975),原名丰润,号子恺,浙江桐乡人。曾任上海大学美术系教师。

表　上海市档案馆藏丰子恺档案明细

序号	馆藏地	档　号	题　名	时间	页数
1	上海市档案馆	L1-2-9-99	上海市第二届第一次各界人民代表会议代表履历表(丰子恺)	1950.01	1
2	上海市档案馆	G25-1-4-14	丰子恺关于同意吴梦飞,主动宸薪资问题的函	1954.10.29	1
3	上海市档案馆	B23-4-812-48	上海市人事局关于丰子恺待遇问题及徐善祥要求停止支薪问题的复函	1954.12.24	6
4	上海市档案馆	G25-1-4-39	丰子恺关于犯病失去工作能力的函	1954.12.12	1
5	上海市档案馆	G25-1-4-41	丰子恺文史研究馆关于丰子恺经济情况的报告	1954.12.11	2
6	上海市档案馆	G25-1-4-43	上海市人事局关于上海市文史馆丰子恺待遇问题的复函	1954.12.24	1
7	上海市档案馆	L1-1-116-17	黄嘉音、陆诒、丰子恺等委员关于加强改进人民代表和政协委员视察工作建议的提案	1957	4

续 表

序号	馆藏地	档 号	题 名	时间	页数
8	上海市档案馆	B172-5-308-59	上海市文化局关于上海中国画院1961年丰子恺的工资问题的报告	1960.11.07	5
9	上海市档案馆	B172-5-308-64	中共上海市委宣传部关于丰子恺等三人的工资问题的批复	1960.11.21	1
10	上海市档案馆	L1-1-239-15	丰子恺、陈维博、王个簃关于建议由科学电影制片厂摄制介绍书法的影片、帮助少年儿童学习书法的提案	1962.07.19	1
11	上海市档案馆	B172-5-1111-27	政协上海市委员会秘书处关于王个簃、丰子恺、沈迈士等书法、绘画、篆刻工作者座谈会的反映	1966.02.21	11

十三、葛克信

葛克信(1905—1976)，江苏如皋人。1927年毕业于上海大学。

表　上海市档案馆藏葛克信档案明细

序号	馆藏地	档　号	题　名	时间	页数
1	上海市档案馆	A22-1-312-4	中共上海市宣传部干部处关于葛克信、尚丁调配工作的报告	1957.04.01	2
2	上海市档案馆	C46-4-19-42	葛克信关于台湾国民党中央通讯社改变组织形式等问题给老友曹荫穉的信	1974	8
3	上海市档案馆	D10-1-59	上海大学第三次访问葛克信记录	1962.10.25	4
4	上海市档案馆	L1-1-257-55	有关构筑江阴封锁线的一段回忆——《文史资料选辑》1962年第12期	1962.05	4
5	上海市档案馆	L1-1-257-199	有关构筑江阴封锁线的一段回忆——《文史资料选辑》1962年第12期(底稿)	1961.10.21	4
6	上海市档案馆	L1-1-326-82	邵式军住宅接收见闻——文史资料选辑第十八辑底稿	1962.08.31	68
7	上海市档案馆	Q1-12-31-1	上海市政府关于委派参事林笃信、沈乃正、葛克信视察本市各纱厂销售实况的训令及经济部信用卡事业管理委员会公函	1946.10	—

续 表

序号	馆藏地	档 号	题 名	时间	页数
8	上海市档案馆	Q1-12-1518-1	湖南旅沪同乡会关于举办成立大会的呈文及市政府拟派葛克信参事出席该会的批复	1947.05	—
9	上海市档案馆	Q6-2-1083-16	立法院葛克信委员关于老鸿宝银楼经营黑市金饰案并请准予恢复营业与上海市社会局来往信函及上海市社会局呈文、市府指令、同意老鸿宝恢复营业的批复	1947.05	—
10	上海市档案馆	Q6-14-514	上海市政府通知葛克信在市府支薪的函件	1946.02.06	4
11	上海市档案馆	Q6-14-694	上海市社会局1945年1946年度公务员任免登记册（吴开先、葛克信）	1945	142
12	上海市档案馆	Q6-15-527	社会局函前往局长葛克信为查询缺少器具	1946.04.18	12
13	上海市档案馆	Q61-1-375-3	上海市府员工消费合作社创立会议记录	1945.12.29	—
14	上海市档案馆	S250-1-13-2	上海市社会局为指派朱思敬等4人为整理委员致上海市鞋业同业会的委令	1945.12	2

十四、顾均正

顾均正（1902—1980），又名顾振寰，浙江嘉兴人。现代科普作家、出版家、文学翻译家。1926年在上海大学任特别讲师，教授世界童话。

表　上海市档案馆藏顾均正档案明细

序号	馆藏地	档　号	题　名	时间	页数
1	上海市档案馆	D2-0-373-22	原子炸弹浅释/《周报》（创刊号）	1945.09.08	4
2	上海市档案馆	D2-0-375-17	原子能的开发及其未来的展望/《周报》（第5期）	1945.10.06	2
3	上海市档案馆	D2-0-535-92	再最政治协商会诸君[①]；不可缺少的反对党/《民主》（第11—20期）	1946.01.12	8
4	上海市档案馆	D2-0-1371-26	怎样防御毒气/《文化战线》（第3期）	1937.09.21	3
5	上海市档案馆	D2-0-1516-18	恋爱观导言/《学生杂志》（第11卷第1号）	1924.10.05	7
6	上海市档案馆	D2-0-1523-77	中国古代学风概观/《学生杂志》（第12卷第5号）	1925.05.05	13
7	上海市档案馆	D2-0-1835-190	最近化学上的新发明与新发现/《月报》（第1卷第5期）	1937.05.15	4
8	上海市档案馆	D2-0-2579-60	昨天在那里/《太白》（第1卷第1期）	1934.09.20	2

---

① 原文如此。

续 表

序号	馆藏地	档号	题名	时间	页数
9	上海市档案馆	D2-0-2579-105	越想越糊涂/《太白》（第1卷第2期）	1934.10.05	2
10	上海市档案馆	D2-0-2579-191	点状的空间和时间/《太白》（第1卷第4期）	1934.11.05	2
11	上海市档案馆	D2-0-2579-289	谈科学单位/《太白》（第1卷第6期）	1934.12.05	2
12	上海市档案馆	D2-0-2579-331	"马浪荡炒栗子"/《太白》（第1卷第7期）	1934.12.20	2
13	上海市档案馆	D2-0-2579-563	骆驼绒袍子的故事；/《太白》（第1卷第11期）	1935.02.20	2
14	上海市档案馆	D2-0-2579-611	未来的吃/《太白》（第1卷第12期）	1935.03.05	2
15	上海市档案馆	D2-0-2580-137	科学小品："今天天气……"/《太白》（第2卷第6期）	1935.06.05	2
16	上海市档案馆	D2-0-2580-359	本期顾均正先生"人气"原稿之一；本期贾祖璋先生"龟"原稿之一/《太白》（第2卷第8期）	1935.07.05	1
17	上海市档案馆	D2-0-2580-526	科学小品：月球旅行/《太白》（第2卷第11期）	1935.08.20	3
18	上海市档案馆	D2-0-3009-305	梦想的中国：开明书店编辑顾均正/《东方杂志》（第30卷第1号）	1933.01.01	2
19	上海市档案馆	D2-0-3009-356	梦想的个人生活：开明书店编辑顾均正/《东方杂志》（第30卷第1号）	1933.01.01	2

十五、关中哲

关中哲(1903—1995)，陕西华县人。1926年毕业于上海大学社会科学系。

表　上海市档案馆藏关中哲档案明细

序号	馆藏地	档号	题名	时间	页数
1	上海市档案馆	D2-0-1900-2	追悼中山先生/《新群》(第7期)	1925.04.05	4

十六、何世枚

何世枚(1896—1975)，字朴枕，号澹园，安徽望江人。1923年任上海大学教授，其为近代中国的法律事业和教育事业做出了卓越的贡献。

表　上海市档案馆藏何世枚档案明细

序号	馆藏地	档　号	题　名	时间	页数
1	上海市档案馆	Q400-1-3490-351	上海市卫生局关于请清除垃圾及粪便事宜与何世枚的来往函及上海市卫生局普陀区卫生事务所关于查办情况致上海市卫生局环境卫生处的函	1947.04	7

十七、何世桢

何世桢(1895—1972),号干臣,字思毅,安徽望江人。1923年任上海大学教务长兼英国文学系主任,为近代中国的法律事业和教育事业做出了卓越的贡献。

表　上海市档案馆藏何世桢档案明细

序号	馆藏地	档　号	题　名	时间	页数
1	上海市档案馆	D2-0-1748-21	学生应否加入政党/《星火》	1923.06.02	2
2	上海市档案馆	L1-4-98-71	上海市政协文史资料委员会文史资料登记表(何世桢遗著:上海公共租借临时法院)	1980.03.22	1
3	上海市档案馆	Q1-13-90-1	上海市政府关于协助教育部送达诉愿人何世桢的通知问题与教育部等的来往文书	1948	—

十八、柯柏年

柯柏年(1904—1985),原名李春蕃,广东潮州人。1923年转入上海大学社会学系学习。早期致力于马列著作的翻译和传播,后转而主持外事工作,是党内的美国问题专家。

表　上海市档案馆藏柯柏年档案明细

序号	馆藏地	档号	题名	时间	页数
1	上海市档案馆	D2-0-1215-21	马克思的科学态度/《知识》(第10卷第1期)	1948.01.15	1
2	上海市档案馆	D2-0-1216-23	马克思之为人/《知识》(第10卷第3期)	1949.02.15	2
3	上海市档案馆	D2-0-2298-20	马克思之为人:革命的精神;良师兼益友/《苏北周刊》(第1期)	1949.06.19	2
4	上海市档案馆	D2-0-2298-21	不硬套公式/《苏北周刊》(第1期)	1949.06.19	1
5	上海市档案馆	D2-0-2300-28	美国为什么是纸老虎?;苏联的起死回生治疗法/《苏北周刊》(第3期)	1949.07.17	4

十九、孔另境

孔另境(1904—1972),原名孔令俊,浙江乌镇人。1923年进入上海大学中文系学习,是茅盾夫人孔德沚之弟,也是作家、出版家、文史学家。

表　上海市档案馆藏孔另境档案明细

序号	馆藏地	档号	题名	时间	页数
1	上海市档案馆	A22-2-1053-27	中共上海市宣传部办公室关于转来孔另境、顾敏琅提案的函	1962.09.06	3
2	上海市档案馆	B167-1-758-2	上海出版文献资料编辑所私方孔另境关于申请退休的报告	1965.07.01	2
3	上海市档案馆	C40-1-43-34	中国民主促进会中央常务委员会关于抄附孔另境有关第四届委员会选举工作意见的来信请了解研究的函	1957.01.26	5
4	上海市档案馆	C40-1-43-39	中国民主促进会上海市分会关于处理孔另境对第四届委员会选举工作意见的函	1953.06.18	2
5	上海市档案馆	C40-1-43-41	吴若安在处理孔另境问题座谈会上的发言稿	1957.06.14	7
6	上海市档案馆	C52-1-134-8	中国作家协会上海分会1956年会员创作情况表(孔另境)	1956	2
7	上海市档案馆	C52-1-370-129	在中国作家协会上海分会第二次会员大会上的发言稿	1956	11

续 表

序号	馆藏地	档 号	题 名	时间	页数
8	上海市档案馆	D2-0-472-1	纪念我们的老战士——鲁迅先生/《战线》(第7期)	1937.10.16	1
9	上海市档案馆	D2-0-2591-32	我的记忆/《光明》(第1卷第11号)	1936.10.29	5
10	上海市档案馆	L1-1-236-22	孔另境、吴朗西、周煦良关于试行改进出版社编辑办公制度的提案	1962.07.18	1
11	上海市档案馆	L1-1-238-4	孔另境关于筹组上海编辑工作者协会的提案	1962	1

二十、李达

李达(1890—1966),湖南永州人。杰出的马克思主义理论家、宣传家和教育家,中国共产党的主要创建者和早期领导人之一。曾任上海大学社会学系教授,教授社会思想史、社会运动史课程。

表　上海市档案馆藏李达档案明细

序号	馆藏地	档号	题名	时间	页数
1	上海市档案馆	D4-0-60	李达著《现代社会学》	1926.07.01	317
2	上海市档案馆	D2-0-2012-49	辩证法的唯物论/《大夏期刊》(第1期)	1930.12	9

二十一、李大钊

李大钊(1889—1927),字守常,河北乐亭人。在上海大学建校之初提出了很多办学设想,对上海大学的办学产生了极大影响。

表　上海市档案馆藏李大钊档案明细

序号	馆藏地	档号	题名	时间	页数
1	上海市档案馆	C43-1-238-227	李大钊研究简介——《学术月刊》1962年第5期(原稿)	1962.05	19
2	上海市档案馆	C43-1-263-227	先烈李大钊遗著目录——《学术月刊》1964年第5期(原稿)	1964.05	3
3	上海市档案馆	C43-1-264-263	先烈李大钊遗著目录——《学术月刊》1964年第6期(原稿)	1964.06	39
4	上海市档案馆	C43-1-394-136	试编李大钊(守常)遗著系年目录(一)——《学术月刊》1957年第1期(原稿)	1957.01	6
5	上海市档案馆	C43-1-395-232	试编李大钊(守常)遗著系年目录(二)——《学术月刊》1957年第2期(原稿)	1957	7
6	上海市档案馆	C43-1-396-174	试编李大钊(守常)遗著系年目录(三)——《学术月刊》1957年第3期(原稿)	1957	6
7	上海市档案馆	C43-1-397-223	试编李大钊(守常)遗著系年目录(四)——《学术月刊》1957年第4期(原稿)	1957	7
8	上海市档案馆	C43-1-398-228	试编李大钊(守常)遗著系年目录(五)——《学术月刊》1957年第5期(原稿)	1957	9

续 表

序号	馆藏地	档 号	题 名	时间	页数
9	上海市档案馆	C43-1-400-143	试编李大钊（守常）遗著系年目录（六）——《学术月刊》1957年第6期（原稿）	1957	7
10	上海市档案馆	C43-1-401-308	试编李大钊（守常）遗著系年目录补正——《学术月刊》1957年第7期（原稿）	1957	11
11	上海市档案馆	D2-0-821-5	青春/《新青年》（第2卷1—6号）	1916.09.01	打不开
12	上海市档案馆	D2-0-821-100	青年与老人/《新青年》（第3卷1—6号）	1917.04.01	4
13	上海市档案馆	D2-0-823-307	今/《新青年》（第4卷1—6号）	1918.04.15	4
14	上海市档案馆	D2-0-823-446	新的！旧的！/《新青年》（第4卷1—6号）	1918.05.15	4
15	上海市档案馆	D2-0-824-225	人家说我发了痴；真；山中即景/《新青年》（第5卷1—6号）	1918.09.15	4
16	上海市档案馆	D2-0-824-442	BOLSHEVISM的胜利/《新青年》（第5卷1—6号）	1918.10.15	8
17	上海市档案馆	D2-0-825-141	战后之妇人问题/《新青年》（第6卷1—6号）	1919.02.15	8
18	上海市档案馆	D2-0-825-521	我的马克思主义观（上）/《新青年》（第6卷1—6号）	1919.05	18
19	上海市档案馆	D2-0-825-612	我的马克思主义观（下）/《新青年》（第6卷1—6号）	1919.11.01	14
20	上海市档案馆	D2-0-1319-55	人种问题/《新民国》（第1卷第6号）	1924.06.20	10
21	上海市档案馆	D2-0-1321-103	"少年中国"的"少年运动"/《少年中国》（第1卷1—12期）	1919.09.15	3

续表

序号	馆藏地	档号	题名	时间	页数
22	上海市档案馆	D2-0-1321-143	岭上的羊/《少年中国》(第1卷1—12期)	1919.09.15	1
23	上海市档案馆	D2-0-1321-144	山中落雨；问祖国；山峰/《少年中国》(第1卷1—12期)	1919.09.15	2
24	上海市档案馆	D2-0-1321-184	妇女解放与民主主义/《少年中国》(第1卷1—12期)	1919.10.15	2
25	上海市档案馆	D2-0-1322-68	亚细亚青年的光明运动/《少年中国》(第2卷1—6期)	1920.04.30	2
26	上海市档案馆	D2-0-1323-1	自由与秩序；分工与互助/《少年中国》(第2卷7—12期)	1921.01	4
27	上海市档案馆	D2-0-1364-48	中国的社会主义与世界的资本主义/《评论之评论》(第1卷第2号)	1921.03.20	2
28	上海市档案馆	D2-0-1390-122	"五一"MayDay运动史/《建设》(第2卷第4号)	1920.05.01	16
29	上海市档案馆	D2-0-1403-239	联治主义与世界组织/《民铎杂志》(第6号)	1919.05.15	4

二十二、李汉俊

李汉俊(1890—1927),湖北潜江人。曾任上海大学社会学系主任,1926年春在上海大学社会系主讲"唯物史观"。

表 上海市档案馆藏李汉俊档案明细

序号	馆藏地	档　号	题　名	时间	页数
1	上海市档案馆	B172-7-927-32	上海市文化局关于增放"一大"代表李汉俊照片的意见	1984.02.22	1
2	上海市档案馆	B172-7-927-33	中国共产党第一次全国代表大会会址纪念馆关于增放"一大"代表李汉俊照片的请示报告	1984.02.14	6
3	上海市档案馆	B172-7-927-38	中国共产党第一次全国代表大会会址纪念馆关于李汉俊烈士革命活动简介	1984	9
4	上海市档案馆	B172-7-1151-14	中国共产党第一次全国代表大会会址纪念馆关于增放李汉俊烈士照片的请示	1985.12	12
5	上海市档案馆	B244-3-581-21	上海市文化局革命委员会关于拟派人去武汉了解"中共一大"会址纪念馆代表李汉俊、李达情况的报告	1973.11.10	2
6	上海市档案馆	D2-0-14-166	谁叫醒狮派人学李汉俊?/《中国青年》(第76—100期)	1925.08.01	3

续 表

序号	馆藏地	档 号	题 名	时间	页数
7	上海市档案馆	D2-0-1391-117	道德底经济的基础（下）/《建设》(第2卷第5号)	1920.06.01	20
8	上海市档案馆	D4-0-357	李汉俊翻译马尔西著《马格斯资本入门》	—	—

二十三、刘大白

刘大白(1880—1932),浙江绍兴人。著名诗人。曾任复旦大学、上海大学中文系教授,为新诗的倡导者之一。

表　上海市档案馆藏刘大白档案明细

序号	馆藏地	档号	题名	时间	页数
1	上海市档案馆	D2-0-1811-87	社会不平鸣;秋燕;斜阳/《新南社》(第1期)	1922.08.16	3
2	上海市档案馆	D2-0-1811-89	黄叶/《新南社》(第1期)	1923.12.09	1

二十四、刘九峰

刘九峰（1899—1985），江西吉安人。1923年入上海大学文学系读书，后转入社会学系。在上海大学期间，曾任共青团上海地委学生运动部部长、全国学生总会宣传部部长，参与组织发动五卅运动。

表　上海市档案馆、江西省档案馆、北京市档案馆藏刘九峰档案明细

序号	馆藏地	档　号	题　名	时间	页数
1	上海市档案馆	C44-2-201-16	中国民主同盟上海市支部委员会转移组织关系通知存根（刘九峰）	1949	1
2	江西省档案馆	J019-1-01435-0079	江西省南丰县政府公务员登记册（刘九峰）	1949	1
3	北京市档案馆	J181-019-04917	京师警察厅外左五区分区关于刘九峰与李春华因账目纠葛买卖烟土的详报	1914	—

二十五、马宁

马宁(1909—2001),原名黄振椿,福建龙岩人。当代作家。1927年1月至1928年5月间,就读于上海大学中文系。

表 上海市档案馆藏马宁档案明细

序号	馆藏地	档　号	题　名	时间	页数
1	上海市档案馆	A26-2-408-384	中共上海高等学校委员会组织部介绍信存根(马宁)	1954.11.26	3
2	上海市档案馆	A26-2-408-425	中共上海高等学校委员会组织部介绍信存根(马宁)	1954.11.30	2

二十六、孟超

孟超(1902—1976),原名宪启,又名公韬,字励吾,山东诸城人。1926年毕业于上海大学中国文学系。

表　上海市档案馆所藏孟超档案明细

序号	馆藏地	档号	题名	时间	页数
1	上海市档案馆	D2-0-52-63	茶女/《太阳月刊》(2月刊)	1928.02.01	26
2	上海市档案馆	D2-0-53-30	冲突/《太阳月刊》(1月号)	1928.01.01	32
3	上海市档案馆	D2-0-997-6	论美国的远东政策/《时与文》(第3卷第11期)	1948.06.25	1
4	上海市档案馆	D2-0-2580-579	风俗志:立春壁画/《太白》(第2卷第12期)	1935.06	2
5	上海市档案馆	D2-0-2774-36	苏武与李陵/《文艺创作》(第1卷第5期)	1943.02.15	8
6	上海市档案馆	D2-0-2862-94	镣铐/《摩洛》(第1卷第2号)	1928.11.15	8

二十七、倪畅予

倪畅予(1904—1949),原名倪润芳,安徽祁门人。1920年就读于安徽省立第一女子师范学校,1925年考入上海大学中文系。

表 安徽省档案馆藏倪畅予档案明细

序号	馆藏地	档 号	题 名	时间
1	安徽省档案馆	L001-002(2)-02023-047	关于训育主任及公民教员资格请求审查人倪畅予、吴家谟及杨守约三员证件问题的公函	1936.02
2	安徽省档案馆	L001-002(2)-00943-021	关于请查明倪畅予吴家谟杨守约毕业文凭问题的公函	1936.01.31
3	安徽省档案馆	L001-002(2)-00719-005	关于教员倪畅予证件遗失准予证明等问题的批	1939.04.27
4	安徽省档案馆	L001-2(2)-1775-121	关于发还倪畅予证件的函	—
5	安徽省档案馆	L001-002(1)-1712-014	关于要求倪畅予修理徽州师范学校旧址并从速开学的电	1945.08.30
6	安徽省档案馆	L001-002(1)-1712-007	关于安徽省立第二女子师范学校筹备情形及倪畅予抵达屯溪日期问题的电	1945.06.29
7	安徽省档案馆	L001-002-0085-058	关于拟聘公民教员倪畅予资历经审查合于高初级中等学校公民教员复徽州女子中学的训令	1942.11.30

二十八、瞿秋白

瞿秋白(1899—1935),原名瞿懋淼,字熊伯,江苏常州人。在上海大学历任学务长、社会学系主任、行政委员会委员。

表　上海市档案馆、广东省档案馆所藏瞿秋白档案明细

序号	馆藏地	档　号	题　名	时间	页数
1	上海市档案馆	D4-0-127	瞿秋白著《现代社会学》	1924	1
2	上海市档案馆	D4-0-130	瞿秋白著《社会哲学概论》	1924	1
3	上海市档案馆	D4-0-131	瞿秋白著《社会科学概论》	1925	4
4	上海市档案馆	D4-0-124	瞿秋白著《俄国革命运动史》第一册(新青年社丛书第一种)	1927	1
5	上海市档案馆	D4-0-125	中国共产党出版瞿秋白著《中国革命与共产党》	1928	2
6	上海市档案馆	D4-0-126	中国共产党出版瞿秋白著《中国革命之争论问题》	1928	2
7	上海市档案馆	D2-0-74-4	瞿秋白遗像及其狱中手记/《文献》卷之六	1935	273
8	上海市档案馆	D4-0-124	瞿秋白翻译苏联哥列夫著《新哲学——唯物论》	1939	1
9	上海市档案馆	D4-0-121	瞿秋白著《街头集》	1940	1
10	上海市档案馆	C43-1-193-231	《瞿秋白笔名、别名集录》补正——《学术月刊》1959年第1期(原稿)	1959	299
11	上海市档案馆	D4-0-1008	《瞿秋白选集》	1985	1

续 表

序号	馆藏地	档　号	题　名	时间	页数
12	广东省档案馆	G2013-申报-0766	瞿秋白在闽西被捕,何叔衡被击毙	1925.05	—
13	广东省档案馆	G2013-申报-0767	瞿秋白尚押长汀三十六师部,蒋介石令,瞿就地枪决	1935.06	—

二十九、邵力子

邵力子（1882—1967），字仲辉，笔名力子，浙江绍兴人。1923年8月受聘于上海大学并开授历代著名文选（包含群经诸子及史传）、散文等课程。

表　上海市档案馆、广东省档案馆藏邵力子档案明细

序号	馆藏地	档号	题名	时间	页数
1	上海市档案馆	D2-0-74-72	国际发侵略运动的意义及其发展/《文献》卷之六	1939.03.10	4
2	上海市档案馆	D2-0-1079-3	苏联28周年国庆祝词；庆祝苏联建国28周年纪念/《时代》（第5年第19期）（总号第132期）	1945.11.07	2
3	上海市档案馆	D2-0-1221-7	火山复活的日本/《创世》（第1期）	1947.09.15	8
4	上海市档案馆	D2-0-1758-6	苏联建军第29周年纪念；中苏应合理防治日寇的再起/《中苏文化》（第2期）	1947.02.28	2
5	上海市档案馆	D2-0-1957-27	古训怀疑录/《新中国》（第1卷4号）	1919.08.15	14
6	上海市档案馆	D2-0-1958-17	古训怀疑录（续）/《新中国》（第1卷4号）	1919.09.15	12
7	上海市档案馆	D2-0-2097-113	国民意识的进步/《文摘》（第2卷第2期）	1937.08.01	2
8	上海市档案馆	D10-1-46	上海大学访邵力子谈话纪要	1954.06.26	5

续表

序号	馆藏地	档号	题名	时间	页数
10	上海市档案馆	Q6-1-6269-1	邵力子、陈果夫等关于依法组织民国日报股份有限公司请予登记的呈文	1946.07.29	—
11	上海市档案馆	Q249-1-6-130	邵力子为推荐谈兴中、金燮章为校董事致同德医学专门学校董事会函	—	2
12	上海市档案馆	Q249-1-6-164	邵力子为同德医专年刊题词	1937	1
13	上海市档案馆	Q249-1-109-47	潘公展关于边疆学生两名免费入同德医学院事致邵力子函	1936.11	1
14	上海市档案馆	Q249-1-178-20	黄金荣为私立同德医学院建筑新校舍赞助事致该院主席校董邵力子函	1934.01	1
15	上海市档案馆	Q275-1-819-321	陕西省政府主席邵力子为华清池委托中国旅行社代办事与中国旅行社邹秉文的来往函件	1935.01	4
16	上海市档案馆	Q449-1-506-40	资源委员会委员长钱昌照为通用机器有限公司建厂征地事致邵力子先生的信函	1947.03.12	5
17	上海市档案馆	Q449-1-506-27	资源委员会委员长钱昌照为通用机器有限公司建厂征地事致邵力子先生的信函	1947.02.24	2
18	上海市档案馆	Q459-1-70-1	朱家骅关于申请拨发各医学院校实习医院设备事致邵力子的函	—	2
19	上海市档案馆	Q459-1-70-3	邵力子为同德医学院迁往平原省事致顾敏琦的函	1951.12.03	4

续表

序号	馆藏地	档 号	题 名	时间	页数
20	上海市档案馆	Y13-1-71	邵力子先生民国二十四年演讲集	—	—
21	广东省档案馆	G2013-黄埔军校-01328	邵力子	1925年第3期	—
22	广东省档案馆	G2013-黄埔军校-01349	邵力子	1925年第3期	—
23	广东省档案馆	G2013-黄埔军校-01360	邵力子	1925年第3期	—
24	广东省档案馆	G2013-黄埔军校-02957	邵力子	1926年第4期	—
25	广东省档案馆	G2013-黄埔军校-03043	邵力子	1926年第4期	—
26	广东省档案馆	G2013-黄埔军校-06545	邵力子	1926年第5期	—
27	广东省档案馆	G2013-申报-0665	邵力子、谭平山在莫斯科出席第三国际,备受欢迎;邵演说:国际联盟与第二国际不能造福人类,惟第三国际可解放人类于压迫	1926.12	—
28	广东省档案馆	G2013-申报-0785	六日蒋接见陕主席邵力子等	1936.12	—

三十、沈雁冰

沈雁冰（1896—1981），浙江嘉兴人。现代作家、文学评论家、文化活动家以及社会活动家。1923年担任上海大学教师，曾以教职员代表身份当选校行政委员会委员。

表　上海市档案馆、北京市档案馆藏沈雁冰档案明细

序号	馆藏地	档　号	题　名	时间	页数
1	上海市档案馆	B72-1-402-27	上海市文化局关于沈雁冰部长在北京人民大会堂座谈会记录	1961.04.16	7
2	上海市档案馆	D2-0-1516-46	青年与恋爱/《学生杂志》（第11卷第1号）	1924.01.05	6
3	上海市档案馆	D2-0-1541-49	丁泰琪的死 The Death of Tintagiles/《解放与改造》（第1卷第4号）	1919.10.15	26
4	上海市档案馆	D2-0-1553-103	错/《学艺》（第2卷第4号）	1920.07.30	6
5	上海市档案馆	D2-0-1996-112	罗本舅舅/《教育杂志》（第14卷第3号）	1921.11.06	7
6	上海市档案馆	L1-4-193-130	上海市政协文艺组文艺界悼念沈雁冰同志座谈会会议记录	1981.04.25	—
7	上海市档案馆	L1-4-193-159	本市文艺界举行座谈悼念沈雁冰同志——象沈雁冰那样满腔热情歌颂人民/《文汇报》剪报	1981.04.26	1

续表

序号	馆藏地	档 号	题 名	时间	页数
8	上海市档案馆	Q368-1-380	中国旅行社1943年关于聘请本社顾问（聘请沈雁冰为顾问兼派行杂志主编）及巡视川滇线、昆明等地社所情况报告等事项、潘恩霖、唐渭滨与各社所有关人员来往文书	1942	201
9	北京市档案馆	J185-002-00241	北平市警察局准沈雁冰所著清明前后剧本上演	1945.11.02	—

三十一、沈泽民

沈泽民(1900—1933),浙江桐乡人。作家、翻译家。党的革命文艺的倡导者,是中国社会主义青年团的创始人之一。1923年在上海大学任社会学系教授。

表　上海市档案馆藏沈泽民档案明细

序号	馆藏地	档号	题名	时间	页数
1	上海市档案馆	D2-0-1323-387	五月；羞啊我/《少年中国》(第2卷7—12期)	1921.01	2
2	上海市档案馆	D2-0-1362-8	妇女主义的发展/《少年世界》(第1卷第7期)	1920.07	10

三十二、施存统

施存统(1899—1970),浙江金华人。社会活动家、经济学家。参与创办《浙江新潮》,在第2期上发表反封建家庭制度的《非孝》一文,影响巨大。1923年秋,到上海大学社会学系任教,担任社会学系三门课程的教学工作。

表 上海市档案馆藏施存统档案明细

序号	馆藏地	档号	题名	时间	页数
1	上海市档案馆	D2-0-886-2	研究中山主义应取得方法/《中山主义》(第1期)	1925.12.20	3
2	上海市档案馆	D2-0-1575-36	对于今后革命的意见/《革命评论》(第1—9期)	1928.07.01	7
3	上海市档案馆	D2-0-1575-66	自信和共信/《革命评论》(第1—9期)	1928.07.01	5
4	上海市档案馆	D2-0-1575-127	反日运动与民众运动/《革命评论》(第1—9期)	1928.07.01	6
5	上海市档案馆	D2-0-1575-161	所谓济案责任问题/《革命评论》(第1—9期)	1928.07.01	4
6	上海市档案馆	D2-0-1575-207	恢复十三年国民党改组的精神/《革命评论》(第1—9期)	1928.07.01	10
7	上海市档案馆	D2-0-1575-249	读了上海学联会复课宣言之后/《革命评论》(第1—9期)	1928.06.01	4
8	上海市档案馆	D2-0-1575-343	读了施存统先生的"恢复十三年国民党改组的精神"以后/《革命评论》(第1—9期)	1926.02.09	—

续表

序号	馆藏地	档号	题名	时间	页数
9	上海市档案馆	D2-0-1575-364	再论"自信与共信"：答复吴稚晖先生/《革命评论》(第1—9期)	1928.07.01	4
10	上海市档案馆	D2-0-1575-433	城市小资产阶级与民主革命/《革命评论》(第1—9期)	1928.07.01	6
11	上海市档案馆	D2-0-1576-40	如何保障三民主义？/《革命评论》(第10—18期)	1928.09.02	5
12	上海市档案馆	D2-0-1576-103	党底民主化与群众化/《革命评论》(第10—18期)	1928.07.14	5
13	上海市档案馆	D2-0-1576-151	论"党外无党，党内无派"：兼答肥遁先生/《革命评论》(第10—18期)	1928.07.17	7
14	上海市档案馆	D2-0-1576-254	论"青年运动"/《革命评论》(第10—18期)	1928.08.05	—
15	上海市档案馆	D2-0-1576-310	理想中的以党治国/《革命评论》(第10—18期)	1928.09.02	4
16	上海市档案馆	D2-0-1576-412	中国革命与学生运动/《革命评论》(第10—18期)	1928.08.26	5
17	上海市档案馆	D2-0-2621-36	关于今后革命的意见/《革命评论集》(第1—18期)	—	7
18	上海市档案馆	D2-0-2621-346	读了施存统先生的"恢复十三年国民党改组的精神"以后/《革命评论集》(第1—18期)	—	4
19	上海市档案馆	D2-0-2621-446	城市小资产阶级与民主革命/《革命评论集》(第1—18期)	—	6
20	上海市档案馆	D4-0-93	施存统翻译英国班纳科支著《马克思主义和达尔文主义》	1922.01	89

续　表

序号	馆藏地	档　号	题　名	时间	页数
21	上海市档案馆	D4-0-128	施存统著《社会问题》	1924.05	83
22	上海市档案馆	D4-0-936	施存统著《劳动运动史》（新青年社丛书之一）	1927.03.04	—
23	上海市档案馆	D4-0-945	施存统著《马克斯的共产主义》	1921.08.14	—
24	上海市档案馆	D10-1-29	《警务日报》上刊登有关施存统的消息	1926	2

三十三、田汉

田汉（1898—1968），湖南长沙人。1924年任教于上海大学。

表　上海市档案馆藏田汉档案明细

序号	馆藏地	档　号	题　名	时间	页数
1	上海市档案馆	D2-0-2551	田汉主编《南国月刊汇刊》（第1卷上册）	1930.03.15	579
2	上海市档案馆	D2-0-2551-526	"茶花女"复田汉的信/《南国月刊汇刊》（第1卷上册）	1930.03.15	579
3	上海市档案馆	D2-0-2552	田汉主编《南国月刊汇刊》	—	182
4	上海市档案馆	D2-0-2553	田汉主编《南国月刊汇刊》（第2卷第3期）	1930.06.20	167
5	上海市档案馆	C52-1-344-45	建国十一年来戏剧战线的斗争和它的新任务——田汉在中国文字艺术工作者第三次代表大会上的发言稿	1960	186

三十四、萧楚女

萧楚女（1893—1927），湖北汉阳人。中国共产党早期理论家。1925年5月任教于上海大学。

表　上海市档案馆藏萧楚女档案明细

序号	馆藏地	档号	题名	时间	页数
1	上海市档案馆	D2-0-450-4	东方文化学社与绅士阶级/《评论之评论》（第16期）	1924.07.06	5
2	上海市档案馆	D2-0-1346-8	讨论"国家主义的教育"的一封信/《少年中国》（第4卷第12期）	1924.05	10
3	上海市档案馆	D2-0-1379-37	革命与革命教育/《新建设》（第1卷第6期）	1924.05.20	12

三十五、阳翰笙

阳翰笙（1902—1993），四川高县人。早期革命文艺运动的组织者、领导者之一，小说家、戏剧家和电影艺术家。1924年秋入上海大学，同年加入中国社会主义青年团，任上大团总支书记。

表　上海市档案馆藏阳翰笙档案明细

序号	馆藏地	档　号	题　名	时间	页数
1	上海市档案馆	C52-1-341-106	关于中国文学艺术界联合会第二届全国委员会主席团的工作报告	1960	11
2	上海市档案馆	D2-0-778-17	中国戏剧中的新旧女性/《文萃》（第6期）	1945.11.13	4
3	上海市档案馆	D2-0-1806-211	前夜/《戏剧时代》（创刊号）	1937.05.16	25
4	上海市档案馆	D2-0-1807-109	前夜/《戏剧时代》（第1卷第2期）	1937.06.16	20
5	上海市档案馆	D10-1-61	上海大学访问阳翰笙同志记录	1963.01.09	11
6	上海市档案馆	L1-4-293-163	加强团结、促进文艺繁荣、努力为社会主义精神文明建设做出贡献——阳翰笙在中国文学艺术界联合会第四届全国委员会第二次会议（扩大）上的会务工作报告	1982.06.19	20
7	上海市档案馆	U143-1-67-261	中国福利基金会致阳翰笙的函底稿（英文）	—	12
8	上海市档案馆	U143-1-67-264	中国福利基金会致阳翰笙的函底稿	—	3

三十六、于右任

于右任(1879—1964),陕西三原人。中国近现代政治家、教育家、书法家。1922年10月,于右任创办上海大学并担任校长,将上海大学定位为"不是一个死读书本的学校,而是一个与革命密切结合的新型的社会学校"。

表　上海市档案馆、中国第二历史档案馆藏于右任档案明细

序号	馆藏地	档号	题名	时间	页数
1	上海市档案馆	D2-0-1079-5	苏联十月社会主义革命纪念祝词:于右任先生演词等/《时代》(第5年第19期)(总号第132期)	1945.11.07	3
2	上海市档案馆	D2-0-1265-2	学潮问题;诗人百态/《现代文摘》(第1年第2期)	1947.06.11	4
3	上海市档案馆	L1-4-98-168	上海市政协文史资料委员会文史资料登记表(周伯敏遗著:我所知道的于右任)	1980.03.22	1
4	上海市档案馆	Q55-2-16	交通银行钱新之与李根源、于右任等人来往私人函件	1947	225
5	上海市档案馆	Q55-2-1185	交通银行宁、杭、甬、芜、杨行关于伪省政府民、财、建厅、伪市县府等机关军政借款及于右任等借款、澄如(皋)行关于军粮、购粮贷款、燕行有关保商银行旧欠	1932.01	345

续 表

序号	馆藏地	档　号	题　名	时间	页数
6	上海市档案馆	Q109-1-1258-71	监察院为本院院长于右任、副院长刘哲同到院视事及启用印信事给上海市参议会的公函	1948.06.16	4
7	上海市档案馆	Q123-1-812-8	监察院令详查邹敏初操纵金融一案致审计部上海市审计处函	1937.08	12
8	上海市档案馆	Q189-1-168	上海高等特种刑事法庭关于于右任先生诗集选粹	1948	120
9	上海市档案馆	Q265-1-137	中南银行关于理收介公债买卖及对于右任和南京市财局等贷款事与案宁处来往文书	1929.12	428
10	上海市档案馆	Q268-1-86-51	浙江兴业银行有关陆军宪兵军曹调查于右任静安别墅的调文录	1938.02	4
11	上海市档案馆	Q286-1-30	聚兴诚银行上海分行关于催收于右任等户旧欠、代渝付魏玉华款、人事变动、请假代办各行材料、存章遗失申请挂失等致总处函稿	1931.01	201
12	上海市档案馆	Q401-10-72-12	于右任题字："复兴民族"、居正题字："尚武精神……"——《汉口精武体育会征求特刊》	1936.04	2
13	上海市档案馆	Q401-10-117-79	上海精武体育会关于拟请于右任先生代书新建会所门首的函	1929.09.07	1

续 表

序号	馆藏地	档 号	题 名	时间	页数
14	上海市档案馆	Q419-1-100-17	上海中华基督教青年会赠给兴亚钢业公司的捐款纪念铭谢书及于右任手书(复印件)	—	1
15	上海市档案馆	S286-1-28	上海市纸商业同业公会接收东伦堂房地产的报告和清册、出租契约及于右任为东伦堂的题字	1934.11	43
16	中国第二历史档案馆	—	冯玉祥为改编于右任胡景翼靖国军为陕西暂编第一师致大总统国务院陆军部电	1921.10.06	2
17	中国第二历史档案馆	—	国务院为准改编于右任胡景翼靖国军为陕西暂编第一师致冯玉祥函	1921.10	2

三十七、俞昌准

俞昌准(1907—1928),安徽南陵人。1923年赴沪求学,就读于上海南洋中学。1925年9月,经恽代英介绍进入中共主持创办的上海大学就读社会学。

表　上海市档案馆藏俞昌准档案明细

序号	馆藏地	档　号	题　名	时间	页数
1	上海市档案馆	D10-1-45	俞昌准烈士——上海大学同学	1958.07.03	4

三十八、张太雷

张太雷(1898—1927),原名曾让,笔名大雷,江苏武进人。无产阶级革命者、政治活动家、宣传家。1924年夏,张太雷到上海大学社会学系教政治学、政治学史和英文。

表 上海市档案馆藏张太雷档案明细

序号	馆藏地	档　号	题　名	时间	页数
1	上海市档案馆	D4-0-356	张太雷等著《巴黎公社纪念册》	1926.03.18	—

三十九、郑超麟

郑超麟(1901—1998),福建漳平人。革命家、思想家。曾在上海大学讲授社会学(即历史唯物论)。

表 上海市档案馆所藏郑超麟档案明细

序号	馆藏地	档 号	题 名	时间	页数
1	上海市档案馆	D2-0-132-13	"三八"与中国妇女/《赤女杂志》(创刊号)	1927.03.08	5
2	上海市档案馆	D2-0-1756-2	十月革命/《革命潮》(第5期)	1925.11.07	1
3	上海市档案馆	L1-4-98-41	上海市政协文史资料委员会文史资料登记表(郑超麟:陈延年烈士死难前后)	1979.09.26	1
4	上海市档案馆	L1-4-180-52	上海市政协文史资料工作委员会文史资料稿件登记表(郑超麟:关于少年共产党的若干史实)	1981.01.03	2

四十、郑振铎

郑振铎（1898—1958），福建长乐人。上海大学成立后，革新教育制度，举办星期演讲会、夏令演讲会，曾多次邀请郑振铎演讲。

表 上海市档案馆藏郑振铎档案明细

序号	馆藏地	档号	题名	时间	页数
1	上海市档案馆	D2-0-373-21	蛰居散记/《周报》（创刊号）	1945.08.20	1
2	上海市档案馆	D2-0-374-10	蛰居散记/《周报》（第3期）	1945.09.22	3
3	上海市档案馆	D2-0-375-12	一个女间谍/《周报》（第5期）	1945.10.06	1
4	上海市档案馆	D2-0-377-7	记陈三才；"儿时"；诗一律；忘记解；鲁迅先生口中的抗日英雄/《周报》（第7期）	1945.10.20	5
5	上海市档案馆	D2-0-377-11	韬奋的最后/《周报》（第8期）	1945.10.27	2
6	上海市档案馆	D2-0-378-2	对于物价的紧急措置/《周报》（第9期）	1945.10.29	2
7	上海市档案馆	D2-0-378-6	民主与团结问题；"最后一课"/《周报》（第9期）	1945.11.03	3
8	上海市档案馆	D2-0-379-9	记平祖与英茵/《周报》（第10期）	1945.11.10	1
9	上海市档案馆	D2-0-380-8	坠楼人/《周报》（第11期）	1945.11.17	1
10	上海市档案馆	D2-0-381-11	烧书记/《周报》（第12期）	1945.11.24	2

续 表

序号	馆藏地	档 号	题 名	时间	页数
11	上海市档案馆	D2-0-382-10	吴佩孚的生与死/《周报》(第14期)	1945.12.08	2
12	上海市档案馆	D2-0-383-14	汉奸是怎样造成的?/《周报》(第15期)	1945.12.15	1
13	上海市档案馆	D2-0-384-15	我的邻居们/《周报》(第16期)	1945.12.22	1
14	上海市档案馆	D2-0-385-7	记几个遇难的朋友们;欢迎新年声中的几句话/《周报》(第17期)	1945.12.29	2
15	上海市档案馆	D2-0-386-14	售书记/《周报》(第18期)	1945.01.05	2
16	上海市档案馆	D2-0-387-17	惜周作人/《周报》(第19期)	1946.01.12	1
17	上海市档案馆	D2-0-391-11	蛰居散记:从"轧"米到"踏"米/《周报》(第24期)	1946.02.16	2
18	上海市档案馆	D2-0-393-11	严加管束/《周报》(第27、28期合刊)	1946.03.16	2
19	上海市档案馆	D2-0-396-4	怎样处置汉奸的财产/《周报》(第32期)	1946.03.09	2
20	上海市档案馆	D2-0-401-2	把"主人"当作了什么人?!/《周报》(第38期)	1946.05.21	3
21	上海市档案馆	D2-0-403-1	武力能解决问题吗?当前的大危机;警察现代化/《周报》(第40期)	1946.06.02	—
22	上海市档案馆	D2-0-410-31	争取民权,保卫民权!错觉的悲喜剧/《周报》(第49、50期合刊)	1946.08.01	2
23	上海市档案馆	D2-0-421-3	韬奋与青年;程及水彩书集序/《新文化》(第1卷第4期)	1945.12.01	3

续 表

序号	馆藏地	档 号	题 名	时间	页数
24	上海市档案馆	D2-0-535-4	杜鲁门宣言与中国前途/《民主》(第11—20期)	1945.12.19	2
25	上海市档案馆	D2-0-535-25	迎中华民国三十五年/《民主》(第11—20期)	1945.12.29	2
26	上海市档案馆	D2-0-535-65	最政治协商会议诸君/《民主》(第11—20期)	1946.01.05	2
27	上海市档案馆	D2-0-535-92	再最政治协商会诸君①；不可缺少的反对党/《民主》(第11—20期)	1946.01.12	8
28	上海市档案馆	D2-0-535-117	除奸续论/《民主》(第11—20期)	1946.01.19	3
29	上海市档案馆	D2-0-535-150	整军论；迎接和平之年：华侨当前的两重任务/《民主》(第11—20期)	1946.01.26	6
30	上海市档案馆	D2-0-535-193	政治协商会议以后/《民主》(第11—20期)	1946.02.09	4
31	上海市档案馆	D2-0-535-217	民权到底有保障没有/《民主》(第11—20期)	1946.02.16	3
32	上海市档案馆	D20-535-243	论官僚资本/《民主》(第11—20期)	1946.02.23	3
33	上海市档案馆	D20-535-265	论中苏关系/《民主》(第11—20期)	1946.03.02	2
34	上海市档案馆	D2-0-536-8	论中美苏关系与中国前途：遗难前后(12)/《民主》(第21—30期)	1946.03.16	5
35	上海市档案馆	D2-0-536-43	战后大学教育问题/《民主》(第21—30期)	1946.03.19	3

① 原文如此。

续表

序号	馆藏地	档号	题名	时间	页数
36	上海市档案馆	D2-0-536-65	我们要民主的选举/《民主》(第21—30期)	1946.03.30	4
37	上海市档案馆	D2-0-536-89	从接收说到官规与军纪/《民主》(第21—30期)	1946.04.06	4
38	上海市档案馆	D2-0-536-118	将怎样应付这微妙的时局？/《民主》(第21—30期)	1946.04.13	3
39	上海市档案馆	D2-0-536-140	为正义与人道而呼吁：为南通血案写/《民主》(第21—30期)	1946.04.20	2
40	上海市档案馆	D2-0-536-161	停战！停战！/《民主》(第21—30期)	1946.04.27	2
41	上海市档案馆	D2-0-536-185	五四运动的意义/《民主》(第21—30期)	1946.05.04	1
42	上海市档案馆	D2-0-536-214	人权保障在哪里？/《民主》(第21—30期)	1946.05.11	3
43	上海市档案馆	D2-0-537-1	梅雨时期的政局/《民主》(第41—54期)	1946.07.27	3
44	上海市档案馆	D2-0-537-25	总该有一线光明吧/《民主》(第41—54期)	1946.08.03	2
45	上海市档案馆	D2-0-537-49	日本投降以来的中国政局的清算/《民主》(第41—54期)	1946.08.10	3
46	上海市档案馆	D2-0-537-73	文化正被扼杀着/《民主》(第41—54期)	1946.08.14	4
47	上海市档案馆	D2-0-537-97	全面内战爆发了/《民主》(第41—54期)	1946.08.21	1
48	上海市档案馆	D2-0-537-121	论联合政府/《民主》(第41—54期)	1946.08.28	3

续表

序号	馆藏地	档号	题名	时间	页数
49	上海市档案馆	D2-0-537-169	谈"和""战"关头/《民主》(第41—54期)	1946.09.12	3
50	上海市档案馆	D2-0-537-193	从凄寂的"九一八"说起/《民主》(第41—54期)	1946.09.18	2
51	上海市档案馆	D2-0-537-219	"本刊一年"回顾/《民主》(第41—54期)	1946.09.25	1
52	上海市档案馆	D2-0-537-241	重行申请我们的态度和主张；我们要求政府切实保障言论自由/《民主》(第41—54期)	1946.10.10	3
53	上海市档案馆	D2-0-537-289	我们的抗议/《民主》(第41—54期)	1946.10.31	2
54	上海市档案馆	D2-0-538-1	解决国是的一个理想/《民主》(第31—40期)	1946.05.18	4
55	上海市档案馆	D2-0-538-30	不要再打下去了！/《民主》(第31—40期)	1946.05.25	1
56	上海市档案馆	D2-0-538-49	赶快和平协商吧/《民主》(第31—40期)	1946.06.01	2
57	上海市档案馆	D2-0-538-78	论根绝贪污现象/《民主》(第31—40期)	1946.06.08	3
58	上海市档案馆	D2-0-538-97	国是问题的前瞻/《民主》(第31—40期)	1946.06.15	2
59	上海市档案馆	D2-0-538-101	时局笔谈特辑：郭沫若、马叙伦、郑振铎、景宋先生答本刊时局六问题/《民主》(第31—40期)	1946.06.15	2
60	上海市档案馆	D2-0-538-129	是对立还是是合作？/《民主》(第31—40期)	1946.06.22	3

续 表

序号	馆藏地	档号	题名	时间	页数
61	上海市档案馆	D2-0-538-149	悲愤的抗议/《民主》(第31—40期)	1946.06.29	2
62	上海市档案馆	D2-0-538-171	纪念"七七"节/《民主》(第31—40期)	1946.07.06	4
63	上海市档案馆	D2-0-538-199	"拖"的结果是什么？/《民主》(第31—40期)	1946.07.13	3
64	上海市档案馆	D2-0-538-223	悼李公朴闻一多二先生/《民主》(第31—40期)	1946.07.20	3
65	上海市档案馆	D2-0-850-340	世界文库发刊缘起/《新生》第二卷合订本	1935.08	—
66	上海市档案馆	D2-0-1418-85	俄国文学发达的原因与影响/《改造》(第3卷第4号)	1920.12.15	12
67	上海市档案馆	D2-0-1424-77	俄国文学史中的翻译家/《改造》(第3卷第11号)	1921.07.15	5
68	上海市档案馆	D2-0-1513-33	彼得克罗泡特金与苏维埃/《曙光》(第1卷第6号)	1920	3
69	上海市档案馆	D2-0-1513-60	我们从什么着手呢？/《曙光》(第1卷第6号)	1920	2
70	上海市档案馆	D2-0-1513-71	红军军队"The Red Army"/《曙光》(第1卷第6号)	1920.08.22	5
71	上海市档案馆	D2-0-1525-11	敌我军队作战能力的对照；动员全国的人力/《战时联合旬刊》(第1期)	1937.09.01	2
72	上海市档案馆	D2-0-1526-8	国民外交与太平洋集体安全运动/《战时联合旬刊》(第2期)	1937.09.01	2

续 表

序号	馆藏地	档 号	题 名	时间	页数
73	上海市档案馆	D2-0-1527-6	如何保护抗战的胜利/《战时联合旬刊》(第3期)	1937.09.21	2
74	上海市档案馆	D2-0-1528-20	明代倭寇侵略江浙考略/《战时联合旬刊》(第4期)	1937.10.01	4
75	上海市档案馆	D2-0-1548-122	严加管束/《文学》(创刊号)	1933.07.01	18
76	上海市档案馆	D2-0-1835-237	论"玄武门之变"/《读者俱乐部》(第29期)	1937.04	2
77	上海市档案馆	D2-0-1835-239	"二十五史补编"/《读者俱乐部》(第29期)	1937.05.15	2
78	上海市档案馆	D2-0-1836-53	中国的出路/《月报》(第1卷第7期)	1937.07.15	2
79	上海市档案馆	D2-0-1959-88	俄罗斯之政党/《新中国》(第1卷8号)	1919.12.15	9
80	上海市档案馆	D2-0-1966-10	答郑振铎先生的战时教育问题/《战时教育》(第3期)	1937.10.15	1
81	上海市档案馆	D2-0-2084-5	郑振铎先生/《书报》(第1期)	1945.11.20	5
82	上海市档案馆	D2-0-2317-74	伐檀篇：诗经里所见的古代农民生活之一/《理论与现实》(第3卷复刊号第1期)	1946.04.22	4
83	上海市档案馆	D2-0-2580-199	世界文库发刊缘起/《太白》(第2卷第4期)	1935.05.05	4
84	上海市档案馆	D2-0-2580-205	世界文库第一集目录/《太白》(第2卷第4期)	1935.05.05	14
85	上海市档案馆	D2-0-2627-5	为士兵们做的文艺工作/《呐喊》(第2期)	1937.08.24	1

续 表

序号	馆藏地	档 号	题 名	时间	页数
86	上海市档案馆	D2-0-2670-1	战时的读物问题/《战时文摘》(第2期)	1937.10.25	4
87	上海市档案馆	D2-0-2699-22	保存古物刍议/《大学》(第6卷第3、4期合刊)	1947.08.20	8
88	上海市档案馆	D2-0-3009-129	汤祷篇：古史新辨之一/(东方杂志)(第30卷第1号)	1932.12.02	16
89	上海市档案馆	D2-0-3009-294	梦想的中国：南京国立编译馆刘英士；大阪商科大学学生周柏棣；燕京大学教授郑振铎/(东方杂志)(第30卷第1号)	1933.01.01	2
90	上海市档案馆	Q131-6-487	上海市警察局政治处关于纪念"六四"诗人节、中华全国文协上海分会及中国诗歌音乐工作者**上海分会假座辣斐大戏院联合举行诗歌晨会(郑振铎、田汉、茅盾、郭沫若在会上讲话)调查报告	1946.06.04	—

四十一、周建人

周建人(1888—1984),浙江绍兴人。1923年应瞿秋白邀请,在上海大学讲授进化论。

表　上海市档案馆藏周建人档案明细

序号	馆藏地	档号	题名	时间	页数
1	上海市档案馆	B172-5-427-39	上海鲁迅纪念馆关于鲁迅墓前鲁迅座象浇铸铜象访问周建人省长和浙江美术学院肖传久教授的谈话记录整理	1961.07.10	2
2	上海市档案馆	B172-5-427-41	上海民用建筑设计院向周建人省长及肖传久教授征求关于鲁迅象基座设计方案的意见	1961.07.10	1
3	上海市档案馆	C48-2-2069-52	周建人在上海市工商界全面开展"三同"、"三献"运动誓师大会上的发言	1958	2
4	上海市档案馆	D2-0-24-14	达尔文与生物进化论/《中国青年》(第5、6期)(合订)	1949.03.30	2
5	上海市档案馆	D2-0-375-9	论民族气节/《周报》(第5期)	1945.10.06	2
6	上海市档案馆	D2-0-381-8	日本法西斯主义消灭了吗?/《周报》(第12期)	1945.11.24	3
7	上海市档案馆	D2-0-385-7	记几个遭难的朋友们;欢迎新年声中的几句话/《周报》(第17期)	1945.12.29	2

续 表

序号	馆藏地	档 号	题 名	时间	页数
8	上海市档案馆	D2-0-419-1	论感情/《新文化》(第1卷第2期)	1945.11.01	2
9	上海市档案馆	D2-0-422-3	人力车赛跑记;"种的起源"序言;悼冼星海先生/《新文化》(第1卷第5期)	1945.12.16	2
10	上海市档案馆	D2-0-423-5	这一次的参政会;关于此次参政会;悼戴笠将军!/《新文化》(第1卷第12期)	1946.04.01	3
11	上海市档案馆	D2-0-424-1	双十节感言/《新文化》(第2卷第7期)	1946.10.10	1
12	上海市档案馆	D2-0-424-10	生物界里的联系;万灵试金石;渝工业界反对把煤供日;什么话?《新文化》(第2卷第7期)	1946.10.10	3
13	上海市档案馆	D2-0-425-20	生物变化的原因:自然科学讲话/《新文化》(第2卷第10期)	1946.12.07	3
14	上海市档案馆	D2-0-426-22	学习科学同时也学习思想/《新文化》(第3卷第1、2期)	1946.12.07	2
15	上海市档案馆	D2-0-535-29	关于新年的希望/《民主》(第11—20期)	1945.12.29	1
16	上海市档案馆	D2-0-535-101	关于民主与统一/《民主》(第11—20期)	1946.01.12	2
17	上海市档案馆	D2-0-535-120	马歇尔被窃;关于检举汉奸/《民主》(第11—20期)	1946.01.19	2
18	上海市档案馆	D2-0-535-156	结束一党专政与改选代表/《民主》(第11—20期)	1946.01.26	2

续 表

序号	馆藏地	档号	题名	时间	页数
19	上海市档案馆	D2-0-535-222	惩办暴徒与防止日本法西斯"卷土重来"/《民主》(第11—20期)	1946.02.16	1
20	上海市档案馆	D2-0-535-270	论争主权之类/《民主》(第11—20期)	1946.03.02	3
21	上海市档案馆	D2-0-536-13	假民主必然失败/《民主》(第21—30期)	1946.03.16	1
22	上海市档案馆	D2-0-536-54	人民好像仍然生活在侵略者的铁蹄下/《民主》(第21—30期)	1946.03.23	3
23	上海市档案馆	D2-0-536-71	不要包办的市参议会/《民主》(第21—30期)	1946.03.30	1
24	上海市档案馆	D2-0-536-96	脱离了大众的人们/《民主》(第21—30期)	1946.04.06	2
25	上海市档案馆	D2-0-536-123	"户口编完了,又挂姓名牌"《民主》(第21—30期)	1946.04.13	2
26	上海市档案馆	D2-0-536-141	几句关于南通惨案的话/《民主》(第21—30期)	1946.04.20	3
27	上海市档案馆	D2-0-537-12	纪念韬奋先生/《民主》(第41—54期)	1946.07.27	1
28	上海市档案馆	D2-0-537-40	论中美"传统睦谊"/《民主》(第41—54期)	1946.08.03	1
29	上海市档案馆	D2-0-537-88	胜利周年以后人们获得了些什么/《民主》(第41—54期)	1946.08.17	2
30	上海市档案馆	D2-0-537-157	再论内战必须立即停止/《民主》(第41—54期)	1946.09.07	2
31	上海市档案馆	D2-0-537-236	中国须急谋进步才得安全/《民主》(第41—54期)	1946.09.28	2

续 表

序号	馆藏地	档号	题名	时间	页数
32	上海市档案馆	D2-0-537-295	"民主"也停刊了；民主的休刊与评价："民主"不是"民奴""民猪"/《民主》(第41—54期)	1946.10.31	2
33	上海市档案馆	D2-0-538-10	论民主逆流急需遏止/《民主》(第31—40期)	1946.05.18	2
34	上海市档案馆	D2-0-538-80	饥荒与内战：内战危机严重/《民主》(第31—40期)	1946.06.08	3
35	上海市档案馆	D2-0-538-104	关于目前时局看法；对十五天停战的看法/《民主》(第31—40期)	1946.06.15	1
36	上海市档案馆	D2-0-538-116	一个浅近的道理/《民主》(第31—40期)	1946.06.15	4
37	上海市档案馆	D2-0-538-152	抗议暴徒殴打我们的代表/《民主》(第31—40期)	1946.06.29	2
38	上海市档案馆	D2-0-538-193	论半殖民地法西斯的特质/《民主》(第31—40期)	1946.07.06	2
39	上海市档案馆	D2-0-538-241	论法西斯分子罪行/《民主》(第31—40期)	1946.07.20	3
40	上海市档案馆	D2-0-804-16	关于美国人/《文萃》(第47期)	1946.09.12	2
41	上海市档案馆	D2-0-825-392	生物之起源/《新青年》(第6卷1—6号)	1919.04.15	4
42	上海市档案馆	D2-0-973-93	与张东荪先生论"示人以不广"问题/《时与文》(第17期)	1947.07.04	2
43	上海市档案馆	D2-0-973-247	答传雷先生的"关于亲帝反苏"/《时与文》(第24期)	1947.08.22	2

续 表

序号	馆藏地	档号	题名	时间	页数
44	上海市档案馆	D2-0-984-2	愚昧主义必须反对/《时与文》(第2卷第22期)	1948.03.12	2
45	上海市档案馆	D2-0-998-1	短论：回忆"七七"/《时与文》(第3卷第13期)	1948.07.09	1
46	上海市档案馆	D2-0-1140-1	我国可以从苏联学习的几点；祝词/《时代》(第7年第43、44期)	1947.11.07	4
47	上海市档案馆	D2-0-1278-10	检定教师可以不必；教师检定与职业保障/《教师生活》(第5期)	1946.06.16	2
48	上海市档案馆	D2-0-1301-18	支援小教联的抗议；欺人之谈；团结努力；这是你们的胜利/《学费呀学费》(第1期)	1947.09.27	1
49	上海市档案馆	D2-0-1408-61	死的进化/《民锋杂志》(第3卷第4号)	1922.04.01	10
50	上海市档案馆	D2-0-1514-114	青年的性的卫生/《学生杂志》(第10卷第4号)	1923.04.05	6
51	上海市档案馆	D2-0-1516-96	生物学上的恋爱观/《学生杂志》(第11卷第1号)	1924.01.05	6
52	上海市档案馆	D2-0-1521-70	进化说/《学生杂志》(第12卷第1号)	1925.01.05	7
53	上海市档案馆	D2-0-1522-58	进化说(续)/《学生杂志》(第12卷第3号)	1925.03.05	6
54	上海市档案馆	D2-0-1826-47	生物的进化/《北新》(第4卷第9期)	1930.05.01	18
55	上海市档案馆	D2-0-1827-37	生物的进化/《北新》(第4卷第10期)	1930.05.16	12
56	上海市档案馆	D2-0-2699-50	种族歧视与种族主义/《大学》(第6卷第3、4期合刊)	1947.08.20	2

续 表

序号	馆藏地	档 号	题 名	时间	页数
57	上海市档案馆	D2-0-2979-76	赫胥黎与达尔文进化说/《东方杂志》(第22卷第12号)	1925.06.25	4
58	上海市档案馆	D2-0-2991-91	无脊椎动物与文明/《东方杂志》(第22卷第24号)	1925	16
59	上海市档案馆	D2-0-2997-83	拉马克的习得性遗传问题/《东方杂志》(第23卷第16号)	1926.08.25	8
60	上海市档案馆	D2-0-3002-89	进化论的历史和应用/《东方杂志》(第23卷第21号)	1926.11.10	8
61	上海市档案馆	D2-0-3009-189	未来的道德/《东方杂志》(第30卷第1号)	1933.01.01	3

第五章　新上海大学"档案人"在成长

　　上海大学档案学专业创办于1981年,在全国起步较早,前身为复旦大学分校图书馆学系。1994年,新上海大学组建后,设置上海大学文学院档案学系。2008年,档案学专业、情报学专业、图书馆学专业经资源整合,成立图书情报档案系。2021年12月,上海大学成立文化遗产与信息管理学院,下设档案学系。经过40余年的建设,档案学专业所在的图书情报与档案管理一级学科已发展成为建制完整、特色鲜明、拥有完整人才培养体系、国内颇具影响的学科专业。档案学为上海市本科教育高地。2019年,上海大学档案学专业入选第一批国家级一流本科专业建设点。

　　近年来,上海大学档案学专业毕业生一次就业率保持为100%,深受用人单位好评。截至2022年,已培养档案学本科生1 000余人,档案学硕士研究生近370人。80%以上的学生毕业后入职国家机关、大型企事业单位,不少校友已成为单位的业务骨干和中坚力量,为档案事业做出了积极贡献。本章是对部分档案学专业校友的访谈,记录了他们作为"档案人"的感悟。

一、蔡安东：在求真务实中不断追求卓越

我叫蔡安东，是上海大学文学院2003级档案系本科生、2007级图书档案情报系档案学研究生。我在上本科时就选择了档案学专业，这是经过认真思考的。我们是在大一上了一年公共课后，大二时再选专业的。当时，文学院有历史、中文、社会、档案四个专业。历史、中文是文学院的传统强项，选择社会学专业的在当时也很多，相比之下，档案学专业不显山不露水。我选择档案学专业有以下几点考虑：首先，专业契合度高，因个人兴趣偏理工类，四个专业中仅档案学课程涉及理工，如"档案保护技术"涉及理化知识，"档案信息系统编程"涉及计算机知识，这与个人兴趣比较吻合。其次，就业前景较好，当时国内有档案学专业的高校不多（上海仅有3所高校，且上大的档案学专业历史最为悠久），社会上人才需求量又大，且一般机关、大型企事业单位才有档案部门。再次，实习机会多，每学年结束后，学生都有机会到机关事业单位、大型国企实习锻炼，与社会需求和工作实际对接紧密。事实证明，无论从所学专业知识、毕业求职机会、市场认可度等方面来看，选择档案学专业无疑是明智的。

学习期间，令我印象最深刻的，当然是档案学专业的老师们勤恳务实的教学态度。宗培岭、金波、潘玉民、丁华东等老师深厚的专业功底，王向明老师深入浅出且幽默的授课讲解，张大伟、于英香、张晓丹等老师有趣的档案编程和保护技术实验，以及陆阳、张林华等老师认真的教学态度，都令我受益匪浅。在优美的校园中、在良好的氛围下，我广泛涉猎档案学、经济学、计算机、专业英语等相关领域知识，并且通过努力学习，在本科期间荣获了一等奖学金和专业奖学金，获得了免试攻读硕士研究生的机会。研究生期间，我在王向明导师的指导下，努力提升自己的研究能力，并担任档案系兼职辅导员，更进一步锻炼了自己的实践能力。事实证明，七年的专业学习，不仅丰富了我的专业知识，而且锻炼了处事能力，为我今后更好走向社会奠定了坚实的基础。

俗话说"师傅领进门，修行在个人"，随着工作经历的丰富，我越来越感觉到档案工作也是如此。档案学是博大精深的，它既需要丰富的管理经验，又要辅以多种专业知识；档案学也是变化无穷的，"三百六十行，行行有档案"，每

一种类型的档案都需要认真钻研;档案学更是务实求真的,无论是档案本身的原始记录性,还是档案工作存史资政育人的特性,都必须指向务实求真。作为一名档案学专业的学生,我为自己的专业骄傲;作为一名档案工作者,我为自己的职业自豪。希望未来档案学专业的莘莘学子,也能通过努力求学,在求真务实中不断追求卓越,收获属于自己的精彩!

二、陈志勇：坚守档案初心，回馈社会、母校

我是2007级的本科生陈志勇，曾是档案学专业的一名学生，有幸历经了档案学专业从文学院转入工商管理学院，再独立建系的过程。如今我已在档案管理岗位上工作11年，目前是中国船舶集团第七〇八研究所档案管理科的副科长（主持工作）。

我选择档案专业很大原因是就业率很高，也喜欢安静做事。可是纯理论的课堂知识和基础的档案工作实习，也让我对档案学是一门专业产生过怀疑。其实，档案专业的学科建设欣欣向荣，理论创新也层出不穷，但理论与实践之间一直存在较大差距。

上大的学习经历至今仍然是美好的回忆，虽然选课制度淡化了班级的概念，但使得我能接触到其他学院的同学。专业课的学习，考试周里同学们的互助，本科生导师制，组建图情档系学生会，共同开创"与沪有约"的社团活动，等等，也都是我人生中最美好的经历。

2011年本科毕业后，我入职中国船舶工业集团公司第七〇八研究所，在档案信息部从事档案管理工作，专业十分对口。从最基础的档案工作做起，我体验到了企业档案管理工作与课堂理论之间的鸿沟；从一开始对工作感到一片迷茫，到现在领悟到了档案工作的价值，为实现档案人的价值而不懈奋斗，十年的坚守让我对档案专业有了更深刻的认识。现如今越来越专业化的档案工作成为服务企业主营工作的支撑力量，我也逐渐让其他人认同了档案工作，自己也终于认同了档案作为一门专业的重要性。

对于学弟学妹们，我想说的是：在校期间多学习国家档案的行业标准，多参加学校组织的实习，通过多渠道去了解档案专业，尤其是要多关注企业档案管理，为日后从事档案工作做好充足的知识储备。档案工作是一项很清苦、默默无闻的工作，要有"十年磨一剑"的心理准备。但我希望学弟学妹们从选择了档案工作的那一刻起，能始终秉承档案专业"细心、耐心、责任心"的精神，主动作为，在平凡的岗位上创造不平凡的价值。

三、冯厚娟：结缘档案，上大人才大展拳脚

我是上海大学2008级档案学专业硕士研究生，毕业于2011年，现工作单位为上海核工程研究设计院有限公司。

与档案学的缘分始于2004年高考后的夏天。当时我是调剂进入档案学专业的，因而一开始确实是傻眼了，回拨了好几次高考录取热线，却只是一遍遍听到话筒里传来相同的女声："专业：档案学。"那是我第一次听说档案学，只感觉陌生。然而随着入学后对于档案学专业的逐渐了解，我也慢慢地有了些许自豪，档案学在我的脑海中建立起这样一个形象：一位低调、沉稳、饱读诗书的大家闺秀，人淡如菊、大气坦然。到如今我也还是存有这样的认知，碰到学档案、做档案的人也多是如此形象，低调做人、高调做事。

在上大最难忘其实是一件非常遗憾的事，就是没能拿到有钱老印章的毕业证。犹记得2008年开学典礼上钱老坐着轮椅发言，那是我第一次竟也是最后一次见到钱老，可是却没等到钱老参加我们的毕业典礼。真的很遗憾，但也仍然很骄傲，毕业后我时常对同事说起我是钱老的学生！

我毕业后的工作经历很顺利，也很平常。进入一家核电企业，主要负责项目档案管理和档案验收准备工作，从档案专责助理做起，到档案专责、档案主管、档案板块经理，取得副高职称。可以说七年的档案学专业知识给了我十足的底气，让我在专业技能上游刃有余，还能分出精力做课题、专利、党建、团宣等，扩展自己的知识面，丰富职业阅历。

毕业后我还回过几次上大，约上宿舍好友，聊聊各自的工作与生活，逛一逛菊花展、西门美食广场，很多已经模糊遗忘的片段就会突然清晰起来，仿佛又回到学生时代，简单而快乐。

学弟学妹们比我们当年更幸福，在建设得更加美好的校园里学习与成长。如果有择业上的困惑，我想谈点个人看法：我很幸运进入了现在的公司。公司很注重对校招生的培养，给予丰富的培训资源、良好的晋升制度和广阔的发展前景。如果你热爱自己的专业并想在毕业后做专业对口的事，那么你的首份工作就要找一份正规的大公司，选择一个专业匹配度高的岗位，了解正规的

专业流程、做事方式和各种行业标准。如果一开始选择错误的话，很可能会影响自己后期的职业发展。当然，在大公司也不是一劳永逸的，大公司里待时间久了可能会遇到职业瓶颈，晋升比较难，而且分工太细，那就可以再去小公司发挥自己的才能，在更多方面锻炼自己的综合能力。

在上大的学习时间是很美好的，学到的除了专业知识外，更多的是做人做事的方法，这让我一生受益匪浅。作为一名还在成长的"档案人"，我以上大为荣，也祝母校蒸蒸日上，才子辈出。

四、顾丽娅：结缘上大，难忘"椿"意师恩

我是浙江湖州人，上海大学2014级档案学专业研究生，2017年毕业。本科就读于湘潭大学档案学，刚接触这个专业的时候我觉得档案学真的很无趣，然而经过四年的学习，我开始慢慢发现档案学专业所具有的独特魅力，也更想进一步深入学习，于是下定决心考研。最终决定选择上海大学，一方面是因为上海大学档案学专业排名比较靠前，拥有像潘玉民教授、金波教授、丁华东教授等一众在档案学领域知名的专家、学者；另一方面也是因为在上海不仅离家近而且可以接触到国际上的前沿资讯。

2014年9月，我来到上海大学就读，有幸能够成为潘玉民教授的学生，潘老师在学术上是我们的好老师，在生活上更像是家里的长辈，事无巨细。我对潘老师的印象也从最初的"严肃的小老头儿"变为后来的"和蔼可亲，亦师亦友"。那时候，我们真的很喜欢去潘老师家里蹭饭，老师和师母则会给我们包饺子，做好吃的菜。我以前一直说我们那边不吃香椿，所以我从来没吃过这个春季限定的菜，可是有一天，潘老师让我们去他家吃饭，说给我们留了院子里最后一茬香椿芽，要给我们做香椿炒鸡蛋，虽然最后真正吃到了香椿，却是难以接受这个味道，不过我真的非常感动。

因为档案学专业在上海就业比较容易，所以毕业第一年我留在了上海工作。一年后家乡的高校因专业建设的需要正好要招一个专任教师，于是我就此告别上海回到了湖州，来到湖州学院人文学院做了一个专任教师，主要教授"档案管理学"和"公文写作"等课程，潘老师在我上课或者做科研的过程中还时不时给予指导。

时间一晃而过，从上海大学毕业已经5年了，但是我一直关注着母校的建设和发展，在这里我还想跟学弟学妹们说，好好珍惜在学校的时光，等你毕业走出校园，你会发现当个学生真的非常幸福；好好感谢老师的教导，当我自己做了高校教师才真正意识到老师为了学生真的付出了很多心力。最后祝大家在学校学得开心，过得高兴，毕业之后都能找到满意的工作。

五、韩云惠：伴档案七载，尤念良师益友

我是上海大学2015级档案学专业研究生，现为上海大学期刊社《秘书》杂志编辑。

提到选择该专业的原因，要从大学说起。2011年高考过后，在经历查分数、等分数线等一系列惊心动魄的环节后，成绩和排名使我始终保持理智，当时一心要读"211"的我，在参考了往年的分数线以后，毅然决然地选择了当时我们河南省内唯一一所"211"高校郑州大学的几个冷门专业，其中，档案学专业位列第二，第一选择是公共事业管理，然后勾选了服从调剂。因几分之差，我与公共事业管理专业擦肩而过，被调剂到了档案学专业，从此开启了长达7年的档案时光。

然而进入该专业却像是打开了新世界的大门，我发现档案学专业的内容并不像它的社会标签那样"冷门"，尤其是档案管理实践课更是激发了我对专业的兴趣。一方面，专业的学习内容使我了解到档案和档案工作的价值，其广泛的适用性扩展了我的职业选择，政府部门、事业单位、国有企业、公司等都是我未来可以选择的职业方向；另一方面，档案中蕴藏的丰富知识使我既能够了解历史，也能够认识现在，还能够为未来留下记录。这样看来，档案学不失为一个神奇且有趣的专业。

在上大学习最大的感受首先是它浓厚的学术氛围。特别是当时我们所在的图情档系，研究生人数比本科生人数还要多，导师们几乎人手一个国家级的项目，每年的学术成果累累，学长学姐们争先发表论文，CSSCI核心期刊和北大核心期刊成为我们的专属配置。其次是上大的开放性和包容性。在这里有独特的小学期制度，一年分春夏秋冬四个学期，一个学期是十周，这是上大的特色之一。上大还为我们提供了众多学习交流的机会，无论是校内的各种论坛讲座，还是国内的学科前沿会议，甚至是国外的高端会议、交流项目，在上大，你总能看到相应的资讯，只要你足够努力，就能打造属于自己的一片天地。

在学校里最难忘的就是与良师益友的相处。每周一次的导师见面会，

既加深了师门的联络和感情，也使我们的学术水平在一次次的研讨中渐渐提高。室友之间一起上课，一起吃饭，一起熬过论文"难产"的时光，无数个深夜畅聊，早已成为一辈子的好朋友，这些都是在上大期间最弥足珍贵的回忆。

六、何玉琼：积七年档案跬步，至兰台事业千里

我是河南周口人，2010年6月毕业于上海大学图书情报档案系档案学专业，2010年7月通过国家公务员考试入职湖北省地震局，2019年3月任湖北省地震局人事教育处四级调研员（副处级）。

我热爱档案学专业并为之付出了巨大的热情与精力，专业学习七年，兰台耕耘十二年。在研究生期间，我获得上海市档案局档案学专业奖学金一等奖，在各类全国中文核心期刊、档案学期刊相继发表6篇学术论文，参与上海市教委课题，并独立承担上海大学创新基金项目。我认为档案学是一门理论与实践结合的学科，是一门实践性很强的综合性社会科学，它有着本学科独特的知识体系、独特的理论基础，现如今，档案学专业已成为一个特色鲜明和具有广泛社会影响力的专业，有其独特专业魅力和社会贡献力。档案学专业毕业生的就业前景相对不错，综合素养好，职业发展空间大，硕士研究生层次的档案学专业主要培养在国家机关、社会组织、企事业单位从事文件管理、档案管理的高级人才。就具体实践体会而言，我从事的人事档案工作具有管理性、服务性和政治性，同时也注重创新。

上海大学校风务实，办学理念与国际接轨，校园文化活动丰富，给学生提供充分的发展平台。因我喜欢压力和竞争，崇尚在紧张快速的节奏中爆发，有强烈的集体感和团队归属感，重视社会实践和校园文化活动，所以在校期间我担任过上海大学文学院研究生会副主席、图书情报档案系研究生会主席、2007级档案班班长，组织图情档系研究生会日常工作，全程参与研究生会学术节、体育节、艺术节三大节活动，积极参与社会锻炼和公益活动，多次参加志愿者活动。

在上海大学读书期间，有气质温柔、学富五车的老师，有朝气蓬勃的同学，有志同道合的校友，有桃花潭水的朋友……在上海大学难忘的经历很多，比如主持第二届"上海大学档案学研究生学术论坛"、"打造新时代女性"系列活动之"女性·创业·成功"讲座，策划上海大学"精彩我秀，逢投必进"定点投

篮锦标赛、上海大学校庆十五周年系列活动之"画里上大,泮池印象"研究生绘画大赛、华东研究生联谊会等。

  我毕业后选择报考公务员,主要从事人员录聘、政审考察、干部晋升、人事档案、教育培训、出国管理等工作,我很喜欢档案理论研究,但现实工作脱离专业太久,也留下不少遗憾。但在上海大学档案学专业学习的经历带给我的行政管理能力、信息管理能力、文档管控能力、专业服务能力、人际交往与沟通能力等综合能力和分类清晰、逻辑有条理的良好习惯,使我受益匪浅。

  上海大学是一所年轻、朝气蓬勃的大学,课程比较密集。档案学专业的学习管理是扎实的,这个专业的毕业生有的成为企事业单位的管理者和精英,有的成为国家和民族记忆的捍卫者,有的成为国家档案信息化领域的核心人才。

  我想对学弟学妹说,要敢于探索、善于创新,打破固有思维定式,要始终保持昂扬向上、奋发进取的精神状态,不断增强自信心和自豪感!不仅要有专业能力,更要培养综合素质;不仅要有证书,更要有自信;不仅要有明确的就业方向,更要有正确的思维方式和更多的人生智慧!

  我有点感悟和心得想向大家分享:第一,努力探寻自己最擅长的领域。我们每个人都想做自己最擅长的事情,但却往往搞不清楚自己最擅长什么,只有通过不断尝试才能找到。第二,勇于挑战,敢做第一。第三,关注专业领域并持之以恒。在这个变革的伟大时代,只要我们耐得住寂寞,兢兢业业,努力寻找自己最擅长的领域并坚持不懈走远路,我们就一定能有所成就。每个人都有属于自己的专长,我祝愿学弟学妹在人生旅途中一帆风顺、前程似锦、未来可期!

七、李军：景美人美精神美

2007年，怀着对档案学懵懵懂懂的认知，我选择报考上海大学档案专业，主要原因是认为档案是人类做事最根本的根据，这个根据蕴含了人类实践的智慧，通过深入的学习和探索，就可以获得智慧，开启人生境界。三年学生生涯，让我收获了知识、情谊，也升华了我的精神境界。

还记得2008年春天到上大参加复试的时候，就看到大门口的鲜花，耀眼而漂亮，学校为学生提供了一个温馨的学习环境，也体现了学校的人文气息。

后来生活在上大校园，我更是感受到了上大一年四季的美不胜收。春天，鲜花烂漫、香气怡人、白絮纷飞、胜似春雪、蝶舞蜂飞、悠然惬意，每天上午没课的时候，我都会到草坪上去背书，把人生的梦想播种在最美的天色、最美的景色中，憧憬着假以时日，自己的梦也会像春天的花那么明丽，终会结出累累硕果。夏天，绿意盎然，和风徐徐，我穿梭在林边湖畔，徜徉在书中世界，一个个新概念、新理论、新观点在心中扎根，在脑中碰撞，培育了我全新的专业视野。秋天，是总结一年收获的时候，在提交一些课程作业的同时，我会总结一年的学习收获和成长经历，制定来年的学习计划。冬天，与老家一望无垠的黄土地相比，校园里还是那么绿，那么有生气，似乎诉说着和而不同、美美与共的人文气息。

古诗说："春有百花秋有月，夏有凉风冬有雪。若无闲事挂心头，便是人间好时节。"上大的美每一秒钟都是人生最美的时节。

第一次见到导师，是在复试面试的时候。面试的时候，导师问了我为什么读档案专业，还记得我当时有点紧张，只能用真诚而不是很清晰的逻辑表达了自己的想法和观点，但是值得庆幸的是，导师还是选择了我。在三年的学习生涯中，导师用自己独特的教育方式，循序渐进地让我读了很多书，掌握了很多知识，聆听了很多观点，让我对档案学有了更为系统深入的认识。学高为师，身正为范，导师在传授知识的同时，也让我学到了他高尚的品德、敬业的精神、务实的作风。榜样的力量对一个人的成长至关重要，毕业后的这么多年里，我始终将导师这种内在美来指导我的言行举止。

其他老师不但知识渊博,也非常和善,乐于助人。那时候丁老师申请"电子文件精品课程",让我帮他把很多课程材料做在网页上。因此我们俩在很长的一段时间里,都在他办公室里研究网站上放什么内容,用什么形式展示,这让我深深领略了丁老师深厚的文化底蕴和人格魅力。

开学典礼的时候,由于钱校长身体原因,学校给我们放了老校长的寄语,我记忆最深刻的是那句"先天下之忧而忧,后天下之乐而乐"。这句话从老校长的口中说出后,我听出了和以前完全不一样的意义。钱老一生,为教育事业呕心沥血、孜孜不倦。鲁迅先生说:"世上本没有路,走的人多了,也便成了路。"钱老用自己的言传身教,不但自己走出了一条学术的大道,也为我们指明了一条路,这条路既反映了中华民族自强不息、厚德载物的精神情怀,也反映了中华儿女为天地立心,为生民立命,为往圣继绝学,为万世开太平的博大胸怀。

正是因为钱老的精心培育,上大形成了自强不息的学风作风,无论是校园的一草一木,还是老师学生,都将自强刻在自己的骨子里,成为最美的精神,最美的风景。

人生二三事,莫如读书好。转眼之间,我已经离开学校11年,但每每想起上大校园里的那景那人,都有一种深深的眷恋与美美的情意。

八、李灵风：我即将成年的17岁档案生涯

我是2012届档案学硕士研究生李灵风，现就职于某研究所，从事档案和其他管理工作。我从本科开始进入档案学专业，如今已跟它相伴17年，可以说我的档案生涯即将成年，借此机会谈谈与档案专业共成长的感受。

上大学之前我对档案学并不了解，甚至没有听过这个专业。被档案学录取后才开始查找跟它有关的信息，那时我对档案的认知是档案工作就像集邮一样，收集资料后按册保存。进入大学后，老师在第一堂课上就告诉我们档案学是很有特色的，但它缺少光环，从事这个专业的人员很难像科学家、律师、经济学家一样声名远扬，光彩照人，这需要我们更加平和、专注。那时我对档案的认知变成了档案工作就是在一定的规则下收集、整理历史资料并加以利用。

大学毕业后我选择继续攻读研究生，来到了上海大学。入学后我发现上海大学除了有很好的就业机会之外，还有钱伟长校长精心设计的美丽校园，有代代相传的红色基因，有浓厚严谨的学术氛围和宽松自由的学习环境。在上大，最让我受益的是一次又一次的学术研讨课，每次上课之前老师都会确定一个主题，同学们课前查资料做准备，课堂上老师抛出研讨提纲，大家一一发言，充分讨论，碰撞思想的火花，这让人受益匪浅，也极大地培养了大家既独立思考又博采众长的学术习惯。那时我对档案的认知已经成为档案工作是记忆工程、管理活动和文化建设的重要组成部分。带着这样的认知，我走出了象牙塔。

工作后我对档案专业和档案工作有了新的认识。档案工作缺少光环，但不代表不能发光。星光不忘赶路人，时光不负有心人。只要努力付出，任何岗位都可以发光发热。"历史是最好的教科书"，我们总是从历史中总结发展的规律，汲取奋斗的力量。档案是历史的记忆、管理的记录、文化的记载，从事档案工作可以看到整个单位的业务运行情况，可以学习整个组织的知识，这是其他任何岗位都无法比拟的，这就是档案工作的优势，是一个很好的成长平台。只要我们去学习，去研究，从小事做起，从做好本职工作开始，就一定可以汲取发光的能量。

"溯源初心恰风华，百年传承再出发"，让我们赓续红色血脉，永葆青春力量，在新的征程上自强不息，奋发进取，为上海大学增添新的荣光。

九、刘倩倩：三年上大时光，忆青春印记

2012年，我考入上海大学图书情报档案系，是一名档案学的硕士研究生。十年前的夏天，父母陪着我拖着笨重的行李，坐了六个小时的高铁晃晃悠悠地来到上海大学。我还记得，到学校的时候已经是傍晚了，夕阳洒在一条环形的小道上（后来知道那是泮池路），往前走有音乐餐厅，还有咖啡吧。阵阵微风吹过，裹挟着一丝夏日的燥热。

回望上大的三年青春时光，丰富、充实、有梦想，有希望！我有幸遇到了德高望重的恩师，收获了志同道合的好友，感受了浓厚的学术氛围，体验了国际都市的繁华。在这里，开放与包容环绕，机遇与挑战并存，历史与新潮交锋。有听不完的国内外学术讲座，有数不清的文娱活动，更有丰富的校内外实践。只要你愿意，既可以去做国际顶级赛事的志愿者，也可以穿梭于CBD体验高级白领的生活，更可以沉醉于万卷书海专心做学问。上大的图书馆绝对不会让你失望！

如果有机会再回母校，我一定要再坐一次开往"上海大学站"的地铁7号线，再到教学楼里旁听一次老师们的讲课，再到图书馆里从天明埋头到天黑，再吃一次尔美食堂的"湘味鱼"，再逛一次西门的小吃一条街，再和好友们在泮池边吹吹风、赏赏鱼、谈谈心。

我想跟在校的学弟学妹们说，珍惜校园生活啊！三年时光转瞬即逝，离开学校后，再也没人包容你的错误，等着你成长；再也不会有人一字一句给你改论文，不求回报。

除此之外，我还想对档案学的学弟学妹们说，要保持初心，树立专业自信，不论何时都要保持思考！

了解或不了解档案学的人，都能说出点对档案学、档案工作的看法，或褒或贬，各有其理。在我看来，档案学是一门有价值、有挑战、有发展的专业。往大了说，我们档案学子应该树立专业自信，扛起专业担当，以更高的责任感和使命感更好地服务党和国家工作大局、服务人民群众。往小了说，我们已经花费多年的时间在档案学的专业学习上，档案学是我们求职、就业的门槛与方

向,在工作中更是我们安身立命的根本。你可以从事与档案不相关的工作,也可以以档案工作为起点去拓宽自己的职业通道,但一定要从心底认可自己的专业,否则你将失去自己的核心竞争力。

最后,感谢母校对我们的培养,为每一个上大学子提供了这么好的学习、生活环境,提供这么多实践、锻炼的机会。感谢文信学院所有老师特别是我的恩师丁华东教授在校三年的谆谆教导和无私帮助。祝愿文信学院越办越好,桃李满天下!

十、聂丹：遇见档案是挑战亦是机遇

我是上海大学2007级档案管理专业研究生，师从王向明老师。2010年于上海大学毕业后在芬兰Jyvaskyla大学攻读企业管理专业博士学位并留校做博士后；2021年后回国任大连理工大学人力资源管理专业专任教师。

档案管理专业是一门相对冷门的管理类专业，从业人员可能需要抱有比较坚定的信心和耐心去完成档案管理的相关工作。因而，在档案学四年的本科学习以及三年的研究生学习期间，学弟学妹们需要认真思考的是自己是否适合从事这一工作。如果答案是肯定的，那么希望各位同学能够利用上海大学优秀的学习资源和广泛的社会资源，并利用个人闲暇时间争取更多的实习机会，最大化地将理论学习与动手实践相结合，从而为自身职业生涯发展打下坚实的基础。当然，如果有同学并不希望自己未来的职业仅局限于档案管理领域，那么需要考虑的一个主要问题是如何在本专业学习和其他感兴趣的专业之间达成一个平衡，而有效的时间管理则是其中的关键所在。

祝学弟学妹学有所成；祝母校和档案管理系的发展越来越强，硕果累累，桃李满天。

十一、师萍：十载实践，执着守护历史记忆

我是师萍，一名自强不息的上大人，2007年9月至2010年7月有幸在上海大学档案学专业攻读硕士学位，3年的时间，深深地被上大的文化和环境折服。雄厚的师资、窗明几净的教室、高大雄伟的图书馆、安静的自习室、风格各异的食堂、宽敞的宿舍、风景如画的校园，很开心能在这样好的环境里度过了我的研究生时光。同时我也是一名执着的档案人，与档案结缘已近20个年头，我经历了从迷茫到热爱再到坚守的心理路程。档案工作真实地记录历史，保存历史，是一项非常重要的工作，可谓"功在当代，利在千秋"；档案工作同时也是一项默默无闻、清苦枯燥的工作，不像其他职业那样光鲜亮丽。从上大毕业后，我来到了中科院高能所东莞研究部，负责档案管理工作，工作内容涉及文书档案、基建档案和项目档案。经过10余年的工作实践，我对档案工作有了更全面的认识。档案工作的重要性在各项活动中越来越凸显，诸如基建工程验收时规定："基建档案不通过地方档案部门验收不得进行竣工验收备案"；项目验收时规定："档案专项验收不通过不得申请项目的国家验收"；等等，档案工作的地位也在不断提高，不再是"说起来重要，做起来次要，忙起来不要"。作为一名历史记忆的守护者，我感到骄傲，在此感谢恩师们对我的培养，在此也希望学弟学妹们坚守"为党管档、为国守史、为民服务"的初心，稳住心神、耐住寂寞、守住清贫，在平凡的岗位上书写壮美华章。

十二、宋小晓：坚持档案初心，探索创新前沿

2010年，我毕业于上海大学图书情报档案系档案学专业。毕业后就业于中科院上海生命科学研究院，从事中科院蛋白质中心大科学工程档案验收工作。2015年，就业于上海勘测设计研究院有限公司，任公司档案中心负责人至今。

选择档案学专业是因为我觉得这是一个实用性比较强的专业，而且自己的性格比较沉静，因而觉得这个专业适合自己。传统档案工作的重点在于整编、编研等，然而随着现代信息技术的发展，档案也朝着信息化的方向发展，因而对档案人员的要求也变得多元化起来，除了理论知识、专业基础，还需要较强的信息化专业知识和技能，并需要时刻关注学术前沿理论。

上海大学的学习经历让我受益终身，我在图书情报档案系学习了3年，毕业已12年，却还清楚记得这里的老师，金波老师、丁华东老师、潘玉民老师、王向明老师、于英香老师等，忘不了这些老师为我们的辛勤付出，这些老师不仅有着深厚的专业造诣，并且平易近人，耐心和善，经常跟学生进行沟通交流。研究生同学们也志同道合，大家互相鼓励、努力学习、彼此交流，关系都很融洽，毕业后也都找到了理想的工作。

我的导师金波教授，学术态度严谨，一心扑在档案学术事业中。他在档案学术领域有着很强的影响力，对于档案学的执着和广阔视野更是令我们钦佩。同时，他也注重培养学生独立思考的能力和严谨求实的精神，对我们的要求很严格，直到现在，他的教导对我们的影响颇深。三年多的言传身教，我获益良多，并为自己拥有这样一位好导师倍感荣幸和自豪。

毕业后，我一直坚持走在档案的道路上。目前我在公司任档案中心主管，这几年在档案工作中，我努力创新探索，结合工作实际，创新机制，总结出档案管理新模式，不仅提升了公司档案工作水平，相关创新案例成果于2020年和2021年分别获得国家档案局档案创新案例优秀奖和一等奖，也收获了不少档案工作方面的荣誉，这离不开各位档案学专业老师对我的影响。

这几年我们档案学专业，发展很快，已经设立了博士点，各位老师在学术

方面的造诣也越来越高。我们工作后参加的档案学术协会中，很多同行都是上海大学毕业的，大家经常沟通工作，这对我的工作技能提升帮助很大。

  档案工作对国家、社会及各行各业的重要性日益凸显，而且档案专业的就业面也很广。但是要将档案专业学好，将档案工作做好并不是一个简单的事情，需要我们坚守初心、努力钻研、挥洒汗水。

十三、孙逊：追忆与上大两段缘，努力前行逐梦科研

我是上海大学档案学专业2007级硕士研究生孙逊，目前在上海交通大学钱学森图书馆工作。2014年，因工作需要和自己的学术追求，又重回系里攻读信息资源管理专业博士学位。

15年前，一个机缘巧合让我与上大档案学专业结缘。当时的我，对"档案是什么"还没有一个清晰而全面的认识。通过3年的学习，我对档案、档案事业，尤其是档案信息化有了深入的了解，同时，我接受了系统而专业的学术训练，认识到档案学尽管是一门极具应用性的学科，但更需要从学理上去探究其发展规律与理论体系，从而更好地指导档案实践。

回顾自己在上大的硕士和博士学习经历，我收获颇丰，感慨万千。可以说，上大给予了我追逐科研梦的机会与平台。尤其是，我们图情档系的老师们虚怀若谷、兢兢业业，与学生们亦师亦友，不仅在学术上指引着我们，而且在生活中也给予我们关心和爱护。我们收获知识的同时，极大地感受到努力前行的力量。

硕士毕业后，我一直关注着母校的发展。有时间，我会回到系里看望老师。攻读博士学位以后，我更是经常到系里跟导师讨论学术问题，也得到了系里其他老师的帮助。

现如今，我在上海交通大学钱学森图书馆工作，主要从事文物档案信息化、数字博物馆建设及相关研究工作。

相对于其他社会科学学科，图情档（信息资源管理）学科显得略微小众，但是我想说，它是"小而美"的。

十四、汤黎华：档案，偶然而又必然的选择

选择档案学是一个偶然而又必然的选择。2003年，我进入上海大学文学院学习，当时文学院是两年通识教育，到大三才正式选择专业。我高中选择的是理科综合，进入文学院后，面对专业选择，经过综合评估加上前期的基础学习，觉得档案学比较符合我的专业预期。档案专业看似比较简单枯燥，实则不然。档案专业是一门综合性很强的专业。它的涉及面很广，既是一门管理学科，同时又涉及新兴的信息学科，还是一门历史学科。小的分支也很多，涉及档案保护、修复、材料等。可以说，这是一门综合性的学科。

我在上海大学学习了7年。从一个懵懂的大学生，到跨入社会，我很感激在上海大学求学的7年带给我的知识和经验。上海大学和别的大学有着许多区别。二年通识教育为我们打下了扎实的基础，也为大家选择专业给予了比较成熟的方向。上海大学有一个夏季小学期制度，主要是进行社会实践。这给了学生融合知识和实践一个良好的平台。档案学专业老师的严谨求实，我还记得当时的王向明教授给我们上"档案管理学"这一门课。高要求，严标准，答题要求到位、精准。很多同学都被"难"倒了。但是工作多年，很多知识点我还记忆犹新。金波教授上的"档案保护学"，一门涉及很多复杂物理和化学知识的保护学，让我们对档案材料、字迹变化等有了深刻的认识。丁华东教授的课程也非常有趣，丁老师喜欢留问题，让学生自己针对问题阅读文献，并根据文献阐述观点。这些对我们未来的职业发展和工作都有很好的指引作用。

毕业后，我进入上海交通大学医学院档案馆工作。工作后，凭借扎实的专业基础和丰富的社会实践经历，我很快适应了工作岗位。我先是在编研征集室工作8年，其间参与校史编研、院史馆管理、数字档案馆网站建设等。先后负责完成6年的国际档案日展览文稿撰写，参与学院校友名录等项目的出版工作。后因为岗位需要，担任管理利用室负责人，积极配合馆领导推进和完成档案一站式服务利用平台建设，档案数字化、档案利用、新馆规划与建设等。在工作之余，我充分总结工作经验，先后在各类杂志和档案学会征文中发表论

文18篇,多次在学术征文中获奖,并获年度考核优秀。

  每一个专业都有自身的优势,也存在它的弱势。专业无好坏,关键在于自身。360行,行行出状元。在校学习,学习的是知识、思维、方法和技能。要充分磨炼自身本领,为走入社会打下基础。同时也要充分磨炼自己的心性,善于思考,同时又要耐得下性子,经受得起锤炼。只有历经风雨,方可见彩虹!

十五、王霞凤：心心念念十年前的"时间胶囊"

2006年高考之后，我进入了上海大学文学院。大一是没有划分专业的，在院内进行统一的课程学习，一年以后我们可以挑选各自的专业方向。专业分流之前，文学院中的各个专业都会进行介绍宣讲，当时社会学和档案学都在文学院。

那时，我们寝室四个女孩子中有三个都选了档案学，另外一个选了社会学。对我来说，选择档案学是出于比较务实的原因，因为老师说档案学就业方便，而且拿的是管理学学位。老师也跟我们说不要感觉档案学很枯燥，其实学习的是一种管理的思路和方法。虽然面对的是一堆文字素材，但是管理的思路是会影响处理事务的方式方法的。听完这些话，我就对这个专业挺期待的。

在专业学习过程中，我能感受到档案学专业丰富的课程设置。那时候学如何编制检索的小程序，学的时候还蛮头大的，但是跟着老师一步一步做，最后仍然还是成功了。读书的时候感觉很多科目一直是在背在记，但是到了工作当中，我发现那些理论能脱口而出就很有优势。公司里的人觉得我专业性比较高，用的都是专业词汇，跟档案局、档案馆的老师沟通起来也没什么障碍。这些对我的工作都有很大的帮助。

我上学的时候最喜欢的课程是"档案保护技术学"。因为当时的授课老师张晓丹很温柔，她现在已经退休了。她不止教一门课，还开一门课程叫"档案复制技术"。

我们系的课程难度较适中，"科技档案管理学"相对难一些，要背的东西比较多，但我现在从事的正是这方面的工作。工作之后，我又重新读了一遍教材，对我有很大的帮助。

暑假的时候，我们系会安排同学去政府机构和其他企事业单位实习。这些实习的经历写在履历上，对一个刚刚毕业的本科生来说，是比较绚烂的一笔，因为这些单位都比较知名，在面试就业上，也能让我们取得一些优势。

我毕业那年，正好是2010年上海世博会期间，当时上大团委学生会招募了一个给世博会做预热的志愿宣讲团。我去投了简历，经过层层筛选，很幸运地进了宣讲团。我分到的那个组编了一个"海宝舞",还挺受欢迎的。我们负责到各个社区做巡回宣讲和演出,让上海市民了解世博会。

我现在的工作单位正好也是2010年成立的,大四实习的时候我就在这家公司,他们当时就是想招档案专业的学生。

当时的老领导特别重视档案工作,他自己不是档案专业的,但是做过这块工作,觉得档案工作非常重要。我刚刚毕业的时候虽然是有一定的实操经验,但是他们让我从头建立一个公司的档案体系,这我是从来没有想过的。比较神奇的是,不少档案学的学生进到公司里,首先面对的都是这个挑战。

在上海大学印象最深的事要属"时间胶囊"。图书情报档案系在我毕业那年,做过一个"时间胶囊"项目,让我们写下想对10年后的自己说的话,把它保存起来,到10年后我们返校的时候,再来看看这些话。这是非常有意义的一件事。

最后,我想对学弟学妹们说:既然选择了一个专业,就从内心里重视它。档案管理其实是一种管理的思路和方式,学会了这一种思路,在日常生活中也是很有帮助的。

十六、肖纯一：和故纸堆打交道的理科女

我是2020届图书情报档案系档案学专业本科毕业生，目前就职于上海少年儿童图书馆综合流通服务部。

我从小到大是一个理科女，高中选的是化学，考入上海大学后学的是理工大类，不谦虚地说，我大一的时候是个"学霸"，获得过学业优秀特等奖。周围的同学以为我一定会去数学系，但是我出人意料地选择了图书情报档案系。因为我是女生嘛，应该读些"风花雪月"的专业，再加上性格内向，觉得将来和故纸堆打打交道挺好的。这促使我在分流时选择了档案学专业。父母也毫不犹豫地支持了我的选择。

档案也是记忆的载体，每当我看到一些老照片、老物件时，总会有一种油然而生的崇敬感外加一点欣喜感，毕竟我们没有办法再回到那个年代，但借用档案或许能够让人重新进入当时的氛围，有时这还需要一点点想象力。其实档案离我们并不遥远，每个人都有可能是档案的创造者或利用者呢！

我们专业需要背诵的内容很多，而且往往连续数门都是闭卷考，每次考前"抱佛脚"时，我和室友们纷纷都躲在各自床帘后，一盏灯，一本书，万余字的讲义，一晚上创造一个背诵"奇迹"。

在图情档系，"与沪有约"社团的经历是最快乐难忘的了。每两周一次的城市走访活动让我有更多的机会去了解老建筑的故事，去触摸城市的记忆。我们去过南翔古镇、多伦路文化名人街、摩西会堂、1933老场坊……大街小巷里留下了小伙伴们的欢声笑语。除此以外，社团的工作经历也让我掌握了更多的技能，路线的策划、海报的制作、视频的剪辑，对步入职场后的工作都有很大帮助。"与沪有约"社团对我的影响有多深呢？在报考上海少年儿童图书馆时，我看到了图书馆的一项面向小学生的阅读推广活动叫"行阅上海"，活动形式与"与沪有约"很是相似，这或许也是激励我努力备考的一大原因吧！对于上海城市记忆感兴趣，这也是因为受到了导师的影响，丁华东老师的著作《档案与社会记忆研究》一直被我视为珍宝，去年还有幸得到丁老师惠赐的著作《城乡档案记忆工程推进机制研究》。

现在就谈谈图书馆的工作吧,想必有许多小伙伴向往图书馆的工作吧。博尔赫斯说过"天堂是图书馆的模样",我想对大部分读者来说,确实是的。我们馆在南京西路的一栋老洋房里,走在午后的光影下,安安静静的,总有种穿越时空的感觉。对于喜欢阅读的同学来说,图书馆真是个不错的选择,我们会花大量时间看书,专业书目、活动书目、获奖童书……

十七、谢静：与档案应缘分而来，累硕果而行

我于2007年考入上海大学档案学专业，攻读硕士学位。

高中时，邻居叔叔是在老家的档案局上班的，他曾经开玩笑说，将来考大学就读档案专业吧。那时的我并不知道档案为何物。然而高考时因成绩原因，我被调剂到档案学专业。也许，这就是缘分吧。本科毕业后，我直接报考了上大的档案学专业研究生，有幸在这里读了三年书。

我在这里学到了更多的专业知识，尤其是学会了怎样做好科学研究，包括如何选题、怎样查找文献资料、选择何种研究方法、怎样合理制定研究计划、如何形成研究成果。这提高了我的学习能力和研究能力，对日后在学习和工作过程中发现问题、分析问题、解决问题产生了很大裨益。

我要感谢我的导师潘玉民教授，他除了传授专业知识之外，对我们这些学生的生活也很是关心。尤其是每年的国庆假期，他总会邀请我们去他家吃饭，吃螃蟹、包饺子，等等。作为一个北方人，我第一次吃新鲜的螃蟹，就是在他家。

印象较为深刻的还有学校的锦鲤、黑天鹅，课余时间我经常会去湖边坐坐，和同学聊聊天。还有菊花节，每年的菊花节我都会和室友去观看，并拍照留念，生活很是惬意。

毕业后，我来到江苏无锡工作，在江苏信息职业技术学院工作，主要负责学院的档案管理，至今工作已12年。作为单位唯一的一名专职档案员，在领导的支持下，经过多年努力，于2018年12月26日，我院档案工作通过江苏省四星级规范测评，我也在2020年12月评上了副研究馆员职称。多年的努力，终有回报。

最后想对学弟学妹说，要珍惜自己的学习时间，多读书、多写文章、多与老师交流、多参加各项活动，提高自己的综合能力。祝大家都有个美好的前程！

十八、谢敏：难忘上大记忆，逐梦档案未来

我是2005年进入上海大学的，当时的档案学还设立在文学院，2009年6月本科毕业的时候档案学设立在悉尼工商学院，在三年研究生学习生涯时，档案学是图书情报档案系下的一个专业。

现在我已经毕业10年整，在上海某高校从事档案管理工作，算是学以致用了，当初选择这个专业主要是因为它的务实，能与实践工作紧密结合。档案工作需要耐得住性子，受得住寂寞，但当我真正踏入社会却发现档案工作更需要主动跨前一步，与前端业务对接，同时了解前沿技术，以人民的获得感与满足感来检验工作。

上大的档案学优势不仅在于学校精细打磨的教学、优秀的师资以及对于学生用心的培养，还实实在在体现于社会实践，我们有机会进入各大档案馆与企事业单位实习，良好的口碑使得上大档案学在需求单位眼里是一块金字招牌，如今档案专业学生的就业已经从档案工作拓展到了其他各类领域，在各方面都非常出色，学校不仅培养了专才，更培养了人才。

我所在的高校一直和上大有相关交流研讨，工作中我常常会关注母校的动态，很欣喜地看到上大一直在进步的路上，也一直在超越自己。上大地处全国一线城市，靠着良好的资源优势，理应走在时代的前端，作为上大人我感到无比自豪。

"自强不息"的校训时刻在耳边鸣响，我想要对学弟学妹们说，珍惜现在的美好时光，在学校有关心你的老师，有陪伴你一起熬夜的室友，有带你一起实验的师兄师姐。在学校里学的是方法，在工作中学的是经验。保持学习的状态，正视自己的缺点并学会包容理解别人，健康运动并保持良好心态，好好生活。

十九、谢文群：感恩、希望、期待

　　回想起那三年在图情档系的时光，思绪和感情都很复杂，但总的来说是三个词：感恩，希望，期待。

　　谈感恩，是回顾和母校那挥之不去的情愫。感恩母校让我有了机缘踏入上海，2011年9月直研复试是我第一次来到上海，感受大城市的魅力。在2012—2015年的三年求学生涯中，我有去名校蹭讲座的忐忑，有深入七宝古镇的暑期社会实践调查，有穿梭高楼大厦间的兼职生活……感恩母校让我结缘各位恩师，阵容强大的师资团队，让我领略了具有不同学科背景的各位老师的风采。感恩母校让我增强本领，记忆犹新的是，2013年，系里从锻炼学生的角度，将整个暑期学校的筹办准备工作交由学生完成，当时我有幸参与其中，这段经历让我在工作中也受益无穷。

　　谈希望，是总结自己的经验教训，给现在和未来的上大学子一点提醒。希望未来的上大学子心怀"国之大者"，青年的命运总是和国家、民族的命运紧密相连，希望未来的上大学子脚踏实地，工作之后，我对"务实"这个词有了一些新的认识。务实，其实是一种很朴素的价值观，如果真能践行之，则会发现人生能有新的机会。希望未来的上大学子珍惜校园时光，校园时光不常在，且行且珍惜！

　　谈期待，是鼓励大家，也是勉励自己。期待包括我自己在内的上大学子能在更大的舞台、更多的领域服务社会，回报社会！期待我们共同的母校上海大学为国家培养更多人才！

二十、薛艳婷：与档案结缘，伴上大成长

2004年，我考入上海大学文学院人文基础班，经过各专业的基础课程学习后，选择了档案学专业，2008年本科毕业，2011年研究生毕业。我进入上海广播电视台人力资源部从事人事档案工作至今。

当初选择档案学专业一方面是考虑就业的问题，另一方面是因为档案专业更实用。档案是客观、真实的历史记录，原始记录性是档案的本质属性，所以档案有凭证，有参考价值。从事档案工作时，维护档案的真实、准确、完整是我们的信念，但是要做好这项工作，是要靠全社会共同努力的。近年来大家对档案工作的重视程度有所提升，但还远远不够，我想这也是我们这些档案人要共同努力的方向。

在上大学习生活了七年，我对上大是非常有感情的，独特的三学期制，再加上每年暑假的实习。上午最后一节课跟下午第一节课只间隔半小时，中午只能买个面包充饥。在这里，我结识了很多优秀的老师、同学，选课要靠抢，先到先得。按照钱伟长老校长"拆除四堵墙"的办学宗旨，学校拆掉的第一堵墙就是学校与社会之间的墙，所以上大毕业生的实践能力都非常强，"自强不息"的校训深深影响着我们。

我做了七年的学生记者，采访了很多人，写了很多报道，成为上大发展的见证者、记录者、传播者，我感到非常荣幸。在上大档案馆实习的三年，是我从事人事档案工作的机缘，也是起点。我做过学生助理，担任过图情档系团总支书记，也做过上海世博会志愿者，这七年非常充实而快乐。我一直记得王向明老师说过，我们专业的学生踏上工作岗位，做档案是一把好手，做其他工作中也不比人家差，这也是我一直在践行的。

2011年毕业后，我进入上海广播电视台人力资源部工作，做过各种工作，但主要岗位一直是人事档案。

二十一、晏秦：毕业四年，我们仍在学以致用

我叫晏秦，江西宜春人，2015年进入上海大学图书情报档案系档案学专业就读硕士研究生，师从金波教授，2018年毕业。

在上海大学的时光美好而又短暂，不过这三年的学习经历对我的帮助是非常大的。在上海大学就读期间，系里积极鼓励我们在抓好学习科研的基础上去开展实践工作，以实践促学习、以实践促成长。系里也为我们开展实习提供了极大助力。由于系里对实践工作的重视，加上一届一届学长学姐连续的口碑积累，去找实习单位时，图书情报档案系简直就是一块金字招牌。

上海大学三年学习生涯中，我印象最深刻的还是图书情报档案系对写作能力的培养，这也让我受益匪浅。我依然清晰记得，2015年9月刚入学的研究生秋季学期首日教育上，当时强调最多的就是要提升写作能力，开展科学研究。在教学上，任课老师也会重点围绕如何提升写作能力、开展科学研究来进行教学。有些老师的课，会着重教你如何选题，如何跟进前沿课题；有些老师的课，会着重教你如何提升逻辑能力，搭建论文框架，将论文大纲写得严谨自洽；有些老师的课，会着重教你如何利用数据分析工具提升研究能力；有些老师的课，会着重教你如何构思内容。而在日常，导师每周无论多忙，都会抽出时间来指导论文写作，分享研究内容。我记得，我当时刚就读研究生的时候总感觉写论文没什么头绪，但是因为导师每周的悉心指导，我在论文写作上也逐渐找到了一些门道。正是在这些老师的教学指导下，我感到自己的写作能力有了极大提升。在上海大学就读期间培养的写作能力，无论是对我的生活还是工作都有极大的帮助。除此之外，图书情报档案系还经常请专家举办讲座，开展研学活动，让我们能够接触到前沿研究。如我记得当时就请过胡鸿杰、安小米、吴建中、初景利等专家开展讲座。

2021年，上海大学图书情报档案系发展成为上海大学文化遗产与信息管理学院，这是对"保护好、传承好历史文化遗产是对历史负责、对人民负责"的呼应。同时，从档案学的视角来看，我觉得这也是对"大档案观"的积极回应。随着档案外延的越来越大，"大档案观"逐渐成为大家的共识。档案不再仅仅

是文书，还可以是方方面面的内容。文化遗产也是档案，档案也是文化遗产，这既有助于扩大档案学专业的影响力，同时也有助于扩展档案学专业的内容，使档案学专业发展得更好。

"大鹏一日同风起，扶摇直上九万里。"有这么大的一个平台在，有这么一批认真负责的老师在，有一届一届的优秀学子在，我坚信文化遗产与信息管理学院将会不断创造新的辉煌。

二十二、易舒：我的档案情

我叫易舒，2009年进入上海大学图书情报档案系学习档案学，2013年免试攻读本专业硕士研究生，在上海大学度过了最美好的七年。

高考时之所以会填报档案学，是因为我高中同桌的高考目标是上海大学，为此，她把上大所有的专业都深入研究了一遍，"档案学特别好，一本学校只有上海大学开设，是上大的特色专业，以后就业不成问题，能进一些稳定的单位"。她向我分享了她的填报心得。就这样，我进入了档案学就读。

刚进大学的时候一切都是懵懵懂懂的，一些人问我：你怎么不报考经济学、管理学等热门专业？对此，我从来没有后悔过我对专业的选择，在我看来，一方面是我信任我同桌的判断，另一方面，我更相信自己的判断，与其与985学校的毕业生在经济、管理等领域共同竞争，不如独辟蹊径，在档案学这种冷门专业上有所成绩，竞争更少，回报更多。

对上大的每一堂必修课、选修课、专业课，我都非常认真地学习，同时积极参与院系、学校组织的各项活动，因为"档案"的竞争赛道人少，所以有更多获得评奖评优的机会。本科阶段，我先后获得过多次特等奖学金、一等奖学金、上海市奖学金等，也取得"上海市优秀毕业生"等荣誉称号，在校、院系团委也担任一些学生职务。印象最深刻的是，在院系领导的支持下，我被选派去英国参加为期十天的学习交流，进一步拓宽视野、提升格局。

在四年的本科生活中，我除了不断提升学习及活动能力之外，一直在关注档案学专业的毕业出路，了解到大部分学长学姐毕业后主要就职于党政机关、企事业单位，工作稳定、体面，对外地学生而言，较容易解决落户问题，前景可观。

因为学习成绩符合直研条件，我选择继续在本校本专业就读，一是因为院系的老师人都很和蔼、专业，学习环境好；二是因为硕士研究生的学历更能帮助我进入心仪的单位。研究生阶段，在导师陆阳老师的指导下，我顺利地在核心期刊发表了五篇文章。

就业季的时候，凭借档案专业的独特优势，当时我手握某大型央企、某外资银行、某政府机关三个确定的录取通知,同时还接到了某市重点高中的面试邀约,最后我选择了某政府机关的工作。

正式工作前,需要进行封闭式培训,当时和我一起入职的同事,大多毕业于985高校,我笑称自己是靠着专业才能和各路名校毕业生同寝同住。记得那会有一门课,是谈谈自己对中国变迁的感受,我选择了"档案"这个话题,从甲骨档案、青铜铭文档案、简牍档案、金石档案、缣帛档案到纸张,向一起参训的同事们科普了档案变迁史,也算是为我们院系做了宣传。培训期间,我仍旧保持拼搏向上的姿态,屡次阶段考核排名第一。

正式工作后,我发现身边一些年长的同事也是档案专业出身的,当时单位的领导觉得上大档案学毕业的学生有踏实肯干的工作作风、严谨细致的工作态度、昂扬向上的工作面貌,乐意来档案学招录毕业生。同时,作为七年档案人,我提供的有关档案工作的新思路、新理念也得到了领导的肯定,我拥有更多展现自我、体现能力的机会,我的工作平台也渐渐变大、延伸、拓展……

时间一晃而过,转眼已到而立之年,现在的我,家庭美满,工作顺心,已然知足。回想大学时光,我不曾因为自己进入了所谓的"冷门"专业而灰心,也不曾因为周边人的质疑而放慢奋斗的脚步。我坚信,三百六十行,行行出状元。命运之路掌握在自己脚下,希望学弟学妹们不后悔自己的决定,只管向着自己的目标昂首阔步前进。天道酬勤,你终究会有属于自己的一片天。

二十三、尹雪梅：缘起档案

我是2011届档案学硕士研究生尹雪梅，目前就职于上海空间电源研究所，毕业至今一直从事档案工作。

2008—2011年，我在上海大学档案学攻读硕士研究生，毕业后一直从事档案管理工作。7年的学习生涯，11年的工作经历，档案学与我的缘分是很深的，我对档案学及档案工作的感情也是不断加深的。

刚接触档案学专业的时候，我发现这个专业虽然小众，但是每个专业课的老师都很热爱这个专业，也为之自豪。这种自信也传承给了我们，让我在后面的工作中能够对自己的所学充满底气。

上海大学的三年学习生涯，让我在专业上收获了很多知识和经验。开放的教学模式，让我的逻辑思维能力得到了很好的锻炼。灵活的学期制，给了我充分的实习机会。这些都为我在以后的工作中，更好地学以致用提供了帮助。

择一业，终一生，成一事，这不仅要有坚持的勇气，还要有持久的热爱和不断的付出。选择在档案领域深耕，一方面是由于这十多年的学习、工作经历让我喜欢上了这个领域，另一方面则是由于档案专业是一个值得终身为之努力的领域。

用工匠的精神引领自己一路前行，用深耕的态度陪伴自己不断进步，守护历史记忆的同时，也是在守护内心最初的梦想和执着。愿每一个档案人都能找寻到自己所爱的职业，并全身心地为之奋斗。

二十四、张丽娜：师教有方，用心感悟教意恩深

我叫张丽娜，于2010年7月毕业于上海大学图书情报档案系档案学专业，我的导师是丁华东教授，三年的研究生学习期间，我感受到了上大博大的文化底蕴，见证了图书情报档案系的快速成长，领略了专业领域内"大咖们"思想火花的碰撞，最为可贵的是在丁老师言传身教及其严谨学术风格的影响下，我对档案学的认知在一步步加深，更多地感受到了档案学的奥秘，进而能静下心来好好思考我们档案学专业知识的内涵和外延。

四年本科生涯结束，找到一份工作确实不是难事，毕业后我很快在上海找到自己的第一份工作，工作半年后，我觉得有必要进一步再去深造，去提高自己的专业知识，所以我很坚定地边工作边学习半年，并于2007年9月考入上海大学档案学专业，师从丁华东教授。丁老师无论在专业知识还是人生哲理方面，对我的影响都很大，他教我要严谨地去对待自己的学术，要认真地写每一篇论文，要用心地读每一本书，做事情要脚踏实地。在校期间，令我印象特别深刻的是研究生毕业论文撰写过程，论文一稿二稿反复修改很多次，但在丁老师看来这还远远不够，还有很多地方需要完善。答辩前几个月，我们这一届三个学生一个个地在他办公室修改论文，一句一句地推敲。当时我们觉丁老师苛刻了，但当我们的盲审和答辩全部顺利过关的那一刻，我们明白正是丁老师不厌其烦地帮我们逐字逐句地修改论文，我们才能那么顺利地通过盲审和答辩，我从内心敬佩丁老师对学术的严谨态度和对专业的钻研精神。

回头想想，正是在上大校园三年的学习熏陶，我的写作水平有了很大提高，在校期间，我在全国中文核心期刊公开发表了5篇论文。写作水平的提高对我毕业后找工作也有极大的帮助。目前，我在上海电气集团企业服务有限公司工作，正因为有一定的写作积累，才被领导认可。我相信校内生活对我们潜移默化的影响是不可估量的，即使工作以后我也会通过校友群、上大公众号等方式来关注学校的情况。

我想和学弟学妹们说:"好好珍惜在学校的学习生活。工作以后,每每想到校园生活,这都会是一段埋藏心中最美好的记忆和永不可磨灭的人生经历,为了这份美好,值得大家用心去度过在校的每一分、每一秒。"

愿我们的母校蒸蒸日上,桃李芬芳!

二十五、张丽萍：自强不息是档案人骨子里的魂

我是上海大学2005级文学院档案系本科生，2009级图书情报档案系档案学硕士研究生，2012年毕业后进入上海交通大学医学院档案馆工作至今。

我在上海大学学习、生活了七年，这也是生命中最重要的七年，感恩我的母校，培养了我，锻炼了我，让我在收获知识的同时，完善、锻炼了个人品格，也遇见了恩师和同窗，我珍惜和感恩这些缘分。2005年，我从四川考入上海大学文学院，至今仍清晰地记得与母校的第一次遇见。报到那天，学校安排学长学姐到火车站迎接我们，当大巴车开进母校南门，我看到了刻有"自强不息"校训的那块大石头，这四个字深深地刻在了我的心里，也在之后一直激励着我的学习、工作和生活。学校推行通识教育和短学期制度，自主选课让我们更加锻炼了自我管理的能力。进入文学院，大一并不分专业，除了必修课，可以跨专业、跨学院选择自己喜欢的课程。当时对我来说，计算机是一个难点，除了上课，我还会主动到机房去练习，考试前还会去图书馆、自修教室复习。记得有一次期末考试结束，辅导员马骏骧老师告诉我我的计算机成绩通过了！可以看出学校老师对我们都是非常关心的。学校给我们提供了非常好的平台，各种社团活动、志愿者活动在丰富大学生活的同时，也培养、锻炼了我们的素质。

大二结束以后，我们开始分专业，经过认真地思考，我选择了档案学专业，从此开启了与档案的遇见，也遇见了很多可爱的老师。王向明老师，也是我的硕士研究生导师，严谨、高标准、幽默，"档案管理学"很受同学们的欢迎。可爱的张晓丹老师的"档案保护技术学"，课堂实践会带我们到上大档案馆做实验，非常有趣。还有丁华东老师、金波老师、潘玉民老师、罗军老师、于英香老师、陆阳老师、张大伟老师、曹航老师、张林华老师、玄月老师等一大批严谨、可爱、关心档案教育事业和学生的老师，正是他们的引领和教诲，为我们打开了档案学的大门，开启了档案学的天地，走上了"档案人"之路。夏季学期的暑期实践，系里为学生提供实习的机会，让我们把知识转化为实践，把课堂学到的档案学知识与实际的档案工作相结合，加深对档案学、档案工作的认识。

大学毕业时，我们档案系已成为独立的图书情报档案系，我希望继续深入地进行档案学研究，所以选择在学校继续读研。攻读硕士研究生期间我最大的收获就是锻炼了学术思维，提高了科研能力。系里还为研究生提供了很多实践锻炼的项目，我当时参加了口述史采访系列。我也参加了中共一大会址志愿讲解项目，有幸成为第一批讲解员之一，通过系里的微信公众号，我也了解到这个项目一直延续至今。这是一个非常好的锻炼平台，我们档案人不仅要了解党的历史，更要讲好党的故事。通过系里提供的丰富的实践项目锻炼，我更加深了对档案学科的认识。

在上大学习的七年，我看到了老师们为了档案学科的发展、档案人才的教育和培养，不断开拓创新、求真务实、兢兢业业，这是上大人的"自强不息"，也是上大"档案人"的奋发有为。这样的精神也影响、传承给了我们，毕业以后我们把这样的精神也带到了工作岗位。2012年，我有幸进入上海交通大学医学院档案馆工作，在这个有着126年办学传统和70年建院历史的医学校中，在平凡的档案工作岗位上发挥着自己的作用，有幸与2010届汤黎华学姐在一个部门工作，也看到了上大"档案人"在工作中对"自强不息"精神的传承，感受到了榜样的力量。

我想对学弟学妹们说，努力在学习中找到自己的个人发展目标，把个人发展与学校的发展、国家的发展结合起来，持续学习、勤于思考、增强本领，为将来的工作、生活打下扎实的基础，将上大"档案人"的精神传承与发扬下去。祝愿母校越办越好，再创辉煌！祝愿老师们身体健康，桃李满天下！祝愿好友、同窗们事业有成，生活幸福！祝愿学弟学妹们前程似锦，梦想成真！

二十六、张世琦：从小埋下档案的种子

我是上海大学档案学专业2016级硕士研究生。目前就职于苏州市园林档案馆，任档案编研员。

选择档案学专业，是因为档案学在我眼里是一个神秘的专业。因为我的母亲曾经在医院档案室工作，从小家里就有档案学相关书籍，这在我心里隐约埋下一颗档案学的种子。

在我看来，档案学绝不是旁人所理解的很清闲的学科，而是一门综合性的学科，档案学涉及面广，档案是最原始、客观、真实的历史见证，具有重要的史料价值、文化价值。一张张老照片、一份份旧文件，见证着历史变迁，记录着发展历程，承载着社会记忆。档案学这个专业是很有价值、很有意思的专业。

这三年的学习时光，在我人生中非常重要。晚上和舍友一起查资料、写论文、交流观点，从早上排队等图书馆开门到图书馆闭馆铃声响起后回宿舍……毕业三年来，每当想起在学校学习的那段时光，都让我感觉那三年很充实，为梦想、为人生努力奋斗的感觉真好。上海大学的学习氛围是很好的，数据库资料充实，教授们认真严谨，同学们都很优秀，这些因素也让我在上大的学习更加充满动力。

还记得校园里的玉兰、樱花、夹竹桃和绣球，让校园生活五彩斑斓；还记得张林华老师的慈祥，丁华东老师的严谨，陆阳老师的知心，影响了我对学习的态度，对档案的理解……这些都是脑海中幸福又难忘的事。

印象比较深刻还有曾经参加中共一大会址志愿者活动，当我通过背稿、试讲等关卡，真正以一名志愿者的身份迈入一大会址的时候，感觉很有使命感，很有意义。当带着观众走进展览，通过讲解将观众与展厅联系在一起，我仿佛真的置身于1927年的上海。

毕业后，我通过苏州市事业单位考试，来到了园林档案馆工作，很幸运能够继续从事这个行业。在工作中，我对档案有了更多的理解。在筹备展览、编写资料的过程中，我发现学校教给我的东西在工作中很受用，比如查找资料的能力、严谨的学习态度等。苏州与上海地理相近，文脉相连。在一些史料挖掘中,我发现上海大学和苏州也有密切的联系,这让我油然而生一种自豪感。

暖风拂过,枝叶婆娑,有香隐动。学弟学妹们,有几句寄语想和大家讲:

(1)勤探索,到了社会上你会发现,在学校心无旁骛的学习时光是多么的可贵,学校教给我们的是解决问题的方法,是对待生活的态度。

(2)不迷茫,每件事情的发生都有意义,好好努力,才能不荒废大好时光。

(3)要勇敢,不害怕面对自己所做的任何一个决定,人生这么长,勇敢面对自己选择的人生道路,不畏首畏尾,不退缩害怕。

学校里的学习时光是幸福、踏实的,要加倍珍惜读书机会,不辜负青春和梦想。

二十七、张天佩：心存感恩忆遗憾，默默付出守档案

我是2007级档案学硕士研究生张天佩，目前在一家中科院在沪研究所的党政办从事包括档案管理在内的综合管理工作。四年本科、三年研究生的档案专业学习，加上12年的档案管理实践，我也可自许为一名"老档案人"了。

档案工作是一项默默无闻、清苦枯燥的工作，但我却对档案专业心存感恩之心。高考时，我刚刚过一本线，正是档案专业收留了我。考研时，正是它相对比较冷门，才使我能在百万考研大军中成功上岸。毕业时，作为班里两名男生之一，在导师的推荐下我很顺利地就找到了工作。回顾自己的履历，尽管平平淡淡，但却也是一步一个脚印走出来的，我一直保持内心的一份宁静与从容。

在上大三年的点点滴滴，每一帧都是自己青春的记忆，令人留恋与追忆。记得有一次踢完球，我本想在西门弘基广场找吃的，却邂逅丁华东老师与一位师兄，于是我顺理成章地加入了他们的饭局。在夏日晚风的吹拂下，一边喝着小酒一边听丁老师聊天、谈学问，悠然惬意。当然，研究生生活也有紧张和焦虑的时刻。毕业答辩前夕，我的毕业论文被抽中盲审，更不幸的是我感觉自己的论文还未完全准备好。我的导师金波老师利用五一假期把我叫到他的办公室对我进行指导，经过金老师的指导与严格审核，我的论文取得了意想不到的好分数。我特别感恩金老师，他严谨、认真，对待每一个学生都很负责，能够成为他的学生我真的感到非常幸运。

三年中我收获的不仅仅是档案专业的知识，在求学过程中，在身边老师和优秀同学的影响下，我不断完善自己，让我在今后的工作中受益匪浅。同时，我又感觉有些遗憾，自己并未充分利用与珍惜这三年时间，让自己变得更加强大、更加优秀。

假如时光可以倒流，我希望自己能涉猎更多的知识，多泡泡图书馆，广泛阅读，在阅读中增长自己的见识与格局，让自己更乐观、从容。

我想跟培养我的老师们说，我现在虽然不够优秀，但也很幸福，谢谢你们的指导与关怀。我想跟陪伴我一起成长的同学们说，我们好多人毕业后甚至再未相见，但同学间的情谊不会因时光的流逝而褪色，感谢你们让我拥有了美好的回忆。祝愿上大蒸蒸日上，祝愿上大档案专业越来越好，祝愿我们每个人都健康快乐。

二十八、周枫：用档案探索与上大的八年之缘

我于2014年毕业于上海大学图书情报档案系，硕士毕业后先后就职于中国商飞上海飞机设计研究院、上海证券交易所、海通证券股份有限公司，工作期间在职攻读上海大学信息资源管理博士学位，2022年6月毕业。

高考毕业后，我被调剂到档案学专业；本科期间，觉得档案学专业就业还可以，遂继续攻读硕士学位。找工作时，我先后被中国长江三峡集团、中国商飞公司等中央企业录用，最终选择留沪进入中国商飞公司。当时商飞校招的均是顶尖高校或一流院校的毕业生，上海大学毕业学生极少，以至于被同事询问是不是家里有关系。在这个过程中我逐渐意识到档案专业毕业生的稀缺性及就业时的优势。后面换工作时，这种专业优势更加明显，能够很容易进入一些比商飞要求更高的行业顶尖单位。工作8年来，身边的同事不是"码农"就是"金融民工"，我也曾转岗从事过相关技术工作，但兜兜转转，最终还是选择了档案学专业。尽管它没有那么光鲜亮丽，但有着特殊的价值，也有着广阔的发展空间。身边不少师兄师姐毕业时也曾想过转岗，但不少人最终都选择坚持下来，并在平凡的岗位上做得风生水起，无论是在职业声望还是收入上，都丝毫不亚于大部分"码农""金融民工"，也打出了上大的招牌。

博士学习期间，因为在职原因，我经常周末回学校找导师讨论专业问题。每次回学校，发现许多教授办公室的门都是开着的，要么在做课题写论文，要么在指导学生。这些教授们，有些早已著作等身、功成名就，有些即将退休，在我看来他们可以享受人生了，但却依然只争朝夕，不负韶华。回想自己，虽然年纪不算大，却早已将工作时间和生活时间区分得十分清楚，特别是随着近些年社会竞争的加剧，已有随波逐流接受"躺平"的趋势，但每次看到系里这些勤奋的老师们时，总能提醒自己不要偷懒，不要轻易"躺平"。这些可爱的老师可以逐字逐句地帮你修改论文，可以带着你一起打球吃饭、分享人生感悟，

可以随时就你遇到的问题出谋划策,用点点滴滴践行着"学为人师,行为世范"。也许知识会更新,更会被遗忘,但系里老师的敬业、拼搏精神和对学生的关爱,将一直留存脑海中,激励着我继续前行。图情档系对我而言,不仅仅是一个我读了8年书的院系,更是经常给我一种家的感觉,每次见到系里各位老师我都觉得很温馨。

二十九、朱莉：深耕档案，是喜欢亦是情怀

我最初选择档案学是基于对就业的考量，也有对小众学科崛起的盼望，后来读研也继续选择档案学，觉得自己更多地有了一份社会责任感吧，想要朝着"人类记忆殿堂的砌砖人"去进阶。

对于档案学，我个人心里是喜欢的，觉得非常重要。我记得本科的时候，我的班主任孙军老师给我们读过一句话："历史学家关注过去，政治家关注现在，科学家关注未来；而档案学家关注的，是如何为了未来而把现在完整地保存为过去"，深以为然。

其实档案学在学科发展过程中，理论丰富，发展潜力极大。我个人觉得档案学发展、档案工作发展的真正意义在于档案的投入利用，只有用起来、滚动起来，才能够去发挥它更大的价值。以前我们多是拿档案做历史研究，现在我们更需要朝信息资源的开发、知识服务去发展、去更新，做一个追风人。

在上大学习的三年中，很幸运地遇到良师益友，给了我很多档案资源开发利用方面新的启发。其实三年里有非常大的科研压力，我们上一届、自己这一届的同学都非常强，我记得临毕业时的统计，22人发表了68篇论文，29篇获奖，加上导师们的学术成果，以及上大连年上升的专业排名，大家都是有目共睹的。

在上大难忘的事，大约是向《档案学通讯》投稿，我从3月改稿到8月才定稿，请教了许多老师、同学，才得以从一个新视角最终形成一篇规范的学术论文。这是自己很喜欢的选题，但在观点表达与事实佐证上经过了多次编辑的指导才得以成型，实属难忘。

毕业后我还是在从事档案工作，从接触库房盘点开始，到档案资源数字化，再到参与建设档案馆新馆方案设计，总之工作内容日益丰富，我也逐步成长。深耕一个领域，望学有所用，用有所长。

附录:"上大记忆——上大人物事迹档案文献寻访与推送"项目参与学生名单

第一季生成员:石郦冰、张镕、陈琳、刘亚杰、倪珏、杨仁慧、王立梅、凌桂萍、辜镔程、朱艺青、吕方婷、薛雯萱、徐秉琪、胡慧慧、唐海伦、陈茜楠、马子烨、方依云、唐思嘉、章亦可、郑晓晨、陈易思、杨梦琦、陶曦、高文心、王艺青、梁林梅、陈静怡、魏琦、李静雨

第二季成员:何凡、邱怡璇、张镕、杨仁慧、倪珏、李彤、徐娇娇、叶馨文、吴家欣、金令仪、范亚丽、姜悦、章亦可、谢嵘、丁嫣然、杨寅、丁小娟、孙屹南、张妍琪、唐筠杰、高源、王盼、肖纯一、吉康怡、史宇涵、翁旋悦、钱紫微、同风桦、王雯婷、范家玮、朱天意、宓雅婷、李秋霖

第三季成员:孙源希、王雯婷、朱敏、葛文龄、胡冰儿、童雨琦、曹欣恺、陆丁苑、唐万成、田蕊、党子尧、夏昀、俞佳敏、蒙兆仪、李阅微、丁嫣然、蔡卓言、李显辰、朱余姗、梅洪溢、谢英伟、李婉婷、靳浩然、何梦圆、郁展泓、谭雅文、石金风、张聪、吴子萱、朱晋宏、庄子泓、陈靖雯、庄佳伊、马欣邑

第四季成员:谭雅文、蔡卓言、李显辰、梅洪溢、谢英伟、李婉婷、靳浩然、何梦圆、郁展泓、石金风、张聪、吴子萱、朱晋宏、庄子泓、庄佳伊、马欣邑、梁陈美锦、邓佳星、娜迪娅·阿达力别克、陈雯怡、李相姝、闫星煜、王孟涵、徐菁怡、童雨琦、张美玲

注:成员排名不分先后

后记

《百年档案钩沉——"上大记忆"中的红色血脉》,是上海大学"上大记忆"联合大作业团队师生六年来的集体成果。

2016年,为推进创新型人才培养,充分利用红色校史资源开展育人工作,图书情报档案系组建"上大记忆——上大人物事迹档案文献寻访与推送"项目团队,以联合大作业形式,挖掘上海大学(1922—1927)人物档案文献,讲述上大故事。

项目开展六年来,先后进行四季的寻访活动,一届届成员在新老交替中不断为项目注入活力,展开接力,他们从一份由校友会提供的包含703位上海大学师生的名单开始,踏上档案寻访与挖掘的征途,前往上海市档案局(馆)、上海图书馆、上海大学档案馆等单位,查找、核实、补充上海大学师生名录,挖掘档案资源,获取千余份档案原件,转录形成数十万字的资料;利用寒暑假,前往浙江邵力子故居、施存统纪念馆,安徽吴振鹏烈士生平陈列馆等上大先辈档案文献与史料保存地,完成实地考察、查档、采访等社会调研工作,持续为上大人物档案文献寻访与事迹推送贡献力量,形成了一批上大人物事迹材料和推送成果。2022年,在纪念上海大学建校100周年这一特殊且具有重要意义的时刻,"上大记忆"团队重新梳理六年来在上海大学人物档案与事迹挖掘、上大"档案人"成长故事记录等方面的成果,汇编形成《百年档案钩沉——"上大记忆"中的红色血脉》一书,谨此向百年上大献礼。

"上大记忆"项目在开展过程中,得到上海市档案局(馆),上海图书馆,上海大学教务部、宣传部、校友会办公室、档案馆、学工办、计算机学院等多家单位和部门的指导与支持,为团队师生的档案文献调研、寻访、推送提供了诸多便利条件、查询帮助和技术辅导;得到图书情报档案系原党委副书记贾小琴老师、张云中老师,文信学院党委副书记、副院长韦淑珍老师的高度重视与多方面关心,他们为团队成员组织、寻访单位落实、部门间协调等提供了诸多联系、支持和保障;也得到上大"档案人"成长故事口述者们的积极配合,他们为本书的成稿提供了大量的素材。在此,对"上大记忆"项目给予指导、帮助支持的单位、部门、老师、同学,表示衷心的感谢和诚挚的敬意!

  本书在汇编整理出版过程中,得到图书情报与档案管理学科建设经费的大力支持,资助出版;得到谭雅文、庄子泓、张美玲、童雨琦、闫星煜、石金风、邓佳星、娜迪娅、李显辰、谢英伟、李相姝、刘磊、庄佳依、梅洪溢、王孟涵、梁陈美锦、徐菁怡等多位本科同学的选编协助;得到上海大学出版社江振新、徐雁华两位老师的精心指导和细致审校,付梓之际,一并表示衷心感谢!

  本书为本科生联合大作业成果,书中参考、借鉴、吸收了前人出版的大量文献和报刊资料,通过注释和罗列参考文献等方式注明所引文献的出处,在此,谨向所有原文献著作者和出版单位表示诚挚的感谢!由于水平有限,本书对资料的搜集、挖掘和提炼还有待深化,也一定存在舛误之处,敬请读者批评指正。

  本书表达了新一代上大学子对传续传扬上大校史红色基因的深厚情感,也表达了档案学专业同学立志做新时代"档案人","为党管档,为国守史,为民服务"的专业情怀,期待同学们赓续红色血脉,勇做红色记忆的守护人、传承人和创造人!

"上大记忆"项目团队负责人

丁华东

2022年8月28日